U0495260

撩开人生帷幕

社会文化评论选

云儒文汇

肖云儒 著

陕西师范大学出版总社

图书代号　SK20N1498

图书在版编目（CIP）数据

撩开人生帷幕/肖云儒著. —西安：陕西师范大学出版总社有限公司，2020.9
（云儒文汇）
ISBN 978-7-5695-1710-1

Ⅰ.①撩…　Ⅱ.①肖…　Ⅲ.①社会科学—文集　Ⅳ.①C53

中国版本图书馆CIP数据核字（2020）第103217号

撩开人生帷幕
LIAOKAI RENSHENG WEIMU
肖云儒　著

出 版 人	刘东风
责任编辑	王红凯
责任校对	雷亚妮
出版发行	陕西师范大学出版总社 （西安市长安南路199号　邮编　710062）
网　　址	http://www.snupg.com
印　　刷	陕西龙山海天艺术印务有限公司
开　　本	680mm×1000mm　1/16
印　　张	22.75
插　　页	4
字　　数	306千
版　　次	2020年9月第1版
印　　次	2020年9月第1次印刷
书　　号	ISBN 978-7-5695-1710-1
定　　价	98.00元

读者购书、书店添货或发现印刷装订问题，请与本公司营销部联系、调换。
电话：（029）85307864　85303635　传真：（029）85303879

肖云儒

目录 CONTENTS

文化使城市容貌提升为形象品牌 / 1

古调独弹话西安 / 3

关于长安学 / 12

长安文化是一个体系

　　——与西安市委书记崔林涛谈长安文化 / 16

西安、上海之文化比较 / 35

解放思想，冲决陕西文化发展的樊篱

　　——在省委实践科学发展观座谈会上的发言 / 63

话说老陕"十好" / 66

抢救活历史

　　——序"陕北文化研究"系列丛书 / 76

一带一路与华山精神 / 79

"白云山论道"：谈榆林市发展 / 82

关中民俗艺术是一座文化富矿 / 94

商洛精神文化的塔标 / 96

建筑文化的几个关系

　　——在全国建筑美学论坛的发言纲要 / 98

做强做大《长安雅集》 / 101

文化资源·文化产业·文化资本

　　——对视文化资本 / 104

折叠起来的博物馆 / 116

茶是中华一缕魂 / 120

应当重视矛盾的同一性在事物发展中的作用 / 122

美丽中华情　美丽陕西人 / 128

登高一呼　声震三秦 / 131

《多彩杨凌》序言 / 135

川人渝人赞 / 138

走进一个新景观 / 140

"文化新丝路"的创意性

　　——从传统西安到现代西安 / 143

"文化源脉、丝路起点"与旅游中心相融互动 / 147

避免悲剧需要社会责任感和适当引导 / 150

锵锵三人行：与窦文涛笑谈西凤 / 154

打造六座城，将西安建成国际文化大都 / 160

读新区，如读《四库全书》 / 164

给中国一座完整的秦岭 / 166

关于"文化强"的四点建言 / 170

青木川的文化旅游

　　——"院士专家汉中行"第五组意见反馈 / 174

让渭河重新涵养中华文明 / 179

如何建设具有人文特色的大都市创新型社区 / 184

文化产业也要加快发展方式的转变 / 190

文化创意西安 / 192

文化强是一个系统工程 / 195

西安文理学院人文研究三构想 / 199

学习中提升　实践中拓展 / 203

盐·酒·辣·媚

　　——在泸州谈川文化 / 206

陕菜文化谈片 / 209

以"2S"理论构思西咸新区名片 / 214

用创新观念办好文化产业学院 / 216

愿渭南的文化星空更加璀璨夺目 / 221

家风国风两相宜 / 223

谈播音员的公职形象 / 225

报刊是传递民族精神的通道 / 228

补遗

庚子之春三章 / 232

文明冲突的一些当代趋势 / 234

亚洲文明的多流共源和多元互鉴

　　——2019年5月"亚州文明对话大会·亚洲文明多样性分论坛"接受新华社采访 / 242

非物质文化遗产保护的多重文化意义

　　——黄河流域八省区非遗保护论坛演讲 / 244

文化产业的特性和趋势

　　——关于文化产业的一次讲演 / 254

源头之美

　　——渭水之源高峰论坛主旨演讲 / 267

大西北

　　——"美"字的原生地 / 279

深掘脚下这片土地

　　——序《交大西迁校址千年地缘文化考》/ 282

长安，一个令人类骄傲的名字

　　——序《长安古代艺术通典》/ 286

让秦岭耸立心中

　　——谈《中国秦岭》／290

西安与茂名的缘分／293

"误入藕花深处"

　　——写给沣东丝路荷苑／296

说三道四话西市／300

民祭史圣之赞

　　——在司马迁祠墓前的致辞／302

《不散居文存》自序／304

《八万里丝路云和月》俄文版前言／308

李白的三重人生

　　——评新编历史剧《李白长安行》／310

中国当代寓象山水的成功探索

　　——张介宇《胡杨礼赞》长卷的成功探索／315

吴三大之大／318

贠恩风：歌百姓忧乐，咏社会正气／320

幽远家国情

　　——序权海帆《立心立命开太平——张载传》／322

《研学·中国》（陕西篇）总序 / 325

《老凤翔》醇香扑鼻

　　——序高有祥文化散文 / 329

以灵悟与勤奋换取诗行

　　——《站在秦岭之巅》序 / 333

周媛的《风起长安》 / 336

马慧聪的诗与文事 / 339

贺角的摄影 / 343

《碑林故事》序 / 345

说给黄鹏：融智创新　做大文章 / 347

文海拾贝 / 349

文化使城市容貌提升为形象品牌

每一座城都有自己的容貌，却不见得都有自己的形象，更不见得都有自己的文化形象。

容貌只是一种自在的存在形态，"它原本就这样"；形象才是一种自为的存在形态，"它被塑造成这样"；文化形象更是一种提升到形而上层面的意义性存在，"它被塑造成文化的这样"。

城市的形象，常常是城市的建设者在一种理念、一种策划之下，对构成城市容貌的多种元素增删、调整、重组、再创的结果。

城市有物的形——物象，如街区、建筑、工商、交通等。但仅有物的形象还远远不够，如果这些物象没有丰厚的文化附着物，譬如历史沿革、人生故事、诗词典故、民俗民艺、著名人物以及相应的文化意蕴或哲理象征，东西再好，也缺了彩没了神。古人说"言而无文，行之不远"，其实衣而无文，食而无文，住而无文，行而无文，都会行之不远，既传播不开来，也传承不下去。城市在物象之上还要构建自己的意象，自己独有的神韵、情调。

我们竞相去曲江大雁塔北广场，何尝只是去看那座砖塔？我们是去看在千余年的岁月中，一代又一代人添加在那座塔上文化的、宗教的、壮美的附加物，是去看青灯黄卷、暮鼓晨钟含蕴的清苦人生、坚定意志和执着信仰，还有广场上、广场周边的水景、诗词、民俗园、盆景园。光有华清池不行，还得有《长恨歌》的李杨爱情和梨园歌舞。光有饺子宴也不行，还得有最后那道菊花火锅和火锅引出来的慈禧太后在西安的故事。我们参观碑林当然不是去看石头，而是去看字。不是看一般的字，是去看提升为书法艺术的字，看和这些字融为一体的书艺、人物、故事。古城墙不是因为它的砖，而是因为印烙在每个城楼、每个垛口的历史烟云和岁月感喟，因为它是古城历史的符号性象征，才闻名天下的啊。

是，对于一座城，"可以说道的""有说头的"才是文化。衣食住行方面的产品常常只具有消耗性，文化才具有积累性和增值性。物象只有提升为意象、提升为文化元素之后，才可说、可传，才可能在漫长的岁月中留存、传承、发扬，才可能博取知名度，形成品牌，吸引眼球并且凝聚人心。

用文化恢复一座城市的记忆，用文化激活逝去的岁月，提升既在的品位，用文化发掘新的城市魅力，重组创造新的城市品牌，这是现代都市发展的一种新思维。西安这样的古城的发展，更可以独辟蹊径。立足城市文化质地，从确定文化战略、打造文化品牌入手，总体上为古城建设定质、定位、定向，带动西安各方面的发展，我认为是一种全局思维、宏观思维、综合思维，不失为大手笔。

古调独弹话西安

　　我不是西安人，但在西安整整住了四十四年，西安的城墙内外、东西南北角，都有过我的家。一个人，六十年的生命，竟有三分之二遗落在这座城市的大街小巷，人生的酸甜苦辣、爱恋恼嗔怎能不感慨系之？每到异域异地，接触到西安的民间风俗和地方戏艺，心里便常常涌动一股酸心热耳的东西，那不叫乡情叫什么？当然更撕扯不开的是，我的职业、我的爱好、我的亲情、我的友谊、我生命的每一方面，在几十年岁月中都和这座城市有着千丝万缕的关系。这些关系印证着一个人的生命，穿过沉厚的唐、元、明城墙，穿过或水泥或柏油的路面，像根系一样扎进黄土深处，扎进古城历史文化的血脉之中。

　　西安好文化、好古典哟。一茬一茬从小学中学大学听来的、读来的那些历史风云、著名人物、市井习俗、诗词歌赋，在别处是印在书本上的知识，到了这里却让你身临其境。千百年前发生的事一下子便变成了自己正在参与、正在发生的事。历史在进入记忆的同时，也沉淀为文化，沉淀为美。你来西安，处处都和文化迎面相遇，一不留心便叫角角落落的美丽绊住了脚步。

　　不信你看，周幽王就在这个像马背一样的山上乱点烽火以博褒姒一笑。一生叱咤风云的秦始皇，尘埃落定之后便安葬在这片红云似的石榴和柿林簇拥的土陵中。古代成功的社会改革"文景之治"，就是躺在汉阳陵里那个皇帝干的。新开掘的皇陵陪葬的俭朴证明了这位改革者的清廉，它不偏不倚，正好就在去咸阳国际机场的路边。董仲舒是在这座大殿上建议朝廷"罢黜百家，独尊儒术"的，现在虽只剩下废墟，当时却为中国精神找到了稳固的支柱。张骞由这座宫门出发，踏开一条路把中国引向世界。司马迁在这个地方受过宫刑，忍辱负重写《史记》，告诉历史中国文人有怎样的坚忍。在这座塔、这个寺的暮鼓晨钟里，你又依稀看到了西天归来的唐玄奘正在译经习佛。贵妃汤的温泉还冒着热气，《长恨歌》咏唱的杨贵妃、唐明皇，还在华清池畔绵绵无绝期地相依相爱。碑林的书案上，"张颠素狂"和"颜筋柳骨"正在笔走龙蛇。城楼的风铃还在吟唱李杜、王维的佳句。而陕西当代的"翰林院"——省作家协会，恰恰在"西安事变"发生地，这个改变中国当代民族命运的事件于是有了一个文化的共鸣箱。"长安一片月，万户捣衣声"，声声是文化的吟叹、历史的回响啊。

在全国大城市中，按人口西安似乎排在十来位，经济社会发展排得稍后些，好像是三十多位，但另外几个指标却又显示出西安的"重量级"来。比如作为文化古都，西安便无可争议可以排在全国第一。

西安不仅是世界古都、世界历史文化名城，还是国际景区城市、国际旅游目的地城市，也将会是历史文化大都会发展理念的原创地和文化产品的国际出口加工区。西安属于世界市场，她应该建设成为当代最大国际旅游产业的金牌产品。西安是人类文明、东方文明、中华文明少有的全息性集成芯片。谈论文化西安，价值标准应该国际化。

西安真好哟，西安也真恼。号号脉，知道她心里很阳光，很春天，但脸盘子实在长得不是很环保。你总是忍不住夸她，西安好文化，西安好古典，西安好精气神；你又总是有点恼她，恼她的自大自闭，恼她的村落意识，恼她的穷讲排场。

有人说北京是包容的，上海是时尚的，广州是生猛的，南京是温润的，杭州是秀美的，开封是自古就有商风的，而西安则是古朴雄大的。这些说法不论准确与否，都明快地表述了大众对一个城市的印象。我也总是想用独特而简明的语言来表述对西安的定位。我曾经给西安拟过好几个主题词之类的话，譬如"世界文化首善之都，中国科教高新之城""高量级的文化古都，新水平的科教大市",最近拟的一个则是"古调独弹,长治久安"。

"古调独弹"是鲁迅的话。1924年7月鲁迅偕陈中凡、孙伏园几位先生来西北大学讲学,连着两晚在西安易俗社看上、下本秦腔剧《双锦衣》,之后便给剧院题了这四个字,匾额现在还挂在易俗社舞台上方。几十年来,大家都把它看成鲁迅对易俗社以古老的秦腔编演现代戏和新历史剧的褒扬,也把它看成振兴秦腔的一个殷切期望。其实我想,就"古调独弹"四个字所蕴含的精神看,也未尝不可以作为西安城市建设、文化建设乃至整个经济社会发展的一个理念。"古"是西安的优势,古与新两极振荡所构成的西安城市张力和发展动力,是西安的特色。而"独弹"则是建设新西安思维和方法范畴的问题。

城市是个生命体系。城市是有呼吸,有记忆的。忽视一个地区的历史文化,整个城市将会伤感,市民也将丢失历史的认同、人生和感情的归属。在中国和世界历史上,西安弹奏得最高亢的声音是古调,西安是以根性文化而确立自己地位的。对西安来说,这个"古"字举足轻重、至关重要。西安文化建设乃至整个经济社会发展,虽不能止于"发思古之幽情",却应该"发思古之优势",以现代的、独有的思路和方法,使古城的古调翻成新曲,而不是轻率地、轻易地、轻浮地抛却古调,另谱新声。

说来也巧,近些年我所想到的关于西安"古调独弹"的一些话题,最后大都归纳为三点,故将我的一些思路总汇为《古调独弹三字经》——可以从三个坐标来看西安的文化历史优势,这便是中华文化的图谱(地理区位)、史谱(历史沿革)和魂谱(精神流脉)。

从图谱看,西安有很可自豪的"一、二、三、四"。

一条龙脉:西安大致位居中国之中,神秘的东经109度附近。不要小看这条贯通陕西南北的东经109度,它堪称中华民族文化的一条龙脉,蓝田猿人,半坡仰韶文化,人文初祖轩辕黄帝,周、秦、汉、唐,直到新中国的摇篮延安革命圣地，大致都在这个经度上。

两个中心：北出西安闹市百多里，便有中国大地测量坐标基准点——泾阳的中国大地原点，以及蒲城的国家授时中心。每天播报的北京时间，就以蒲城授时中心的铯原子钟为依据，中国所有的城乡和每一个人，都要和它对表，按照它的节奏生活。西安堪称中国的时空中心。

三大板块：西安是北部中国的河（黄河）文化、南部中国的江（长江）文化和西部中国的雪山草原文化三大板块的结合部。三种不同质地的文化在这里形成涡流和冲击波，使西安在文化上具有了极大的容受力和强韧性。

四条通道：西安自古以来是四条经济文化通道的出发点。由此往西，有把中原文化和河西、西域文化与中亚、西亚乃至地中海文化贯通的丝绸之路；有把中原文化、藏传佛教文化与南亚印度次大陆文化贯通的唐蕃古道；由此西经宝鸡往南，有把中原文化和巴蜀文化、川滇黔多民族文化与南亚中南半岛的小乘佛教文化贯通的南方丝路，又有斜向的茶马古道将南方丝路与唐蕃古道相连接；由此往北，有把中原文化和蒙古草原文化与北亚西伯利亚文化贯通的秦直道和其后的骏马之路。这四条以西安为起点的古道，至今仍是辐射四方的经济文化要道，并且进行了一次又一次现代化改造，在古道基础上修了高速路，修了欧亚大陆桥、青藏铁路、宝成铁路、成昆铁路和包神、神延、西延铁路。

从史谱看，在六大古都中，西安独占三个"最"：一是建都朝代最多，是十三朝古都，比洛阳多七个朝代，比开封多八个朝代，比南京多七个朝代，比杭州和北京多十个朝代；二是建都年代最长，达到一千零六十二年，其他几个古都都没有超过千年：洛阳九百多年，北京六百多年，南京三百多年，开封二百多年，杭州一百多年；三是中国最早达到百万人口、最早实施城市建设和管理的大都市。中唐诗人韩愈有句："长安百万家，出门无所之。"秦代长安已经有了下水道，汉代有了严密的排水设施、砖砌路面，有了近六百家藏书馆，一万三千卷藏书，司马迁写《史记》就参考了这些书。到唐长安，则有世界上最大的城垣（周长35.5公里）。宏伟的建筑、整齐的坊里、东西两市、四通八达的道路和行道树，遍布城郭宫院的水渠池塘，繁荣的手工作坊和商业贸易，还有"飞钱"（各地可向长安汇款），都是中国城市之最。西安又是世界五大古都之一，和雅典、开罗、罗马、伊斯坦布尔齐名，在汉唐时期，西安和罗马作为两个最强大帝国的首都，并峙于地球的东西方。

从"魂谱"看，古长安可以说是中华文化元典的原创基地和民族精神的培育土壤。传说黄帝时代不仅创造了指南车，更创造了房屋、水井、车船、陶器、熟食、纺织、市场、祭祀、岁时婚丧风俗和分封制，使中华民族的原始生存真正形成了社会生活，被称为"人文初祖"时代。周礼第一次用礼乐将人的等级规范化、仪式化、天命化，形成众所认可的社会秩序，以至孔子也说"郁郁乎文哉，吾从周"。秦制，秦代的政治体制，则奠定了几千年封建社会的基本政治制度，中国历史长河故而"百代皆行秦制"。汉代"罢黜百家，独尊儒术"，以经由董仲舒的改造提升的儒家思想形态完整地建立起封建社会的上层建筑体系。从人文初祖到周礼、秦制、汉儒，都是中华文化的元典性创造。而从秦"商鞅变法"到汉"文景之治"，到李唐盛世，中华民族改革自强的进取精神和建功立业的有为主义更是发挥到极致。古长安成为我们民族优秀精神的重要渊薮。

世人实在应该消除对西安的误读，西安也应该克服传统文化的负面影响，将历史上的有为精神贯通古今，和改革开放的实践融为一体，将西安的大都市风范和黄土地的实在精神熔于一炉。既有全国格局的眼界，大开大合的手笔，又能以黄土地的"生、冷、蹭、倔"和"咬透铁锨"的狠劲儿切切实实一步一个脚印地去干。不到长城非好汉，不过黄河不死心，这才是西安的精气神！孔子曾经说陕西"地虽僻，行正中"，很有点不敢小瞧的意思。可不是，西安不能小瞧，而且已经不可小瞧。

西安城圈是历史老人盖在黄土地上的一颗印章，它也深深地盖在古城人的心上。现在不同了，时代将一个更大更新的印章盖上这块古老的土地上，覆盖了旧有的印记，这便是新建的二环路，正在建的三环路。二环、三环使南郊的大学城、东郊的纺织城、西郊的电工城，加上新建的电子城、高新开发区、经济开发区、我国第一个航空高科技产业园区，挽起手来。工业时代和信息时代两个巨人，用一种完全现代的眼光直逼古城，窥视着城圈里的生活。传统的西安和现代的西安正在耐人寻味地对话。

当然，西安的历史文化优势有的也会变成包袱，譬如这么三个包袱：

一，西安在图谱中的中心区位容易产生一种中心意识，而忽视自己某种边缘化的现实。

二，西安在史谱中绵长的主流地位又容易产生优越感，以致由维系根脉而走向过重传统的静态积淀，忽视传统的现代更新。

三，西安对民族精神的原创贡献多是农耕文明和村社文化的结晶，而且在农本意识、伦理中心、家国同构各方面都形成了成熟的自洽功能系统，故而在现代市场经济的进程中，可能会增加文化机制和心理转型的障碍。

对此我们得有清醒的认识，得有科学反思的勇气。这也是我主张"古调"要"独弹"，要用独特的、创新的机制和方法来弹好古城新曲的原因。

现在来说"独弹"。

第一，准确定位，开发三个量级。在三个量级上，西安都可以说进入了一流平台。从历史文化古城层面看，作为世界五大古都之一的西安，毋庸置疑处在世界一流的平台上。从中国特大城市经济、社会、文化综合指标来考查，西安在前三十名左右，跻身全国第一平台已经岌岌可危。从西部中心城市来综合比较，西安位居第三，亦可进入第一平台。但这三个第一平台分量是不一样的。如果在这三个层面上各自为战地努力，孤立地为 GDP 奋斗，恐怕容易事倍功半，后两个层面甚至有从第一平台掉下来的危险。如果紧紧抓住"古"的优势不放，不只把这些优势当作口头上傲人的资本，而是把"古"当作正待开发的资源和正待置换的资产，当作可转换为增量的存量，不仅向传统产业和高新产业要GDP，也向、更向西安的历史文化要GDP，恐怕一盘棋便活了。

第二，针对弱点，发扬三种精神。从古至今，西安积淀了三种有为向上的特色精神。这三种精神正是当前西安缺乏的，应该大力弘扬。

一是原创精神。不循旧路，不墨陈迹，总是在历史转折的新道口探新的路子，升华新的理性，有所创造，有所作为。如周礼、秦制、汉代儒学新制的建立，都闪烁着原创精神的光彩。

二是有为精神。秦、汉、唐都是中国历史上有为向上、建功立业精神得到蓬蓬勃勃发扬的时代。汉儒的入世有为主张，在这块土地上深入人心。为壮大民族为强盛国家为服务百姓，古往今来有多少仁人志士殚精竭虑，舍生忘死，生为人杰，死为鬼雄。

三是和合精神。仓颉最早创造的二十多个字里，就有"和合"的"合"字。轩辕黄帝综合、推广各部落的创造，使之成为全民族的文明成果，又综合各部族的图腾创造了我们民族共同的徽章——龙。唐代有"东渡精神"。鉴真和尚东渡扶桑，使中国文化融入日本，走向世界，成为人类的共同财富。现代又有"西迁精神"。20世纪50年代，东部的纺织工业、东北的国防工业大举西迁，交通大学和许多科研机构也西迁西安。全国各地的人来西部艰苦创业，也带来了异质文化因子，将他们的管理经验、技术文化和许多好精神融入了西部。"东渡精神"和"西迁精神"，也就是走出去和融进来的多维交汇精神、和合精神。它使有为主义在全国和全球的现代格局中得到张扬，这对当代城市的发展举足轻重。

第三，古城发展，树立三个理念。西安的城市建设处理好古今交织的关系和新旧并存的矛盾，需要树立相互关联的三个理念。一是实行新古分治，二是尝试新质古貌，三是营造新城古风。

实行新古分治，在新中国成立以来西安几次城建高潮中没有很好地贯彻，大量新潮建筑涌进古城墙围内，感觉极不协调，造成不少遗憾。但亡羊补牢时犹未晚。西安近几年在保存更新城市古典风格方面搞了一系列大动作，提出了恢复皇城的战略规划。如改造钟鼓楼广场、改建民族风格的西大街、重建大雁塔唐文化水景广场、规划曲江唐代园林风景区及重建东、西两市，等等，在独弹古调方面奏出了新声。最近正在研讨的西安第四次城建规划（即一千万人口、一千平方公里的"双千"规划），以周代建都以来采用的九宫格局安排西安的中心集团和外围组团，中心古色古香，外围古城崛起，在某种程度上体现了古新分治的理念。

尝试新质古貌，是指对西安城圈内的建筑街区进行全面的古貌保护和复古改造。将行政和第一、第二产业迁出老城，恢复古城的街区和著名景观风物。老城内的单体建筑除确定为文物的要存古保护并留足空间环境之外，其他建筑实行新质古貌的全面改造和新建，即在古风古貌之下，对内部设施作高质量的现代改建。这一方面可以解决保护老城和提升老城人居质量的矛盾，体现人文关怀，另一方面可以实行高回报的资产置换，以"我在世界一流古都有个一流的家"为宣传词，向各国各地客户出售。在这个基础上，还可进一步将西安老城申报为世界最大的古城保护区和古城文化遗产。

营造新城古风，是指全面构思营造西安古城的软环境。所有的城市都有自己的形象，并不是所有城市都形成了自己独有的情调。古风有两个含义，一是要保持古朴的风气，一是要营造古朴的情调。古城墙古建筑是古都情调的物质依托和形态容器，本身无疑也构成了古都情调最重要的因素。但这远远不够。当古城墙下听到的都是现代音乐，看到的都是现代色彩组合，古调不复存焉。应该在古都情调总的背景下，全面建设古都标志和解说体系。根据每个社区、行业、景点的独特需要创建独特的标志和文字解说，选用独特的音乐、诗歌、灯光，设计独特的色彩组合，营造古典气氛；民俗民艺要大力发展，服务行业的着装、语汇、语态也都应刻意策划。总之，要让人感到西安城门就是一座博物馆的入口，一进去便徜徉在世界最大的古都文化展厅中。你在其中生活，同时也在其中做体验性旅游，亲历逝去的光阴，感悟民族的历史。

关于长安学

　　长安（这里指大长安，指秦中地区），作为中国历史上具有标志意义的大都会，其社会、政治、经济、文化各方面，都有较为完备的形态，无论自身结构的完整和典型，发育的完善和成熟，历史积累的深沉厚实，或是在国家历史进程中举足轻重的地位，在民族文化版图中的辐射作用，都值得我们在分门别类深入研究的基础上，进一步系统化、宏观化、学理化，形成"长安学"独有的整体文化视角和理论体系。

　　"长安学"的研究其实古已有之，千百年来从未中断。像围绕"人文初祖"轩辕黄帝开展的中华文化发生学的研究，像围绕《诗经》开展的中国文学发生学的研究，像围绕周代礼教和秦代改革逐步建立起来的中国政治学研究，像围绕汉唐研究发展起来的汉学和唐学，像围绕先秦关中水利建设开展的中国水利学的开篇，像以"留得正气凌霄汉，著成信史照尘寰"的司马迁《史记》开其先河的秦地史学、中国史学，像北宋大哲学家张载的唯物主义哲学"关学"（秦地民间有"家遵东鲁百代训，世守西铭一卷书"的家训，将张载和孔子并提），像以孙思邈为代表的民族医学和药学以及近年来兴起的"秦俑学""法门寺学"研究，等等。这些研究无论学科建设是否完备，也无论在学科层面是否得到认可，都做了大量的工作，出了许多成果，初步形成了自己的学术领域和人才群落。和其他地域相比，长安社会经济和文化的一个重要的特点，是它对整个民族文化的全息性和辐射力。它是中华民族文化重要的源头，在相当长的历史时期内，它还是中华民族文化的标志和主体。因而在一定程度上可以说，"长安学"不但是"中国学"的一个有机组成部分，而且是"中国学"在世界文化格局中的一个重要窗口；在一定意义上也可以说，历代对我们民族和历史的研究，都为"长安学"的学科建设提供了前提和基础。

对于"长安学"的研究和建设，我思考不深，更无系统性意见可言，这里只能提出两点粗浅的感受，以供各路方家参考。

第一，"长安学"研究要史论结合，史、论、人物、专题、资料全方位展开，但当下最重要的是史论结合，论从史出，以论带史，对"长安学"作统摄性研究，使这门学科有大致定位，有宏观设置，有理论先导。

我们无妨组织有志者和热心人开展各个圈层的议论和探讨，集思广益，集腋成裘，形成一个比较有分量的总论式的开篇文章，对"长安学"的要旨、精义、体系、方法、在学术版图中的地位等方面，做出简要而又精到的论述。这件事之所以重要，倒不在于讲究"开篇正名"，甚至主要也不在于这类总论本身的学术价值，主要是，做这件事的过程就是一个在学界寻求共识、理顺思路的过程。经由这个过程，有助于将相关的微观研究统摄到"长安学"这个大格局中来，也有助于将"长安学"一些最主要的精义渗透到具体的研究之中去，在一定程度上改变目前各自为政的微观研究多，总论研究和体系化设置相对不足的状况。唯如此，"长安学"才能大致看出轮廓，逐渐形成景观，而且从一开始便具有相当的理论色彩。

还有，考虑到"长安学"和古长安在中国文化和世界文化中的地位，"长安学"研究应该更加重视理论思维的开放结构。既要以宏观、开放的视野给"长安学"和它的相关门类定位，又要在关系的研究中揭示"长安学"的全息性和辐射力，在比较的研究中审视和发掘"长安学"在中国和世界格局中的意义。譬如长安学与罗马学，与日本、韩国传统文化的比较研究。

第二，"长安学"研究要和原有各类相关研究（比如炎黄文化、法门寺文化、秦俑学的研究）衔接融通。"长安学"的提出，对已有的研究不是干扰，更不是否定，这都是自不待言的，但从学科建设的角度考虑，当前尤其要在发掘长安文化的内在特质上下功夫，要以长安文化的研究来为"长安学"

的开创举行奠基礼，以长安文化的研究融通各门类学科。

各种人文学问的宏观化过程、纵深化过程、理论化过程，其实也就是文化化过程。特有的文化内涵决定着一门学问的特有背景和深层质地，也是一门学问在学林中自成景观的重要条件。这方面，我似乎觉得在原有的各类相关研究中，存在"三不少三不多"现象：史料梳理和文物考证不少，对其中文化内涵作探幽发微的开掘还嫌不多；古代长安文化的论述不少，对近现代尤其是当代长安文化的研究还嫌不多；从典籍文化资料（包括庙堂文化和山林文化）着手研究长安文化的不少，以坊间生活中的文化留存，如各种民间风俗、民间艺术以及饮食、服饰文化信息，尤其是以当下鲜活的社会文化心理为对象切入长安文化腠理的研究还嫌不多。我想，当我们在一种群体的、自觉的状态下开展"长安学"的研究时，应该在整体设置和人力分布上有意识地克服上述的不足，使"长安学"具有浓郁的理论气息、文化气息，具有鲜活的民间生活气息、现代生活气息。这几年，一些传媒陆续就秦人文化人格和社会心理组织过讨论，多少使这项研究向着公众的和心理的角度倾斜，一定程度上克服了原来研究的弱点。把秦人文化心理作为秦地文化研究的重要组成部分，我极表赞成。

关于长安文化在中华文化中的重要性，七八年前我在《光明日报》记者的专访中曾经这样通俗地表达过：绘制地图有"四色定理"，即只需用四种颜色便可以区分所有的地域；晕染中华民族的文化地图，大体也只需要"四色"，这便是京派文化、海派文化、粤港文化和长安文化。缺少这"四色"的任何一种，中国文化的地图都将很难绘制。我总觉得中华文化大致是一种四分天下的格局。在这个格局中，长安文化带有沉厚的根性文化特色，在许多方面构成其他几个大文化板块的历史底色，对整个中华文化产生着重要的影响。拓展和深化长安文化的研究，不只使"长安学"有了坚实的基础，也会对中华文化和"中国学"的研究起到相当的作用。

探讨秦人文化心理的优势，有几个大背景。譬如中国古代社会鼎盛时期的社会人格中那种有为主义和奋发情绪，譬如十几个朝代建都于斯所培育的文化兼容精神和思维统摄意识，譬如几千年的文化积淀所造成的深沉厚实稳重，譬如相对贫瘠的自然条件和艰难的生存状态所锻打的刚毅、强韧、内忍，譬如周代的管理、秦代的改革、汉代的开拓、唐代的开放给秦人灌注的精气神，等等，都赋予这块土地一些极为可贵的精神质地。

探讨秦人文化心理的弱势，也有几个大背景。譬如废弃的皇都意识和失落的贵胄心理，譬如村社文明的重农抑商、疏离市场，譬如小生产的小富即安、不思进取，譬如城墙里的静态生存、封闭自守等，常常使这块土地上的人在现代社会陷入一种文化困境和心理尴尬。我曾戏言秦人在"八大怪"之外，恐怕还有"十大好"——好溯源，好为中，好称大，好静制，好不争，好自足，好自闭，好非异，好名分，好恋土。此类嗜好还可以举出许多。这虽然只是一些局部现象，且系极而言之，其中甚至带着戏说的成分，但也未尝不可以作为研究秦地文化的一些线索。

研究"长安学"，在著述研究的基础上，要加强学术交流，共创共建学术平台，使个体的、部分的思考成果，尽快转化为整个学界共同的财富。

总之，"长安学"的创建和研究这件事，工作量很大，牵扯面很宽，要求很高，路很长，只要拿出秦人的执着，总会干出一点名堂来的。

2008 年 11 月 9 日改定，西安不散居

长安文化是一个体系

——与西安市委书记崔林涛谈长安文化

崔林涛（以下简称崔）：我想向你请教有关长安文化的一些问题，听一听你的看法。

我们现在正在研究精神文明建设的问题。而精神文明建设里面有一个文化建设的问题，文化建设里又有一个弘扬优秀传统文化的问题。优秀传统文化，就是整个中华民族的优秀传统文化。在中国古代历史上最辉煌的时期，我们西安是作为政治中心、经济中心、文化中心的，现在已有一千多年的历史。这样一个历史必然形成一种有地域特征的文化。有很多人在谈起时都觉得研究中国传统文化的时候应该搞清楚西安这个地方的长安文化。那么长安文化到底是什么？长安文化有些什么特征？长安文化在整个中国的传统文化中间处于什么地位呢？在这些问题上我觉得应该好好研究一下。我看过一本书，是师大的黄雅兴写的一部专著，专著的题目就叫"长安文化"。他的基本的一个观点就是中国古代的传统文化是以长安文化为主要特征的。

我们在研究西安的文化建设、整个的思想建设的时候，总觉得我们要有现代的思想、现代的意识来提高人的认识，武装人的头脑。这包括革命的理论、科学的理论和一些现代的思想。那么在这个过程中间也有一个要弘扬优秀的传统文化的问题。优秀的传统文化里除了古代的文化，也还有革命的文化。革命的文化在陕西也是有的，特别是在延安这个地方，所以咱们应该把这个地方突出出来。

我就这个问题到处打听，想听一下大家的意见。周大鹏给我介绍说你对这个问题很有研究。所以我就想和你约一下，找个时间坐一坐，让你给我们个别上上课，我们也学习学习。

肖云儒（以下简称肖）：不敢不敢。我也是想与崔书记交流一次，因为最近有些情况还可谈。

崔：你在这一方面很有研究，还在新华社等好多地方发了些东西。

肖：是的，那我就先简单汇报一下。有一些情况我们还是主要听你的。我是前年写过一篇陕西文化形象的文章，在里面提出城市的文化形象是一个城市成熟的标志，开始谈到这方面的问题。后来在今年的名城会议前后，《西安晚报》的记者庞进和我一起做了个采访，搞了个"四分天下有其一"。基本观点就是说京派文化、海派文化、粤派文化（广东那边的文化）跟我们长安文化应该是把中国文化四分天下。

崔：也就是四个支柱。

肖：对，四个支柱，四个窗口。

崔：京派文化，就是以北京、天津这一带为代表的明清的文化传统。海派就是上海一百五十年来，近代，近现代，也就是半殖民地半封建之后，民族工业兴起的一些东西。

肖：粤派主要是指改革开放以来，实际上是特区文化、珠江三角洲文化。我们这儿可以说是两千多年三千年的历史，北京可以说是五六百年来的文化。这四个文化应该是构成中华民族文化的主要窗口、标志。别的地方要认识中国主要是看这四个方面。后来《三秦都市报》连续采访，发了七篇我谈长安文化的报道。当时我把这个名字就叫"长安文化"，是从内涵各方面来谈的。发了七篇之后，被上海《文汇报》发现了。从上海专门来了一个记者曹家骧，跑西北的。他就我谈的这个问题又写了一个消息，在《文汇报》的国内新闻版的头条发了。这个东西咱说了不算，最好要外地认可。而《文汇报》的发表正好证明了外地的认可。这是一个很简单的消息，里面引了一个我接待的瑞典艺术学院院长玛瑞的话。她的意思就是中国是一棵树，西安是根，北京是干，上海是树叶。我说还可以加一句特区文化可以说是花，最近才开放的花朵，这构成了中华文化这棵大树的一个完整的形象。这个发了以后，咱们新华分社跟我联系谈了几次，想把这个作为一个比较新的学术问题。我想这对咱们西安的精神文明建设是很好的。正好那个时候，崔书记你和市上提的八大文明工程全国宣传得很厉害，他也是从这个角度提的。我们从这个角度谈了几次。现在的情况是新华社大内参已经发了一篇两千多字的东西，香港《大公报》《香港商报》《民报》都发了一个一千多字的专访，就是我谈四个文化板块。近两天新华社的通稿，公开的也要发了。这个事我就想一定要给书记、部长汇报。这是研究西安的，我也怕一个人的力量有限，大的宏观把握不够准确。

崔：这几句话好。"两千年的中国看西安，五百年的中国看北京，一百年的中国看上海，十年的中国看特区"。这个"文化焦点谈"是在什么报纸？

肖：是《三秦都市报》的。现在陕西电视台跟中央电视台准备在明年年初找四个学者谈这个问题，上海的叫余秋雨，北京的叫老学者侯仁之或他的学生，西安叫我，广东的还没定。我觉得这是一个大举动，所以我想赶快给市上的领导做一下汇报。

崔：这句话很好啊。"北京人什么话都敢说，上海人什么都敢穿，广州人什么都敢吃，西安人什么都敢藐视"。

肖：现在《文汇报》也准备给一个专版来讨论。我关于长安文化研究的总的想法是这样的。对于长安文化的研究已经很久了，研究得很细致了，主要就是宏观研究。一个就是你刚才所说的长安文化在中华文化总格局中的地位，这个要给它定位。我的想法就是把它拉到这四大文化中，四分天下有其一。我当时还有一个比较不实际的想法，就是如果真能拉到四大文化中，那么西安的城市地位将会大幅度地上升。一说到中国就是京津沪穗长安这样一个格局。这样一个宏观研究就是要给它定位。第二个就是《文汇报》里谈的文化资源的开发。在软件的开发里更多地谈到的是文化的心理软件，就是文化心理的优势这个软件的开发，这是我们在操作中往往容易忽视的。就是说除了我们的文化传统，文字历史文物这些软件优势以外，我们的祖先遗留在这块土地上的很多文化心理方面的优势，在我们西安长安到底有哪些。这是一种优势。我说的那个藐视就是一种大都风范。

崔：实际上就是古都风范。

肖：就是什么都不在乎。不过现在正好相反，陕西人西安人却自己瞧不起自己，外地人对这个地方是不了解的。所以这就有个如何把这种潜在的心理优势发掘弘扬出来的问题。这是第二个作为一种文化资源的开发，把我们的长安文化所遗留下来的心理优势给发掘出来。第三个就是我想不要把这个研究做纯学院式的，而是要把文化研究与文化建设结合起来。我跟范（肖梅）省长聊过，她说我这个要跟旅游结合起来。实际上就是我想着这个文化建设里边，秦、汉、唐与宗教文化园区在西安，这就认识到了长安文化的重要性，当然周朝也可以揽进来。给所有的文物搞标志性的标号、符号。比如说设立周文化园区、秦文化园区、汉文化园区、唐文化园区、宗教文化园区，像法门寺等，每一个园区里又有若干个景点。这样搞各种标志性的建筑。

另外就是搞我们西安城市里最杰出的人物的城市雕塑。现在张骞的有了，最近上海搞了一个商鞅的戏剧，是原来在我们陕西的导演陈薪伊去导演的。像把商鞅这样在陕西的历史上最杰出的人物搞成系列，这就相当于把陕西在全国重新喊响。另外就是还有户县的近代以来现代以来的一些农民画，像你们昨天研究的那样突出出来。我的想法就是不要搞学院式的，要跟精神文明建设挂上钩，然后就可以将这个资源转化为资产，再聚集为资本。

长安文化的宏观定位我想有这么几点，我简单说一下。一个就是从中华文化史谱的角度、历史谱系的角度，就是从时间历时性来定位。这基本上就是刚才所说的那个意思，即两千年的中国，五百年的中国，一百五十年的中国，十年到十五年的中国，整个中华文化的纵向面貌就要看这四个城市。如果不看这四个城市就会不完整。光看西安当然是不完整的，光看北京、上海也是不完整的，而是要看这四个城市。这是第一个。

第二个就是从中华文化的图谱的角度，即从空间地图来看，从空间来定位。这可分为东西南北四个方位。其中我着重论证了重庆、成都跟西安的比较。重庆、成都的经济发达也形成了它独有的文化，但是它不可能成为整个中国西部文化代表性的文化，因为它是偏居一隅的。它一直在历史上没有成为我们中华文化的主轴和中心，而西安则是当之无愧的。从空间上定位，西安作为西部中国历史主流文化的所在地是当之无愧的。

再一个是从内涵上来定位，从魂谱的角度、精神谱系的角度。简单地说就是北京是近现代中华民族文化的主干，尤其是政治文化的中心。北京人什么都敢说，实际上是指北京人的政治参与意识很强。而上海、广州是经济文化，一个是中国现代、当代市场经济的孵化之地，一个是改革开放以后崛起的市场经济文化的代表。西安是中国民族根脉文化的代表。一个民族政治文化，一个民族经济文化，一个民族根系文化，这三足鼎立，西安当然是不可或缺的。如果你要看中国，从哪个角度来看都是离不开西安的。不看西安就看不全中国，看不深中国，看不透中国。

对长安文化的特征，我们原来有几点是容易忽视的……

崔：比如说央视春节晚会《捡钱包》这个小品，它的内容刻画得很具有典型性。北京人政治说教，上海人会算计，西安人憨厚、诚实、大方，这是这三个地方人的性格特征。但是上海是个老头子老居民，北京是个老学究，可西安却说不清是个什么人。他被刻画成了一个彪形大汉，五大三粗，穿着个翻皮袄，绑了个脏毛巾，留了个大胡茬这样的形象。实际上西安，或者说陕西人的外在形象是有很深的文化积淀和文化素养的。他的性格是很憨厚，不是那么会算计，但却不是这种形象。这个包装是一种偏见一种歪曲。人们对于这个内容还都能接受，但是对于其形象却感觉很不舒服。

这是一个例子。再一个就是咱们陕西话剧院曾经演了一个话剧，是描写西安的保守、狭隘、不开放的。它的整个主题思想就是我们之所以落后是由于城墙把我们封闭在这个圈子里，要想走向世界，要想发展，就得推倒城墙，只有打破这个封闭的屏障才能走出去。当然在艺术上它可以使用夸张、象征。但是城墙是不是就是一种保守的象征，这是值得商榷的。我认为城墙不能看成是一种保守的象征。宏伟的城墙首先应该是一个国家一个民族强盛的、力量的象征。咱现在把我们的国防，我们的人民军队，我们的巩固，我们的宏大比作长城，比作黄河，比作长江，这就是一种力量的象征。如果换一种思维方式，我们的古城墙，宏大的城墙，雄伟的城墙就是一种宏伟的象征，我们引以为自豪的象征。但是这个戏剧却从那么一个角度上去看。我把这看成我们文化上的一些变态行为。而且现在还形成了所谓的西部文化、黄土文化，所谓的西部电影，一味地追求粗犷、落后、愚昧，并且把这看成西部文化的主要特征。这样就在外界造成长安、西安、陕西、西部一种负面的形象。我觉得这种宣传造成的消极影响是很大的。

我对此体会很深。这些年国内以及国外的一些大城市我几乎都去过了。美国的一些大城市，还有罗马、巴黎、伦敦、东京以及东南亚的一些大城市我都去过了。很多人在交谈过程中间都把我们西安看成是很荒凉、很遥远、很落后、很愚昧的。我就问他你为什么这样看呢，他就说是联系了我们很多的艺术作品，像《红高粱》《老井》《黄土地》。甚至连我国的沿海一些地区都受此影响有这样的看法。这其实是一种误解。但我们20世纪五六十年代的许多作品却并不是这样的，像《花儿与少年》《达坂城的姑娘》等，感情都非常豪迈，充满激情。给人感觉西部是非常开阔豪迈的，但现在却被扭曲了。这种文化现象有时候就不是积极的。

肖：对。崔书记刚才你说的那个，如果把长安文化被历史烟尘所埋没的优秀的因子，也通过文学艺术作品，也通过别的渠道能够被发掘出来，这对我们本地人的自信心、自尊心都是很有好处的。

现在世界文化都有这么一种趋势。不光我们西安有，还有拉丁美洲最近的文学爆炸。就是凡是社会越向更现代化的方向发展，人们的怀旧或者说是对于回眸历史的感情就越强烈。这种历史感很强的文化是现代世界人在市场经济条件下浮躁心态的一种清凉剂。因为现在人们很浮躁，为利益，为物质，为数量，所以就什么都浅表化、简约化了。而这种历史回眸型文化就叫你看到厚重，在利中看到义，在激烈的竞争中看到一种恬适的东西。这倒也有积极的一面，能够平衡现代人在市场经济条件下感觉信息爆炸的浮躁心理。从这个角度来说，中国光有海派文化、粤派文化是不行的。非得有西部文化、长安文化这么个平衡器，中华民族的精神才能得到某种平衡，有张有弛。从这个角度也可以做一些文章。

我觉得，如果将来全国性报纸和中央电视台要讨论四大文化窗口问题，不管讨论的结果怎么样，全国学术界是不是认可这种"四分天下有其一"的提法，这都无关紧要，当然认可更好，主要是讨论的过程本身，绝对是对西安的一次大的宣传。不停地讨论就是持续地关注，反复地宣传。先前我在《光明日报》发了一篇三千多字的文章，现在我想搞一个比较长的论文在理论上说得比较深一点，资料更详细一点，然后再搞一点专著。原来在研究西部文化的时候我写过一篇论文叫《西部热与当代潮》，来论述西部文化心理深藏着许多跟现代人很相似的东西。譬如那个西部的动态生存观，实际上跟现代市场经济的竞争生存观，是不同社会历史和经济发展阶段的相似结构，是一脉相承的。

崔：你刚才谈到的一个问题，我们不妨从另一个角度来看。在市场经济这么个发展大潮中间，在一些发达国家中间，它追求现代科学的发展，人们现代的一种生活方式，接受了很多时代的新的东西，出现了在人们的思想上、文化传统问题上的一种剧烈的震荡这样一种情况。我们中国始终是什么情况呢？在世界上各个民族中间，其文化传统最久远，历史最悠久，历史文化最发达，一直能延伸几千年，我国是世界上少有的几个国家。我们的文化除了在本国，还对世界上其他一些国家有很深的影响。最典型的莫过于日本和新加坡。有时候在国内我们还感觉不出来，到了国外，就更深地感觉到中国的传统文化是辐射全球的。日本吸收了中国很多传统文化的东西，有很多是从唐代直接拿过去，再加以发扬的。其中包括家庭关系、人际关系、思维传统、价值观念、伦理道德等。但是日本也有他自己的一些东西，如武士道等他们自己的一种发愤图强的传统文化。他们把中国传统文化一些东西和本民族自己的一些东西结合起来，然后又吸收了许多西方的文化。我觉得如果我们先研究些外国的东西再回过头来看我们的可能会更清醒一些，我把这看成一种"反光现象"。

肖：法门寺的曼陀罗到唐代以后在国内就失传了，但在日本却很多，与我们的一样。这可以看作是长安文化在海外的一种反光。

崔：佛教的一些文化现象包括长安的很多东西通过很多人传播到日本。数千遣唐使把这种文化带回去后一直继承下来，通过它自己历史的发展形成一种岛文化。始终感觉它是个孤岛，四面环海国土有限。它的军国主义思想都可能从它的文化传统里找出来。它是中国的传统文化和日本的岛文化结合，然后发展到现代又吸收了很多西方的文化（如日本的语言、思维方式有很多是原封搬自西方文化），再把它融合形成日本的文化。

另一个典型是新加坡。李光耀这个人是很厉害的，他把中国的传统文化中他认为有用的东西都坚定地继承发展下去。他为了使中国的传统文化在新加坡凝聚人心，就主张用汉语。他不但用汉语，而且使用中国的简化汉字。中国文字改革一次，公布一批新文字他就推行一次新文字。新加坡和中国台湾、中国香港都不一样，台湾、香港都是繁体字，但新加坡却使用我们现代的字，而且他还要求所有的人都会说中文。你到了新加坡可以说是回到了纯正的中国的传统社会。此外李光耀还接受了西方文化，在经济管理、社会管理好多方面接受了西方的文化。因此说民族传统文化的弘扬可以缓解社会发展到一定阶段后出现的动荡。

中国传统文化里也有很多吸收了外来文化的一些东西，例如罗马文化、波斯文化、印度文化以及西域其他的一些文化传统。长安文化有它非常丰富的内涵，我想从以下两个方面来论证它。当然，我觉得你的思路和特征性的东西也很好，就是能抓住几个与现在融合得很紧密的方面来论证。但长安文化恐怕不是一般的四分之一能够概括的，我觉得还可以从层次性与传统性、开放性这个角度来论述。

另外，我们也应该谈一谈长安文化厚道、朴实的文化特征。长安人民的心理，往往与一般小市民的急功近利思想是有区别的，他们对于什么事情都能形成一种求实的心态，一种实在的心理。

但研究一种文化现象，只谈它的好的一面是不够的，它还有弊端。长安文化也是如此，它也有缺陷的东西，需要扬弃的东西。我想它主要包括这么几个方面。一个就是市场理念、科学管理的这一套东西较差，官本位、抑商气氛又太浓，等等。这个也是我们这个地方不开放、不发达的一个问题，这很容易束缚人，因为它一千多年的过渡以及皇权思想灌输遗留下来的文化传统，很容易导致人们形成官本位、抑商、贵族心态，总是觉得我不愿意出去吃苦，不愿意掉身价什么的，这实际上是一种缺陷。

肖：是的，中国传统中的政治文化与权术文化比较成熟。

崔：第二个缺陷，我觉得是，在中国近代的历史发展进程中，由于政治中心的东迁、北移，和长安国都地位的逐步衰落，长安文化在传统文化里遗留下来的一些东西，在人民心中形成一种悲观、消极的心态以及失落的思想。这反映在现代，就表现为一种责备、埋怨的情绪，上进心不够强。当然，我们在指出长安文化这两种缺陷时，也必须认识到这只是一种现象，还不是主体的东西。

同时，一种文化现象，还要和哲学观点的形成，和文学作品诠释的演变紧密联系起来，这样的论述最能打动人。因为一种文化留下些什么东西，这些东西有时是相当有限的，但长安文化留下来的却是非常多的，它的哲学思想，它的文化思想，它的文化大作，它的艺术成果，都可以一波一波传下去，而且能影响一代又一代人。

肖：这些文化不仅有潜意识、潜心理，而且有形态性的意识和心理，形成了典籍文化和碑载文化，结晶为形态性的文化成果，结晶为民族显在的自觉文化意识。所以传承的生命力和覆盖力都非常大，给了中国文化一个稳定的基座和标尺。

崔：对。在研究中国历史的过程中，无论是文学，特别是戏剧，还是哲学思想，很多都是和长安这个地方联系在一起的。我们说长安文化是整个中国传统文化的一条主干线，这是和整个中国古代历史最繁荣时期，长安作为政治、经济、文化的中心相一致的。

肖：你在与世界各国文化的横向比较中谈长安文化，思考更开阔。我赞同你的观点，不要完全从方位上谈，还可以从内在层面上切入。比如对长安文化和京派、粤派、海派文化作比较研究，既研究长安文化对京派、粤派、海派的影响，也比较它们的异同，分析其中的利弊。实际上，北京、南京的文化有着明显的、浓重的长安文化底色，而长安文化在唐代就通过韩愈流放潮州，远播粤闽。潮州的韩山韩江都是怀念韩愈的，那是怀念韩愈引进的先进的唐文化啊！潮汕人自称是"昌黎教化之民"，很以拥有韩昌黎韩愈的文化流脉而自豪。粤闽之地的人走向世界各地创业，不忘自己是唐人，是从"唐山"来的，总是把自己在异乡居住的社区叫"唐人街"，是与唐文化、长安文化的影响分不开的啊！

崔： 就好像老大、老二、老三一样，同属一个家族，但处于不同的年龄层上。

我现在抓了几套书，一套是"长安文化书系"，还有"古都西安书系"，正在写，大概一千五百到一千八百多万字。最近已经完成了二十多篇大纲。我计划把长安文化形成一整套东西。所以，对于长安文化的研究，肖老师，我全力支持你，一定要把它搞成功。

肖： 刚才你谈及的"反光"，韩国也出现过类似的文化现象，它也提倡过艺术振兴。我接待过韩国一个文化代表团，他们去参观我们历史博物馆，当时有一个人因为胃疼，在秦一号大墓投影大照片前边蹲了好长时间。他仔细琢磨了一番后，说道："这么大的坑，我们李王朝的坑只有这四分之一大。"想了想，又说："当时你们中国皇帝不准我们挖这么大的坑，我们是属国，只能葬在小一点的墓里。"

崔： 韩国在盛唐时期是两个国家，一个是新罗国，一个是高丽国。对于高丽，中国统治得比较死，它反抗得也比较厉害，始终是像我们的一个殖民地一样，我们在那里居住、镇守，他们向我们进贡。南边就是新罗，当然，它当时的界线不完全是按照现在的"三八线"。对于新罗，唐朝统治的手段也是比较高明的，对其采用离间法。因为高丽与我们毗连，我们便统治高丽，而高丽又想控制新罗，我们就派一些军事教官去训练新罗，以抵御高丽对新罗的对抗，使他们互相牵制着。因此，新罗和长安，和大唐帝国的关系最融洽。

肖： 这是采用的"远交近攻"法。汉唐时期，处理周边属国和民族地区的管理，就有了很开放的自治思想，叫"守经用权"，就是守住统一这个经，这个底线，但要变通管理策略。"夷夏一体"的思想在历代都起了非常积极的作用。唐太宗就说过，"天之生人，本无蕃汉之别"，那时在边陲民族杂居地区建立了一批"羁縻州府"，政策与内地有别，适度自治、宽容，可减缓、免除税赋。由于自治、宽容而不生异心。这是汉唐的大文化襟怀，也给长期以来中华民族能够多民族统一，共居一体，奠定了历史的、文化的、管理的基础。这个好传统是长安文化对我们民族的一个非常重要的贡献。

崔：在遣唐使时期，新罗和高丽派到长安的遣唐使比日本还多。那时新罗国的首都是庆州。后来，在庆州开挖了两个当时新罗国王的墓。我到韩国去访问的时候，它已经对外开放了，我便下去看了看，墓穴是由卵石垒起来的，里面放着罐，从它反映出的建筑水平、生产力水平来看，比当时的盛唐落后很多年。

肖：是的，盛唐时候西安已经有了九宫格式的完整城市规划与布局，有了下水道，有了"飞钱"也就是汇款，在东市、西市经商的人赚了钱可以用银票汇回去，还有了与社会等级和礼乐匹配的殡葬管理。当时，整个城市管理等各方面都比较科学。从这一点就可以看出盛唐的发展水平。

崔：现在我们有史料记载，隋代大兴城之后一直到盛唐的长安城，是世界第一大都市，世界上没有任何一个城市能和长安比。它的人口已经过百万，总面积达八十七点二七平方公里，这些历史博物馆都有记录。

这个城市的文化、建筑，它的社会管理，它的政治制度，它的哲学思想，用我们现在的话来讲，就是理论、路线、方针、政策，这也是文化现象的一个部分，还有当时的物质文明成果，它也是文化的一种内涵。再有，它的艺术、文字等，都属于文化的范畴。因此，我非常赞同黄亚新的那句话："中华传统文化是以长安文化为主要特征的。"不过，怎么把他的这句话系统地论证，论据非常充分，说得非常清晰，现在尚未实现。

肖：我在研究中这方面也有一些想法，是想把古长安城在当时的制度文明、物质文明和精神文明这三个层面上处于世界领先地位的方面，列出若干项目细致展示出来，初步列了列有几十近百项。例如指南车、造纸、周礼、秦制、科举，汉代独尊儒术，汉唐用羁縻州府实现有限度的民族自治，道教佛教祖庭全国之冠。还有，火箭发动机就是我们这里最先开始设计的，当时它的水平也是世界领先的。中国的爱情文化，从《诗经》篇首，周武王之父向太姒求爱的"关关雎鸠,在河之洲,窈窕淑女,君子好逑",到牛郎织女石公石婆的传说,还有萧史弄玉、柳毅传书、人面桃花、独守寒窑等故事,最早都流传在这里。认真梳理、论证,使古都之古,古都文化之源落到实处,清晰地呈现在世人面前。

崔:我很赞成这样做。你可以按照你的思路从不同的角度进行研究,我们全力支持你。我也希望你能把你现在的研究成果给我收集一下,我学习学习。我们可以共同来讨论这个问题。我想,除了从不同的角度、不同的侧面来慢慢地宣传、扩展长安文化以外,还要能使它最终具有权威性,最终形成系统性、理论性的一套东西。这个意义是很重大的。

当然,这个问题要形成理论体系,是需要花大力气研究的。关于长安文化问题,我在西北大学做了一次报告,就西安的地位,所形成的文化,在历史上的情况和现在人民的思想特征这些方面很随意地谈了一些,反响很强烈,他们认为我从另一个角度给了他们一些启发。他们的学术研究我也看了,但我总觉得他们好像把问题引到了另一端,钻进去出不来了。其中,有研究秦的文化特征,有研究汉代的文化特征,也有研究唐代的文化特征,他们从不同的朝代,不同的历史时期,和这个统治者在那个时期形成的思想入手,从历史的角度来研究长安的文化现象,当然这也是一种研究的方法。但研究的结果往往支离破碎,很不清晰。因为文化一旦形成,就超越了时代,就有了相对独立性,就有了稳定性、继承性。

许多人总结出秦文化的集权性,汉文化的多元性,唐文化的开放性这样一些特征,这是从大量的文献、资料中经过长时期研究得出的宏观性、整体性结论。而我们现在研究的长安文化,不能因为周、秦、汉、唐的都城在长安这个地方,就把每个历史朝代的文化特征加在一起,算作是长安文化的特征,这是行不通的。

肖:对于本地区的文化,你作为一个领导者,能够思考得如此深入与系统，真是很可贵。我有时觉得有些领导者容易陷入当下的、具体的、器物化的事务。从政要有强烈的目标感责任感，但目标感是大目标，不仅仅指具体的一项一项政绩。大目标大责任是对一座城市的可持续发展的关怀，长久的、终极的关怀。这种长久的、终极的关怀，我认为最主要体现在三个坐标上，这就是文化关怀的坐标，生态关怀的坐标，还有科学决策的坐标。而每一个地方已有的文化积淀、文化存量，在这种长久的、终极的关怀中，都会转化为现实发展的动力，转化为现实发展的资源，甚至转化为融资优势和前期投入，转化为节约成本的元素。领导者关注文化资源的开掘，是一种大眼光。

崔：尝试着干吧。我的想法是，把长安文化作为"八大工程"之一隆重地推出来。我们讲的繁荣文艺，我们讲的文化支柱工程，都需要有城市自己的特征，自己的归属，不能老是跟在别人后面。我们对市民进行公民教育，包括现代管理的教育，法制的教育，革命的理想，信念的教育，世界观的教育，路线、方针、政策的教育，肯定都要做，但同时也要对广大市民，对几百万人口进行爱西安的教育。我发现，西安人特别爱听人说西安；宣扬西安，能唤起西安人的一种自豪感。但很多人并不了解我们西安有些什么，作为一个西安人，应该弘扬些什么。因此你现在的研究，是非常重要的一件事情，它对指导我们党和政府的文化建设可能都是有帮助的。丁关根上次来，我汇报"八大工程"时曾说过，对我们的人民群众，在爱国主义的教育过程中，在道德的教育过程中，要把优秀的传统文化教育作为支柱。进行爱国主义教育，光说中国好，要爱中国，但爱中国什么呢？我为什么要爱中国呢？这时，就需要传统文化来激起一种爱国心理，一种民族自豪感。这是一种文化传统的凝聚力量，是一种精神的东西。

肖：特别是西安作为我们国家古代兴盛期的首都，爱西安与爱中国就结合得太紧密了。

崔：这些年我到外地去，很多地方都很看重西安。我认为，我们国家在提倡思想、道德、文化等精神文明建设的时候，要把弘扬民族优秀传统文化提到一个很高的位置上，用这种文化唤起一种民族的自信心，唤起一种爱国主义的精神，增强国家的凝聚力。世界上任何一个国家，任何一个民族，之所以能够不被分裂，之所以能够强盛不衰，之所以具有极强的凝聚力，最主要的原因就是文化传统的存在。因此，从一定意义上说，民族和国家实际上是一种文化的结合体。

肖：所以海外学者首先提出了"文化中国"这个概念。这使我想起了历史上曾经发生过的一件事情。中国是五十六个民族的大家庭，是世界上大一统观念最强固的国家，也是世界少有的一直维系多民族多地域统一的国家。龙是我们多民族共有的图腾，轩辕黄帝是我们多民族的共祖。元代、清代的蒙古族、满族统治者都祭祀黄帝陵，现在还保存着蒙古文、满文的祭文。元代、清代由朝廷拨款修缮黄帝陵，皇帝自己也掏腰包捐资。还有，在青海循化县的民族杂居地区，由于文化信仰的变化，最后把民族归属都改变了。这里有一个乡的藏族，因为世代和回族杂居，也结亲，逐渐改变了信仰，信仰了伊斯兰教，结果几百年下来，这个地区的藏族都自然与自愿地成了回族。文化的力量实在是太大太大了。

崔：对于我们这样一个多民族的、大地域的、生产力发展水平不高而又参差不齐的国家而言，能够不被分裂，能够具有如此强大的凝聚力，除了我们党和国家的正确的思想、政策、路线之外，还因为有一个凝聚人民的东西，这就是中华民族的文化传统。在这种文化传统中，主要的是汉民族的文化，当然也包括少数民族的文化，它们也是中华民族文化的组成部分，但主干线始终是汉民族文化。实际上，汉民族文化也是多种民族文化的组合。所以，我觉得在研究长安文化时，可以进一步伸展，在长安文化多维性特征里再加一层，即多民族的、宽地域的文化特征。因为有很多文化现象，例如波斯、天竺等的文化，实际上就不完全是汉民族的。还有北京文化里的满族文化元素也是这样。这是中华民族的文化特征。

现在，在全球化的大背景下，中国要发展，必须把国门打开，必须进一步地开放，必须坚持长时期地开放。要使一个民族能够与世界融合在一起，就必须不断地吸收外来文化，不断地学习其他民族的一些最先进、最科学的东西，以充实自己，给自己增加新的营养。长安文化，尤其是唐长安文化，走的就是这条路。再者，在促进生产力发展的过程中，不要总是走弯路，不要总是找捷径。除了开放这条捷径外别无他途，因为文明是全人类的成果，我们可以把别人的实践经验借鉴来直接为我所用。当然，在历史上，中国的许多文明成果也同时被他国借鉴。文化的借鉴是一个相互的过程。要开放，但是，在开放的过程中，如何保持这个民族不被分化，不被西化，除了现在用来指导的理论、路线、方针、政策的正确以外，不可忽视自己的传统文化。传统文化的强化是抵御外来一些不良文化的冲击与影响的精神长城。它除了能够使失衡心理清醒之外，更重要的是还具有增强国家强盛、国家统一的精神主心骨的含义。

民族的振兴，国家的兴旺，是最能凝聚人的。中华文化就是如此，它凝聚了十几亿中国人。中国改革开放以来之所以能发展到现在的程度，世界各地的华人起了非常大的作用。不管他是什么想法，他都想回到中国来赚钱。不管是开这个公司还是开那个公司，不管是开招商会还是搞投资，也不管是代表哪个国家，放眼望去，这些人全是黄面孔，全有中华心。中国人到国外去求生存，求发展，在拼搏中富裕起来，终归都有一种落叶归根的思想。这和欧洲许多民族的文化传统是截然不同的，例如美国，它是一个多元性民族，它是一个流动性民族，它到哪去都能待下来。但是中国这个民族，别看它生存在世界各地，它的心里始终抹不掉中华情结。

肖：有一个留美的中国研究生的一句话可以印证你的这个观点。他说：

"旅居国外的生活使我体会到，美国人概念中的家是在路上，中国人概念中的家是在家里，在土地上。"

崔：能够具有这样一种凝聚力，这样一种吸引力，这样一种感召力的是什么东西呢？是文化传统。一个人回国来投资，想发展国家，希望中国强盛起来。他回国投资办教育，主观上并不见得是想支持中国特色的社会主义建设，可能他首先想到的是我是一个华人，我的根在这个地方，我要找到我的归属，我要实现我的人生。

肖：前不久，我的一个在纽约定居的大学同学回来了，我看他的思想比国内现在的年轻人都传统。在他的心里，始终有一种自豪感，他坚持认为中华文化，认为自己身后的这块土地，还有我们的母校中国人民大学是很光辉的。母土母语母校母文化的光辉使他在异国异族的包围中有了自信和自豪，有了对自身价值的肯定，也有了充实和快乐。谁把中国说得不像样子，他会觉得自己脸上无光，便和他们辩论。他说每当辩论中说服了别人，他内心便有一种力量感，中国人的力量感。

崔：因此，我觉得传统文化最能凝聚人，最能激起民族的一种力量，最具有凝聚力。它是一种根，我们不可以没有根。

肖：因此，西安作为中华民族传统文化的一个渊源之地，一个富集之地，就应该建设成中华民族文化最宏大、最充盈、最典型、最著名的展览馆，建设成中华民族的精神家园。

崔：所以，你把整个中国文化划分成四大块：长安、西安文化这一块，北京文化这一块，上海文化这一块，粤港文化这一块，我们是四分天下有其一，这是分块谈。我认为这还不够，还应该按历史沉积四分层谈：长安、西安文化这是一层，北京文化是一层，上海文化是一层，粤港文化又是一层。而且，我觉得不一定分成这四个干线，可以考虑分两个或者三个干线：广州、上海、天津、青岛、大连沿海的这一线，是一种近代的、半殖民地半封建的和民族工业文化相对应的海派文化。北京、南京、西安是又一条线，因为北京、南京的文化特征和西安有很多相似的地方，都有"京城"这么一个共同特征。当然，北京、南京作为国都的文化积淀，大约在千年之内，而长安作为国都的文化积淀，则超过三千年。

肖：也的确有这么一种说法，把中华文化划分为东西两部分，东边就是海派文化、沿海文化，中西部就是内陆文化，也即黄土地文化、中原文化。以西安为代表、为凝聚的都城文化，包括北京、南京、西京的"三京文化"。

崔：在"三京文化"中，不管是北京人、南京人，还是我们西安人，都承认西安在古都历史文化中的领先地位。南京主要是明代开国那么一段时间，北京就是元、明、清那么一段时间。而且实际上，北京的文化具有处在封建社会没落、崩溃的边沿和向新民主主义文化过渡的特征。

肖：有的文化学者也论及这一点。从故宫的古玩来看，清末的文化非常精致，就好像到了桃子非常甜但是已经开始烂熟的时期了，它和我们霍去病雕塑宏大的气魄和活跃的生命形成鲜明的对比。

崔：要把长安文化论说得有地位，我觉得可以从历史和大空间入手来研究这个问题，这是最具说服力、最符合客观实际的。因为文化是来源于人们的社会实践，是生产力的发展产生了文化。

肖：现在珠江三角洲的文化很大程度就借助于它的经济起飞。

崔：再者，在一个相当长的历史区间和时空中间，能够处于支配地位的文化，往往是和当时的政治、经济、军事紧密联系在一起的。而在从西周开始一直到唐后期长达近一千两百多年的时间里，有十几个王朝建都长安，这其中出现了中国最兴盛的周、秦、汉、唐。特别是秦的统一、汉的繁荣、唐的高度发达时期，长安作为当时的国都，它是经济中心、政治中心、文化中心、与各地交流的中心。因此，在长安形成了一整套关于军事的、经济的、社会的等各方面的文化系统，使得长安处于当时世界的中心地位。历史学家的一种看法可以论证这一点，即认为世界上有四大历史古都：长安、古罗马、雅典，另一个有争议，通常的看法是开罗，但法国的总统希拉克则不同意，他认为应该是土耳其的伊斯坦布尔。虽然尼罗河畔的古埃及是一个文明古国，但当时没有形成完整的，能够和长安、罗马、雅典相比拟的一个都市，甚至亚历山大都比开罗更早。不管第四个城市是谁，长安居于首位是没有异议的。这是一种观点。还有一种观点是认为东方文化的摇篮是长安，西方文化的摇篮是罗马，即"东有长安，西有罗马"。毛主席曾说过"言必称希腊""言必称罗马"，但现在有很多人则是"言必称长安"。然而我们自己对长安宣传得却不够。因此，从这种文化的历史地位、其产生的渊源，和这种文化在世界上影响的时间之久远、内涵之丰富以及形成独特性的东西这些方面来论证长安文化，是最具有说服力的，是任何东西都无法比拟的。

实际上，广州、上海、宁波、天津、大连、威海等沿海所有城市的海派文化，是西方资本主义社会进行殖民地统治而建立起的殖民地文化渗透的产物。这其中又有一些民族工业的萌芽，李鸿章办洋务就诱发了我们的民族工业。民族工业实际上代表了一种新型的生产力，而这种新型的资本主义的生产力，又形成一种新的文化现象，其中有许多进步的成分。我们讲的文化是指优秀的传统文化。文化中落后的成分，需要我们把它剔除掉；优秀的成分，则需要我们继承下来。例如新中国成立前的海派文化，作为一种半殖民地半封建的形态，它的那种小市民心态，那种崇拜洋人、洋物、洋事的心理，就是应该抛弃的，但是它的商业观念，它的竞争意识，它的较易接受现代的一些科学管理知识的思想，则是我们应该学习的。

1997 年 1 月 5 日

西安、上海之文化比较

西安在中国中部，上海在中国东部。西安在黄河和黄土地的衔接地带，上海在长江和东海的衔接点上。

一个是土地文化的中心，一个是海洋文化的翘楚；一个是中国古代的世界特大城市，一个是中国现代的世界特大都会；一个常在时间的坐标上回眸以重建信心，一个常在空间的坐标上望海以阔大胸襟。

这样，在上海、北京的"南北双城记"，上海、香港的"东南双城记"之外，便还可以写一部上海、西安的"东西双城记"，一部上海、西安的文化比较记。

这部"东西双城记"，既是中华文化东部地域和西部地域在空间上的比较，某种程度上，又是中华文化现代形态和传统形态在时间上的比较。

论述之先，姑且给两个城市拟出这样两条主题词：

西安，古调独弹，长治久安——古调独弹我最佳。

上海，尚时崇新，海纳百川——海纳百川我为上。

一个古调独弹，一个海纳百川，那真是各有千秋。在这两条主题词的引领下，我们将从城市历史和城市性格生成的关系中，从六个方面逐层比较两个城市的文化质地。

一、西安的根派文化和上海的海派文化

地图学有四色理论，指只要用四种不同的颜色就可以将一个国家或地区与周边加以区别。中国的文化地图也是四色，十年前我曾经写过一篇文章，在《陕西日报》登了一整版，《人民日报》（内参）全文转载，是说京派文化、海派文化、粤港文化和长安根脉文化这中国四大原创文化的。

十一年前，瑞典美术学院女院长波特·玛瑞到中国访问，从上海入境，到北京，然后来西安，最后再取道香港出境。临走在一起吃饭，我问她："你就要离开西安了，你能不能用最简单的一句话表述你对西安的印象？"她说："中国对我是遥远的梦中之树，到了上海，看到它和欧洲城市那么相像，我觉得这棵树青枝绿叶，非常繁华。到了北京，发现上海是有依托的，北京是树干。我非常纳闷，这棵树为什么如此青葱苍劲？到了西安，我才明白，根在这儿，中国这棵树的根在这儿！"我告诉她："你到了粤港城市群，到了香港，还可以看到中国树绚丽的花朵。美丽的中国树，花在深圳，叶在上海，干在北京，根在西安。"后来，西安电视台等几个媒体用这句比喻的话做了宣传西安的主题词。

国内还流传着一句话，"两千年的中国看西安，六百年的中国看北京，两百年的中国看上海，二十年的中国看深圳"，也大体是这个意思。

今天话题的重要性在于，我们所谈的西安文化、上海文化，占了中国文化的半壁江山，四分天下有其二，是非常重要的比较。

（一）西安是中国文化的嫡传

西安是中华民族、中国历史的长子长孙，是中国文化的嫡传。这可以从图谱、史谱、魂谱来看。

从图谱看，西安有"一、二、三、四"。

一条龙脉：西安大致位居中国之中，神秘的东经109度附近。不要小看这条贯通陕西南北的东经109度，它堪称中华民族文化的一条龙脉，蓝田猿人，半坡仰韶文化，人文初祖轩辕黄帝，周、秦、汉、唐，直到新中国的摇篮延安革命圣地，大致都在这个经度上。

两个中心：北出西安闹市百多里，便有中国大地的测量坐标基准点——泾阳的中国大地原点，以及蒲城的国家授时中心。每天播报的北京时间，就以蒲城授时中心的铯原子钟为依据，中国所有的城乡和每一个人都要和它对表，按照它的节奏生活。西安堪称中国的时空中心。

三大板块：西安是北国河（黄河）文化、南国江（长江）文化和西部文化三大板块的接合部，三种不同质地的文化在这里形成涡流和冲击波，使古都文化具有了极大的容受性和张力。

四条通道：西安自古以来就是四条经济文化通道的出发点。由此往西，有把中原文化和河西、西域文化与中亚、西亚乃至地中海文化贯通的丝绸之路，有把中原文化、藏传佛教文化与南亚印度次大陆文化贯通的唐蕃古道；由此西经宝鸡往南，有把中原文化和巴蜀文化、川滇黔多民族文化与南亚小乘佛教文化贯通的马帮茶道和南诏古道；由此往北，有把中原文化和蒙古草原文化与北亚西伯利亚文化贯通的秦直道和其后的骏马之路。这四条以西安为起点的古道辐射整个中国和欧亚大陆，唐王朝时已经与三百多个国家和地区互相往来。至今仍是辐射四方的经济文化要道，并且进行了现代化改造，在其上修建了高速路，修建了欧亚大陆桥、青藏铁路、宝成铁路、成昆铁路和包神、神延、西延铁路。陕西是中国唯一具备四种内陆地形的省份，北边有毛乌素沙漠，马上要在陕西召开第一个沙漠公园揭牌大会；有塬、梁、峁、沟地貌的黄土高原；有属于黄河流域的关中平原；有属于长江流域的秦巴山地，是黄河与长江的主要分水岭，南方北方的重要分界线。

从史谱看，在六大古都中，西安独占三个"最"：一是建都朝代最多，是十三朝古都，比洛阳多七个朝代，比开封多八个朝代，比南京多七个朝代，比杭州和北京多十个朝代；二是建都年代最长，达到一千零六十二年，其他几个古都都没有超过千年：洛阳九百多年，北京六百多年，南京三百多年，开封二百多年，杭州一百多年；三是中国最早达到百万人口、最早实施城市建设和管理的大都市。中唐诗人韩愈有诗云："长安百万家，出门无所之。"西安在秦代已经有了下水道，到汉代有了严密的排水设施、砖砌路面，有了近六百家藏书馆，一万三千卷藏书，司马迁写《史记》就参考了这些书。到唐长安，则有世界上最大的城垣（周长35.5公里）。宏伟的建筑、整齐的坊里，东西两市、四通八达的道路和行道树，遍布城郭宫院的水渠池塘，繁荣的手工作坊和商业贸易，还有"飞钱"（各地可向长安汇款），都是中国城市之最。西安又是世界五大古都之一，和雅典、开罗、罗马、伊斯坦布尔齐名，在汉唐时期，西安和罗马作为两个最强大帝国的首都，并峙于地球的东西方。

从"魂谱"看，古长安可说是中华文化元典的原创基地和民族精神的培育土壤。神秘的东经109度，大致是包头—延安—西安一线，是一条精神龙脉，是中国精神坐标、文化坐标的原点所在地。这里有蓝田猿人，有半坡遗址，有国务院公布保护的第1号古墓葬轩辕黄帝陵，有建都古长安一带的周、秦、汉、唐，还有现在的革命圣地延安。

轩辕黄帝是众多原始部族的代表和领袖。他将各部落联合起来，仓颉造字从中受到启发，最早一批字中就有了"合"字。中国的象征龙图腾，也产生在那个时代。自然界并没有龙这种动物，远古时代最早的传说女娲氏和伏羲氏的图腾是蛇，轩辕黄帝在部落联合后，让仓颉在蛇图腾基础上，将各个部落敬奉的图腾，如仓颉部落的朱雀图腾、神农部落的牛图腾、牧鹿部落的鹿图腾、东夷部落的鱼图腾、热海部落的虾图腾加以组合，在蛇身上加鹿角，加鱼鳞，加兽足，加鸟尾，才有了龙的形象。龙成了中华民族共有的图腾、共有的徽章。它体现了民族平等和合，是优秀民族文化的最早体现，直到今天，各民族团结仍然体现了轩辕黄帝为我们缔造的光荣传统。可以说，没有龙图腾，中华民族就没有了标记。传说黄帝时代不仅创造了指南车，更创造了房屋、水井、车船、陶器、熟食、纺织、市场、祭祀、岁时婚丧风俗和分封制，使民族的生存真正形成了社会生活。轩辕这个姓氏天津塘沽现在还有，据说这个姓氏的家庭可以生两胎。

周秦汉唐都建都在以长安为中轴线的龙脉上，中国社会一切礼教体制精神都是在这条龙脉上诞生和孕育的。延安也在这条龙脉上，是中国革命的实验地。

周礼,中国最早的礼教。第一次对社会人群做礼制界定,用礼乐将人的等级规范化、仪式化、天命化,形成众所认可的社会秩序。礼乐就是等级,礼制随处可见,三跪九叩,二跪四叩,八抬大轿,两抬小轿,都有区别。直到死,棺材也有规定。周礼是道德化社会管理的开山之作,它使中国的社会在秩序中高度稳定。以至孔子也说"吾从周",讲"周之德,其可谓至德也已矣"。

秦制,中国历史长河"百代皆行秦制"。公元前221年,秦始皇统一天下,公元前206年秦二世而亡,秦只不过十五年时间。但是,秦代制定的政治体制,如郡县制、书同文、车同轨、行同伦,统一货币和度量衡,却一直被后世沿用,直到1911年清王朝被推翻。因为这是对一个多民族、多地域的国家进行"标准化"改造的基础性工作,是国家统一、社会安定的重要条件。所以说,中国政治体制的原创者在陕西。秦代的政治体制奠定了几千年封建社会的基本政治制度。

汉儒,汉代不仅开疆拓土、建功立业,还为中国现今的版图奠了基。汉代出现了第一个让中国知道世界的人和让世界知道中国的人,他就是张骞,最早最知名的探险家、旅行家、外交家。武功之外亦重文治。朝廷"罢黜百家,独尊儒术",在董仲舒的改造提升下,儒家思想形成完整的、体系性的形态,并成为整个社会的统治思想,封建社会的上层建筑以儒家思想为基石建立起来。

从人文初祖到周礼、秦制、汉儒,都是中华文化元典性的创造。而从秦代商鞅变法到汉"文景之治"、唐"开元之治",又构建了一波一波盛世的辉煌,这更是将中华民族改革自强的进取精神、建功立业的有为主义发挥到了极致。盛唐时代那种青春气息、激扬情绪、开放开拓的勇气和胸襟,使我们民族基本的优良品质,如爱国、团结、创造、奋进、有为、向上等,在唐代形成格局。对唐代的评价，美国学者波恩斯说唐代的中国是一条泰山压顶的巨龙，是最早形成多民族共同体、有共同精神的民族。

这条精神龙脉证明，古长安是我们民族优秀精神的重要渊薮，是民族文化的嫡传。嫡传就是根，嫡传文化就是根文化，根就是主流、主脉、主体。所以，西安人的中心意识强，好为中，好称大，这是缺点。我给广东的杂志《粤海风》写过一篇文章《话说老陕十好》，是去声的"好"，"嗜好"的好。陕西一个杂志误听为《话说老陕的十好》，上声的"好"，优点的"好"，一定要用这个稿子。结果一看是说陕西人的毛病的，有点为难，只好处理得很不起眼。后来网上大量转载，许多读者来电话。陕西是嫡传，好为中，好称大。其实陕西不大，面积小人口少，GDP不高，但喜欢自称文化大省、教育大省、科教大省、文物大省。我曾经在省委组织部的"三秦大讲堂"说，所有这些大省相加，为什么等于经济小省？准确地说，陕西是文化资源大省、文化产业小省、文化资本穷省。

而主体、主脉的优越感，又容易由维系根脉而走向固守传统，造成文化心理上的超静态积淀，文化形态上的超稳定结构。

（二）上海是中西文化的庶出

说上海是中西文化的庶出，不是贬低，而是一种形象比喻，是说形成上海文化的父系和母系来自两种完全不同的文化——中、西文化。而西安文化的父系和母系却是原配。

上海也有悠久的历史。这里的先民以捕鱼为生，创造了一种竹编的捕鱼工具"沪"，淞江入海口称"渎"，上海又称"沪渎"。春秋战国时代，上海曾是楚相春申君的封地，他开凿黄浦江，使上海有了申城之称。公元三四世纪晋室南迁，佛教僧众南渡，在淞江入海口沪渎迎奉，使上海有了沪上之谓。唐天宝年间第一次建上海镇，元代正式设县，明代因抗击倭寇而筑城。

上海文明的肇始者是明代进士徐光启，他一反中国重道轻器的传统，重器术而轻玄道，在万历年间，鸦片战争前二百三十年，就与利玛窦翻译了《几何原本》。徐光启、徐家汇、徐家汇上海交大，这条线可以说为上海以实证哲学为基础的文化奠了基。清代康乾时上海成为中等通商城市。但开埠以前，上海在全国格局中并没有什么地位。

1832年6月20日早晨，东印度公司的阿美士德号驶进了上海港。十一年之后，即1843年11月7日，上海根据头一年签订的《南京条约》正式开埠，并很快成为西方资本主义对华经济侵略的主要据点，不久更正式出现了租界。

上海的海派文化的发端，与最早分三个艺术门类有关。一是绘画，以赵之谦、任伯年、吴昌硕为代表，融古今土洋为一体的风格，有创造性，自成一格。二是戏曲，以周信芳的麒派为代表，借鉴西洋戏剧形式改造传统京剧，在创新中形成新流派。三是文学，以张爱玲和"鸳鸯蝴蝶派"为代表，走出了一条名士才情与商业竞卖相结合的路子。海派杂而无派，新而无格，一开始就引起非议。

上海、上海文化，在我心目中是一种"八合一"的形象：

第一是革命的上海。党的诞生地的上海（中共一大会址），三次工人武装的上海，"八一三"沪淞抗战的上海。新的经济因素和社会实践引发进步文化和革命激情。

第二是鲁迅的上海。鲁迅、瞿秋白的杂文，"左联"的活动，20世纪30年代进步电影，现代理性在这里反思旧的文化心理，构建新的文化人格。

第三是张爱玲的上海。最早的市民文化和殖民文化，与吴越文化、吴侬软语相结合带来了女性品位的上海，情调和情欲的上海。陕西找代言人是张艺谋、陈忠实。我给陈忠实开玩笑，说你可以作西部最好的广告词："西部为什么要山川秀美，请看我的脸！"上海要选代言人，则是张爱玲、王安忆、余秋雨。这不是从学术成就而是从气质上、感觉上来说的。小品中凡说上海话的男人，都是女性气质的怕老婆的男人，绝不会叫说陕西话的人演。他们只能演西部倔强剽悍的汉子。

第四是荣氏家族的上海。盛宣怀、荣毅仁家族所代表的中国最早一代民族资本家，在西方殖民主义和封建自然经济的夹击下，将西方和东方、传统和现代结合起来，艰难地发展了中国的民族资本主义，开拓了中国的现代市场经济。这是中国和印度等曾经的殖民地的历史性创造。

第六是洋泾浜的上海。殖民地历史带来的不中不西、亦中亦西的上海。居住或来往的外国人又杂又多，仅从德国纳粹手里收留挽救的犹太人就有几万。上海是中国最早有买办的城市。买办就是给外国公司干事挣中国人的钱。这并不是贬义词，现在外资企业的"白领""金领"们不是被人羡慕吗？学术界也有买办，比如一个从英国剑桥留学几年回来的人，说话三分之一夹杂英语，喜欢卖弄一下。上海人大大小小，都会几句洋泾浜英语。这种人有特定的思维习惯，认为只有用英语注释汉语，才能把意思表达准确，才能唬得住人，才有身份有品位，能走到人头里去。

第七是好坏都带头的上海。计划经济的20世纪五六十年代，上海有百万产业工人，是全国交税最多、为国家贡献最多的城市。但"文革"中在"四人帮"的流毒下，又是炮制各种极左经验、流毒全国的城市。

第八是浦东的上海。上海构建社会主义市场经济比较成熟，在现代开放和国际化进程中是领跑的。这里有海纳百川的多维文化空间，有现代世界的气息。现在上海人谈儿女求学，说的是牛津、剑桥、伯克利、新泽西大学，很有国际大都会气派。

"八合一"就是多维，就是海纳百川。上海在中国最早开始中西文化合璧，具有杂交优势，或叫边行优势，日照通风好。边沿化使它喜欢出格，不按常规出牌，创造些新玩意儿。上海是富庶的中国江南的上海，这是父系。又是西方过来的洋泾浜的上海，是母系。尚时崇新就从这里来。

北京人什么都敢说，广州人什么都敢吃，上海人什么都敢穿，西安人什么都不服，不在乎。上海人什么都敢穿，什么都不奇怪，因而海纳百川。上海人什么都见过，所以爱追新逐异。最早要求拆城墙的——上海，最早有妓女和舞厅的——上海，最早有股市的——上海，最早有现代法庭、法律、法制的——上海。抗战时革命者可以逃到租界，受到西方资本主义国家的保护，中国当局捉不到，捉到了判刑杀头你要请律师按法律程序办。这一切上海经见得最早，尝试最早。上海是大商埠、大港湾，重动态流变，是最早用国际眼光看待自身的城市。

现在归纳一下海派文化：上海好走边，具有边缘意识、边行优势；好出格，崇新尚时，善动态流变。海派是复杂的多面体，是中西文化的庶出。

（三）上海、西安都具有原创力

西安和上海两个城市在不同意义上都是具有原创力的城市。

西安的原创力有四点：

①黄帝联合各部落，使中华民族有了共祖，也有了人文初祖。

②周礼建立中国最早的礼制界定，是道德化管理的开山之作，是中国社会能高度稳定的原因之一。

③秦制原创了中国基本的社会管理制度。

④汉唐帝国对中国现今的版图起了奠基作用。汉代整合儒家学说，使中国有了社会认同的理性精神。汉代使中国走向世界，唐代使中国在世界上有了辉煌的地位。

上海的原创力也有三点，我与朱学勤、葛剑雄做电视谈话时说过，这就是：

①在半殖民地半封建社会，如何发展民族资本主义，如何建设现代大都市，中国上海是原创地。我曾经在和上海复旦大学历史地理学家葛剑雄电视对话时谈到，上海的历史实践，为东西方的嫁接、交融做了初始的创造性的

探索。美国学者、政治家白鲁逊，认为上海不同于本体意义的殖民地。南非政权移交，不敢把白人全部赶走，把殖民者赶走了，黑人自己无法管理。上海不一样，这里西方人只做高层领导，中下层管理都是中国人。也就是说，上海是用殖民地的理念，自己来操作、实践，嫁接东方和西方、现代和传统的城市管理经验。

从延安到北京，是中国共产党人探索的一条道路，即把马克思主义和东方农业文明嫁接，进行社会主义革命和建设，取得了成功。这是对有中国特色社会主义的历史性贡献。

其实现代中国还有一种探索，即将西方资本主义方式和中国国情结合，能不能实现中国的社会改造、现代转型呢？这是20世纪三四十年代的上海所进行的原创性探索。这种探索在"三座大山"的压抑下，在国民党的独裁统治下，必然地失败了。但如若把政治因素抛开，这种探索，也多少为中国走向现代化积累了市场经济和城市管理方面的经验。

②市管县是上海原创。上海最早在中国实施城市在经济上辐射农村，并在管理上影响农村。毛主席的道路是农村包围城市，改革开放也是农村先改革，"三农"始终是中国革命的也是改革的根基。上海不一样，它是用城市辐射、影响甚至规划农村。茅盾的《子夜》写到了根据市场需要，决定桑田的亩数和春蚕的产量。城市通过市场调节农产品，丝绸随市场需求定量、定质生产。在上海我们看到订单农业的雏形，城市通过市场实现管理。屁股坐在市场上，市场需求决定城乡经济生活的走向。

③海派文化是上海原创。这是跟谁都不一样，但跟谁都有关系的一种文化，对民族传统文化，对西方现代文化而言，它都是一个异数。这在后面要详细讲。

二、西安的内向文化和上海的外向文化

（一）家族文化导致西安的内闭，却又凝重稳健

世代运转的家族文化来源于农业文明，农业文明是自给自足内向循环的自洽系统，不需要现代市场。小镇小集，以物易物，牵一头羊卖成钱，买布、盐，就可以运转了。当然，自给自足的经济形态也有凝重稳健的一面。

现代经济学有个著名论断：并不是所有人，都是现代市场的商品生产者和商品消费者，传统的家族文化格局中的自然人、生产者便不是，他们只创造物质财富，不创造市场的、商业的财富。只有具有一定购买力的人才构成现实的消费者。农民基本不构成民生、开元公司以及东航公司的消费者，别说我们有多少多少农业人口，就市场消费意义上讲，不如西方一个小国家，甚至一个大都会。意大利名牌皮尔卡丹再好，凯迪拉克车再好，对我肖云儒毫无意义，我不构成它的市场，也不在这个领域为社会创造利润。

凤凰卫视的观众定位值得我们注意。凤凰卫视的收视率目前肯定不如中央电视台，但影响力紧逼中央电视台。因为凤凰卫视观众定位高端，主要是三高：高干、高知、高资。这些高端人群不但是经济生活的主体，而且是政治生活、精神文化生活的主体。他们不但制定政策，引领消费时尚，主宰着物质、文化市场的走向，本身也是资金密集型的、质量高端型的高消费人群。因而凤凰卫视的收视率虽然不如中央电视台，但广告价位、广告含金量和承载量，不比中央电视台差。我们现在致力于改变农业结构和布局，提高农业科技含量，用现代农场、订单农业、公司化农业将传统农业纳入现代市场，把几亿农民从土地上解放出来。还有市管县、城管乡等，从某种意义上说，也就是将自给自足的生产者转化为现代市场的消费者，从而在商品生产和流通的各个阶段都为社会创造财富、增加财富。

世代运转的家族文化，农业文明自给自足的自洽系统，加之内陆的区位，精神主体的强大，文化传统的丰厚，造成西安的内闭内省。举个例子，20世纪80年代，珠海刚刚开发，包括刘文西、吴三大等在内的陕西艺术家

到改革开放前沿地区参观,我们之中有人带了一瓶辣子和一瓶醋,开始大家笑话他,可是三天过后,陕西的艺术家们一吃饭就往辣子、醋跟前凑。虽然到了外向型经济地区,但是带去的仍然是内向型消费方式,非市场的消费方式。

60年代,陕西批判过"够吃论"。当时我在陕西日报社当记者,就"够吃论"组织过一次大讨论。《创业史》中梁三老汉和儿子梁生宝吵架赌气,说你不顾家,你姓共去,咱都不过了,扬言要把家踢腾了去。梁生宝笑着问他爸咋样踢腾,老汉说我吃羊血泡馍、豆腐泡馍。羊血泡馍、豆腐泡馍,连羊肉泡馍的规格也够不上,就可以把家踢腾了!这既反映了传统农家的脆弱,也反映了传统农民理想的可怜。计划经济是鼓励、固守自然经济的,因为它视农村任何一点商品生产都为资本主义,连"资本主义尾巴"都要割掉,只有统购统销的非商品生产方式才是社会主义。因而自然经济、计划经济下的陕西,够吃就行,有馍和苞谷糁,加上辣子咸菜就行了。非常内闭的经济结构导致非常内闭的文化视野。

这种内闭的文化方式,影响一直延续到今天。西安郊区大批土地用于城市开发,农民以出售国家的土地资源而获利。南郊的长延堡,村里的农民出售土地后,每个人头可以分到三十万元,五口之家可分一百五十万元。农民得了钱,有两种办法处理:一种是外向地投入再生产,进入增值循环;一种是打麻将、"挖坑"、"丢方"、进歌舞厅,吃喝玩乐。"八旗子弟"大量衍生,坐吃山空。就在这个时候,温州人来了,浙江人来了,不但出现了温州村,出现了浙江村,也出现了他们经营的服装城、餐饮业、宾馆酒店、航空公司、房地产。他们来赚我们的钱,把我们口袋那一点不增值的钱掏空,自给自足的内向经济受到强烈冲击。

我的角色是学者,不好光唱赞歌,而是反思多,反思西安,反思上海。我本是一个南方人,常有人问我:"你是陕西人?"能深深感受到排异的目光。

张锦秋是四川人，也有这种感觉。这种似有若无的异样压力，是内向文化造成的。陈忠实感觉不到，他血缘在此，和我争论。这种排异正因为似有若无，它才渗入了文化的心理层面，这和上海海纳百川不同。当然，上海也有外地人，我和葛剑雄辩论，说上海也排外，陕西有个作家李春平到上海写了本书《上海是个滩》，书名可以看出来带有藐视。在上海的颁奖会上，有人嘀咕：哪里来的小瘪三，拿了我们的奖？唧唧呱呱，很是狭隘。葛剑雄反驳我：肖老师，这证明上海整个文化层是宽容的。正因为如此，李春平才能战胜上海作家，获得这个奖。

（二）上海的开放也造成了浮华

上海与西安相比，最大的特点是外向文化。这是它的生产与市场脱节造成的。《上海的早晨》《子夜》都有形象的描写，上海不养蚕，不种棉花，是太湖三角洲养蚕种棉卖到上海的纺织厂生产。加工地、资源地、生产地是脱离的。陕西的农民生产和资源不脱离，到60年代饥饿时期，关中还是种了棉花，在这里架个花木兰用过的那种机子，自己纺线，自己织布，夹土布去北山换馍吃。加工地和资源地、生产地的脱离，造成了流通的需求，造就了对路、车、货栈的需求，造就了对外来劳动力，造就了对进口出口的需求。上海有延安路、陕西路、乌鲁木齐路、南京路、北京路、江西路，路名就是开放的，横向的空间的辐射。西安没有上海路，没有以任何省市命名的路，有的是历史和道德坐标上的路名，如未央、咸宁、丰庆、丰镐路，如尚勤、尚朴、尚俭乃至劳动路，再有就是用内向坐标上的方位作路名，东、西、南、北大街呀，纬六、纬八、纬十路呀，还有很多历史上留下来的名称。因为对上海的外向社会而言，国内流动人口是全国性的，国外客商旅人是世界各国的，这是广阔的市场流通造成的印记。流通造成现代经济，所以它容易破坏自给经济，造成上海各方面的开放。

当然也有缺点，上海是个浮华的城市。我肯定上海的原创性、道路探索，但从文化角度又对上海持批判态度。经济、人口的流动导致变速太快而不沉稳，商业利益导致追逐实利、讲求时尚而不厚实。过分精明、过分智慧，就容易失去人生浩大的走向。时尚、机巧、智慧常常成了浮华人生的玩物。文化高的，在机敏的滚滚言辞后面找不到生命激情；文化低的，机智则极易坠于自私刻薄，甚至恶谑的市侩习气。

作为上海人的余秋雨也认为，上海人过于求舒适，缺少生命感和悲剧性体验，少了对崇高和伟大的领会。同时，又偏爱滑稽（南派滑稽剧），达不到真正的幽默，那种哲学的、含泪的幽默深度。这样，深刻的悲和喜在上海人心中都比较暗淡，这使他们堕入小家子气。我甚至认为，"四人帮"能在上海得势，也与这种好时尚、好出风头的浮华、实用心态有关。海派赶风潮很厉害，"左"起来"左"得吓人。周总理逝世时我在上海，上海立即贴大字报拥护江青、张春桥，批判周公（影射周恩来总理）。

20世纪30年代以来，文化界就对旧海派文化持批判态度。中国文人站在非市场立场，不言商，不言利，观点当然也不尽正确。但批判海派的，还有周作人、鲁迅、姚雪垠、钱钟书、沈从文等，批判很尖刻。沈从文在《大公报》上说，海派就是"礼拜六派"，是名士才情和商业竞争相结合，是那种假日休闲心态，可以引申为投机取巧。姚雪垠说京派有遗老气、绅士气、古物商人气，而海派则有江湖气、流氓气、娼妓气。黄金荣、杜月笙都在上海，这种黑社会、青洪帮是构成国民党的基础之一。曹聚仁说京派犹如大家闺秀，海派犹如月份牌画上的摩登女郎。月份牌画的大多是20世纪三四十年代小市民眼中的都会美人，穿开衩很高的旗袍，叼着烟卷。鲁迅说，京派是官的帮闲，海派是商的帮忙。官在中国可以傲商，这使海派在京派眼里没身份。这些议论当时争得不亦乐乎，使海派恶名远播，巴金、靳以曾出面调停。直到1947年，还有洋人教授又写长文，以"农民派""市民派"代称京、海，有了某种政治化的信息。

双城互动，融优去劣，建树城市新形象。上海整个文化倾向于外向，西安趋于城市辐射下的农村。对西安来说，主要是发展外向型经济，培育现代市场，并将这种动态的交流融聚型的、多维组合型的新社会实践，自觉地培育为一种开放的外向的社会风气、文化心理，即集体无意识；不但变成西安干部的行政自觉，文化人的理性自觉，而且演化为西安市民的潜在的价值坐标。

三、西安的伦理文化和上海的管理文化

西安文化重伦理，上海文化重管理。这是一种大体的印象式的说法，不是科学的缜密表述。

（一）西安文化重伦理

中华文化有三个特点，即伦理中心、家国同构、天人合一。印度文化源远流长，阿旃陀石窟能把五六百平方米三层楼高的整个院落在岩石上雕琢出来，比敦煌壁画早几百年。世界四大古文明中，印度恒河古文明、两河流域美索不达米亚平原的波斯古文明、埃及古文明、希腊古文明都衰败了，为什么只有中华文明还有生命力？好多原因，其中重要的原因是和上面所述中华文化三个特点有关。

要说明的是，本体文明的保存固然是对的、是好事，但本体文明的衰败也不一定是坏事，甚至被摧毁也不一定是坏事。衰败了，摧毁了，域外文明、西方文明、异质文明来了，有利于在杂交中整合进步。文明保存有时反使得文化在稳定中固滞，在绵延时内闭。我们要辩证地看。

中国是以伦理文化来凝聚人，不完全靠法制，而靠道德。而伦理文化最好的辐射机制是什么？就是家国同构。家长和县太爷直至皇帝，在职能和管理体制、管理方式上，都是同构的，大体一个样的。立法、执法、行政、经济文化管理都不分家。县官既收粮派款、又抓公共设施建设，如河工，还要

管文教抓乡试，管地方部队、抓治安判案，什么都搅在一起，真正的一把手一把抓、抓一把。

老农民家长也这样。一大早要派活，大儿犁地，二儿套车，长媳喂猪，二儿媳挑水，抓生产。晚上要在灯下算账，他管财务。他还是法官，妯娌纠纷、家族矛盾，他要调停。他还是校长，管儿孙的教育。总之，是综合体制。皇帝是全国的主子，家长是全家的主子。

所以在传统农业社会中，找到了某种地缘、亲缘、血缘关系，就找到了交际的纽带，就找到了族群认同，也就可以全息于家国同构和天人合一这个民族的大文化，并融入其中。天上一个星掉下来，司马懿一算知道诸葛亮死了，天人感应。家国同构是形下体制的对应，天人合一是形上结构的对应，中间用伦理文化作人际黏合剂，很难乱起来，叫超稳态结构。中央统治一直贯彻到家庭细胞。你反皇帝，就是反对县长、族长、家长，首先反你爸，你家里人，你村里人就不同意。因为天地君亲师，贯穿在每个人心里。你反了皇帝，就是反老师反老子。

农业文明的这种伦理、家国、天人文化也有好处，就是大气，是那种大而化之的浑一的世界观，从大处着眼，从各种关系着眼。其坏处是各种游戏规则都可能被化解，百炼成钢的规则也难免被关系和人情化为绕指之柔。所以，实用主义哲学在西部、在西安吃不开。

（二）上海文化重管理

在工业文明和后工业文明背景下，依据实证主义的分析方法和操作方法，把一个事物拆解得十分细致，变为逻辑图像，进行逻辑分析。这也是一种记忆方法，即把整体拆成百十个零件，又合并同类，变成数个层级的项目，再概括为总项。一个中心，三大任务，五项措施，七个条件，九个成效……在上海，谈道说文化比较重实证主义研究。上海的实证研究，可以全靠刚性的数字来进行，也可以一个句子一个句子拆卸、分解，就是所谓语义学、逻辑哲学研究。这种思维方式要求思考细部、落实细部、管理细部。

上海人超乎血缘、地缘之上，更重情缘、业缘、理缘、法缘。

上海人有"四精"：规则精到，管理精心，工作精细，为人精明。四精都注重管理，也都注重细节，"上海的细节"全国第一。有人分析上海永乐公司的"速度神话"说，与粗犷、洒脱、不拘小节的北京国美不同，永乐在上海的发迹完全是海派文化的路数——讲究细节服务、待人温和而精致，在价格上更看重薄利多销，从小处赚大钱。正是这样细节上的、温和的招数，海派的招数，造就了永乐的"速度神话"。

一方面上海在买办和企业家阶层形成了创新精神、进取人格和风险意识；另一方面在企业职员阶层和社会基层管理人群中又培养起一种敬业、勤勉、谨慎、精明的求稳性人格，成为海派人格的双重投影。

为人不精明，陕西叫"生生"，过分精明、重细节又常常显得小气。过分重规则而排斥人性化友情化操作，也会影响社会的张力和人际亲和力。过分地管理，有利于现代社会系统性管理的推广，但个人创造性空间太小，留给人发挥个性的空间太小。"上海人""上海味"成为这种文化的指代称谓、一种共名。比如你说某位女同志那么林黛玉，这位女士必然是那种多愁善感，爱哭，爱闹小性子的人。"你怎么像个上海人"，必是指过分的精细、精明，其中有褒有贬。

余秋雨在写上海小市民的文章里说，上海人不太喜欢长报告、长发言、不陪会。来了人不像我们三天五天陪你。他也掏钱，交给旅游公司陪。还省了掏双份，省了陪同的吃喝、门票。上海人不喜欢神聊，匆匆忙忙办事，这构成上海群体。上海人有时小气，到他家去一直不提吃饭的事，送出来才问你吃饭没有。客人说没有吃，他告诉你往前走，再向左拐，有一家小吃最便宜。这也许是优点。上海人乘车神算子一样，会算计到哪里转车最划算。西安人不管那么多，只管上车，上去再说。上海人买菜带弹簧秤，这没什么，我是消费者。吃饭本该要发票，西安人为面子不要。我请客就不要发票，表明是自己掏钱，要了发票就暗示人家我可以报销，不好意思。请人吃饭非要剩下，盘子快见底心里就慌了，再上几个菜，又吃不了，剩下浪费，又不能打包，面子比里子重要，不符合现代社会要求。

无论从人文的角度，还是从经济的角度，都应更多地向上海学习。我们经济社会的发展本来就底子薄，老百姓生活水平比上海差。更应当向上海学习经济与金融意识，一方面加强现代管理，以制度过滤人情；一方面从宏观上使管理更科学化更人性化，将"以人为本"落实到管理。

四、西安的村社文化和上海的市民文化

（一）西安是个大村庄

我写过一篇文章《西安的好和恼》，《新周刊》为了不影响在西安的销售量，把题目改成《西安还是好》，后来杂志和网上转载很多。我在文中说陕西人农本意识严重，西安是个大村庄。我1961年大学毕业，从北京到西安，住在东大街，大白天见马车、驴车屁股后边有袋子盛粪便，摇着长鞭招摇过闹市。那些赶车农民住骡马市的骡马大店，看三意社秦腔，吃解放市场（开元寺）的羊肉泡馍。那时候草场坡（现在的体育场）是西安的黄浦江，专门谈恋爱的地方，我坦白地说也在那儿谈过恋爱。每年陕报搞夏收劳动，就是指去南郭门。现在西安城圈里还有村庄，最后的村庄。莲湖区坊上，西安老话味很足，用词很地道，据内行说，细一分析，是附近农村话的移植——回民在陕西的老家本来就在渭北一带啊。

西安人的习俗、心理中，有很多都是农业文明基础上形成的。"陕西八大怪"其实都是农家习俗，都和农字分不开。房子半边盖，是因为保家护院严密、干旱雨水宝贵。女娃不对外，是内向文化坐标上的地缘族缘保护主义。面条像腰带，土地劳动者要求的结实。吃饭蹲起来，更是在地头、老树下、

门洞里的吃相，处处能感觉到一幅幅农业文明的画面。

再说秦腔。我刚工作时，在报社当文艺记者，剧组给年轻记者送的戏票总在第一排边上，锣鼓家什旁边。铜器震耳，秦腔又是吼着唱，这是户外旷野演出的需要，在剧场里要有一个适应过程。去年中国戏剧节在西安举行，齐爱云演《郑瑛娇》，郑成功的妹妹。上海有个评委，梅花奖三次获得者，简直受不了，批评秦腔既然是艺术就不能喊，完全是噪音。北京也跟上。沪剧、越剧、婺剧，情调和格调都婉约柔和，阴柔到了连男人都要女人来演才够味。而西部的女人却可以在秦腔里唱高亢嘹亮、撕心裂魄的黑头。深藏在两种文化中的心理机制，不同的审美心理、欣赏心理，在艺术上有了极致反差。鲁迅调侃梅兰芳，说男人女人都爱看他的戏，男人爱看是因为演女人，女人爱看是因为男人演的。西安的城貌、习俗、心理、价值坐标，造成重农轻商、重道轻器、安土重迁、静态生存、守土为业，这块土地对人的牵挂，这里的人对土地的牵挂，外人很难理解。

我们单位一位老同志要退休了，给他一次机会出国，又去长三角看看。回来后，为了表明不是游山玩水，是工作考察，郑重其事向党组做了汇报，说："出去转了一圈，转了外国、中国，转来转去还是关中好。"这只有浓重的恋土情结才能解释。我是西安的南方人，对这种偏执的恋土情结有时不免尴尬。文联穷，请外省客人吃饭，一律羊肉泡，作为主人我们总要启发诱导，说周总理吃过，谁谁吃过，然后问人家好吃不好吃，客人只好说好吃。实际剩下的居多，只好歉说饭量小，吃不了。

西安纯血统工人少，新中国成立后才有，市民中农裔城籍者居多。西安市民也不出身于大农，不出身于机械化市场化的现代农场，基本是小农。新中国成立前，西安只有蒋介石的儿子蒋纬国的丈人爸石老板的大华纱厂等几家工厂。真正现代化市民少，是前两代的农民，是小农进城，为民是小市民，从商是小商，从政是小官，从文是小文人。小民百姓从来是产生小富即安思想的土壤，产生小生产心理的土壤。

西安人农本思想的优点是重生命本体和生命感悟，好处是扎实沉厚和张扬生命。这两年我爱看秦腔，特别是业余秦腔，状态最好，真正是生命的激扬、宣泄。职业演员千百遍唱，容易产生感觉疲劳。讲课一样，多少年重复讲文学讲义，重复性劳动，就容易烦。不断现场随机重组智慧和知识，才会有新的观点、思路闪光。职业演员生命感差，技术感强，知道哪里有掌声也就会为掌声而设计。群众演出打擂台，是生命深处的呐喊，特别是黑头，吼起来，亢奋到四肢、形体、髯口、头发都在随着声音挥动舞蹈。秦腔是田野演出的，是生命宣泄，不像沪剧越剧，城市需要，由说唱艺术嫁接而成。

（二）上海是座大都会

上海是座大都市，大都市却多小市民。上海人在贫困时是小市民，富裕了，就讲究小资情调。小资瞧不起小市民，不像小市民那样事事讲实惠，其实也善于计较，事无巨细要做出风景，计较小情调。一碗阳春面都要吃出小资情调。不像西安人吃葫芦头，三口两筷子扒拉完了，他们要坐在落地玻璃窗前，西式桌椅、名贵瓷器，边吃边聊一点文艺，聊一点时装或其他时尚话题，可以妙玉品茶般用兰花指，慢慢挑着吃下去。不过是阳春面，但上海女人愿意成为风景中的一个元素。而我就很西安，有的婚礼请我主婚，我念完证书，就借口有事告退，下楼吃碗面就走。吃面节约时间。

《上海宝贝》里写了一个男孩，他母亲改嫁到葡萄牙了，觉得对不起儿子，定期给他汇钱，他便寄生在网吧、电话中，在家里、床上委顿着，不见人，不见阳光风雨，一个豆芽菜似的小白脸。小资到这时候，连情调也没有了。贫困时讲实惠，因富裕可以一步到讲情调，甚至情调也不讲，只讲欲望。这部小说当然很复杂，不能简单否定。信息量也很大，反映了一些人新出现的生存状态。

说到情欲，就要说上海的一个学者，叫朱大可。他写了《情欲的尖叫》，文字有些不雅，但提出很多有意思的问题。

朱大可认为这些情欲组成了上海滩情欲网络，一个欲望膨胀的社会。欲望是拉动奋斗的杠杆。情欲是抛物线，由小市民的实惠，一步可到小资，甚至寄生。由讲实惠一步可到讲情调，甚至到讲情欲，进入现代社会赤裸裸的情欲泛滥。上海的代言人从来是张爱玲。张是我很敬佩的作家，她能把情欲审美化，她和胡兰成谈过恋爱，胡是汉奸。胡索要张的照片，她在照片背后写："见了他，她变得很低很低，低到尘埃里，但她心里是欢喜的，从尘埃里开出花来。"随手就有这样的美文。大家到过上海石库门新天地吧，中共一大曾在这里召开，是中国革命的象征。新天地，"天"字拆开是一大。今天的新天地，全部是欧化高消费的地方。同一个地方，两个时代的象征，由革命激情到布尔乔亚的欲望。

总之，西安要留下生命和土地的沉厚气质，我们一方面要保存古都风貌，同时要将小生产心理置换为现代都市气派和市场价值坐标；上海一方面要留下经济实惠的价值观和追求文化情调的现代感，同时要将小市民置换为大市民，并更多地融通传统。

五、中式怀旧文化和西式怀旧文化

西安和上海文化上有个共同点，即喜欢怀旧，怀念那些逝去的光阴。

（一）西安的怀旧是一种中式的怀旧心理

西安怀旧是翻检历史的辉煌和过去的记忆，是现代中国和古代沟通的暗渠。西安好溯源，什么都往回拉，一说"我们先前"如何如何，便占有了话语高地，把第一拿到了自己的手里，心理上得到了某种满足。但如果我们总满足于做源头上的冠军，而有意无意忽略我们在现实社会并不乐观的排位，不是很悲哀吗？

我们的经济排位的确在上升，由过去二十五位左右，提升到了十九位。

在西北虽是第一，但在西部落后于四川、广西，在中部落后于山西、吉林、江西、安徽。我们的 GDP 刚达到四千亿，是四千零八十四亿，相当于广东、江苏的五分之一，浙江的三分之一。我们人口是上海的一倍还多，而 GDP 比上海少得多。所以我们刚过万元的人均国内生产总值只是上海的六分之一，我们是一万零九百三十五元，人家是七万元。陕西在全国居于二十位，在西北都落后于新疆、宁夏、青海，也不及重庆、海南、河南、江西。

我们应该怀旧，但怀旧的任务是检查我们在纵、横两方面的差距，反思不够的地方。横的不说了，和古代的辉煌相比，周、秦、汉、唐在中国历史上留下的可一直是敢于创造，敢于励精图治，有作为，敢于开放改革，敢于融会贯通的形象，而现在西安则常常给人留下保守封闭的印象。我们应该在怀旧中感到压力，增加前进的动力。

（二）上海的怀旧是一种西式怀旧心理

上海的怀旧，某种意义上是翻晒中国近代以来早期西化、早期现代化和市场化进程中的得失。

上海文化杂，缺少传统、信仰和归依，但上海人非常爱怀旧。最贫困的 60 年代，北京的大学生处在饥饿中，同学们从中阿朝阳公社拖拉机翻过的土地里捡萝卜根，作为春节的食物。我寒假回江西路过上海，上海的同学在国际饭店十八层请我吃西餐，当然是最简单的西餐，每份五元。我大三，才十九岁，我的同学比我大很多，她丈夫是上海的干部。她指指门口，说这儿站过"红头阿三"（过去上海人对印度人的称法）。我是乡巴佬进国际饭店，到了那里吓得敛气息声。他们则沉浸在过去的情调中自豪着。

上海人的怀旧大体分三个阶段，这我在与朱学勤、葛剑雄对话时也说过——

一是"我们先前比你们好"。80 年代初，粤港澳、珠三角崛起，上海还不是特区，有失落感。这时他们以怀旧来自慰。潜台词是：珠三角有什么了不起；潜台词是：我们原先比你们好。

二是"我们原先就这么好"。90年代以后，浦东开发，长三角崛起，上海是龙头，大踏步地向国际大都会迈进。他们还是怀旧，不但"怀"，而且把旧上海许多过去的梦都恢复了，如百乐门、星巴克、新天地一类的场合，将国际大都会的建设现实和"十里洋场"的回忆，在精神和实体上衔接起来。这时他们以怀旧而自豪。潜台词是：你们别大惊小怪，我们原先就这么好。

三是"我们好得比你们高贵"。到了现在，上海领先已经是不争的事实，他们还是怀旧，把怀旧由物质复原提升为一种情调和品位，正在讨论酝酿构建"新上海精神"和重建"新海派文化"，以对抗珠三角广东人物质化的"食主义"。这时他们以怀旧而自炫。潜台词是：我们好得比你们高贵而有情调。

在上海人不同时期的怀旧中，很少怀念一大的上海和鲁迅的上海。上海的怀旧主要体现在三个方面：张爱玲的上海，荣氏家族的上海，洋泾浜的上海。这是恢复上海旧梦、重建海派的主要方式。我举最极端的例案"老克勒现象"来说明。"老克勒们"是上海滩最后的贵族，在最"左"的时候仍然悄悄坚持对海派情调和西方文化的崇拜。他们一直追寻十里洋场的生活方式，沪西租界区的生活情调，白领们开放的社交娱乐、商业、教育活动。他们把30年代上海和90年代上海接通了血脉。他们不但是上海文化小资化的催化剂，而且是"老上海记忆"的活体标本、典型样板。当代上海小资就是"老克勒们"的接班人。

怀念上海滩，朱学勤教授在电视台做节目，说上海怀旧是越过20世纪五六十年代，直接到三四十年代，是希望总结早期市场经济如何运用到现代化建设中来。上海虽然让计划经济耽误了十年，但凭它和世界市场的千丝万缕联系和三代人的市场管理经验，一旦崛起，有广东不可比拟的后发力量。

深圳哪里有这些，故而有些失落。

西安和上海是两种怀旧心理。周、秦、汉、唐不是中国唯一的传统，用譬喻的说法，西安传统构成中国经验的"废都"部分，上海传统构成中国经验的"魔都"部分，延安传统构成中国经验的"红都"部分。废都、红都、魔都都是中国经验、中国传统，无法抛弃，无法剥离，也不能过分陶醉作茧自缚，只有在汲取中扬弃，在扬弃中更新。

六、不同质的定位和不同向的努力

（一）西安的三量级、三目标

在宏观城市格局中，西安在三个不同量级上，要创建三个一流目标。

第一，在世界和古都这个平台上，西安处于最高量级，可创世界一流。世界五大古都，只有一个在东方，三个在西方，一个在亚欧接合部（伊斯坦布尔），罗马、西安处在东西方古都的最高量级，处于第一平台。国内八大古都之首，亦无争议，也处于第一平台。做好做足古都文章，当仁不让做中国和世界古都的领头羊，如召集古都会议，成立古都组织、古都研究保护中心，建立世界古都友好城市等。

现在起码面临三个挑战：（1）南京明都城城墙，三十二公里，现存二十多公里，以江苏财力，很快能修成，西安如何自处？西安要论证、宣传我们是唐内城和元明城墙的叠加。（2）洛阳称他们是十四朝古都（原六朝古都），中国建都朝代最多的古都。我们要科学研究。（3）河南称华夏地上文物最多的是山西，但地下文物最多的不是陕西而是河南。商汤遗址的大量发掘，安阳、郑州继洛阳、开封之后进入八大古都，河南古都占了半壁江山，不是毫无道理。这些，西安要加强科学论证、宣传。

第二，在国内特大城市平台上，西安亦属重量级。虽然经济排位三十多名，综合排位还是可跻身在十位左右，勉可进入综合实力重量级，有争创国内一流的基础。这里有两个问题：（1）西安不能循"文化搭台，经济唱戏"路子走，应该是"经济搭台，文化唱戏"。主角是文化。西安文化在全球的眼球效应，使她有最大的投资吸引力，最大的利润生成率（以经济搭建文化平台，以文化带动旅游，以高端旅游带动高端相关产业如宾馆、娱乐、文物、会展、景区、交通和各类公共设施和精神文明的全面发展）。经济发展、城市发展为文化这个最大的题目也是最大的产业服务。（2）像西安这样的旅游目的地城市，像熊猫、星级宾馆的总统间，GDP 应该如何计算才科学？客人为西安而来，但消费在沿途，GDP 算在沿途，不合理。像熊猫栖息地，应有政策补贴或潜 GDP 效益的计算方法。

第三，在西部城市平台上，西安排在成都、重庆之后，亦处于一流。应争二保三，瞄准成都做文章。昆明、乌鲁木齐，包括兰州，都不服西安，憋足了劲要赶我们。兰州朋友给我打电话开玩笑，说西安不是西部，不是中国之中，真正西部、中国之中在兰州。而超过成都路真乃漫漫其修远兮。西安要以自己的优势，定好位，扬长避短，则可能赶超。譬如"世界文化首善之都，中国科教高新之城""最高量级的文化古都，最新水平的科教大市"，这都是优势定位。总之，借鲁迅的话说："古调独弹，长治久安"，一要坚持弹好古调，二要探索独特的弹法。

（二）上海的三层面、三目标

第一，城市功能层面，上海要在世界城市链中再升一级。

英国社会学家弗理德曼提出"世界都会"的一些特征，如金融资本、高端劳动力、信息吞吐量的全球集聚和辐射，经济对世界市场、文教对全球社会发挥一定的控制功能，居民生活质量、城市综合服务功能、环境生态水平，等等都达到一流。世界城市链第一等级核心城市，有纽约、芝加哥、洛杉矶、伦敦、巴黎、东京。一等外围城市中有新加坡、圣保罗、里约热内卢。世界城市链第二等级核心城市中，有波士顿、迈阿密、悉尼、米兰、约翰内斯堡，二等级外围城市中有香港、台北、墨西哥、布宜诺斯艾利斯、首尔。上海作为世界城市才起步，最多属于第二城市链外围。

20世纪30年代，上海是东方国际大都会，外侨占人口的五分之一，日、俄、印度、朝鲜等各国侨民，形成独立的社区。上海是东方最早几个有汽车、电灯、芭蕾、交响乐队的城市，被称为纽约之外最开放的国际都会。现在，上海人均GDP约1万美元（约7万元人民币），和国际大都会要求的两万美元，距离正在缩短。纽约侨民占人口的五分之一，上海侨民只占不到百分之一。图书馆纽约204个，伦敦415个，香港52个，上海31个。大专学历人数占人口比例，纽约四分之一，上海五十分之一。教育经费人口平均，美国720美元，新加坡242美元，上海只40美元。文化总支出，纽约1.9亿美元，伦敦5.6亿美元，新加坡6000万美元，上海3000万美元。诺贝尔奖，纽约122个，伦敦85个，东京5个，上海0个。上海迫切的任务是要尽快在世界城市链中再升一级。

第二，经济发展层面，上海要充分发挥长三角龙头的作用。

上海潜力很大，有可能利用二级产业和三四级产业，利用长三角经济实力和梯级城市网，成为东亚第一大都会。新加坡、台北虽有发达的跨国航运，但没有长三角腹地的经济基础和辐射力可利用，极有可能被上海赶超。目前，上海作为大都会，经济功能、社会功能和政治功能、文化功能已得到全面提升。中美《上海公报》、上合组织、"APEC"会议举办地、浦东国际金融中心、以世博会为标志的会展中心、东亚运动会、海外移民群，以这些所带动的城市社会职能和管理职能的全面提升，已使上海成为中国第二个标志。正像约翰内斯堡不是南非的政治首都,却是南非的重要标志。

第三,文化构建层面,上海要全力打造"新海派"文化,或曰"新上海文化"。

"海派"文化的"中西嫁接,自成一家",是中国式的原创。要进一步把这种文化杂交、理念重构发展到极致,构建中国特色社会主义的现代都会文化。国际大都会都是人文城市,都具有各自的人文魅力。伦敦是文学之城,巴黎是艺术之城,维也纳是音乐之城,上海如何定位?

上海应该建成外向型的中华现代文化之都,东亚现代文化的窗口。要有像20世纪三四十年代《字西林报》那样的外文报刊,并且授权参与国际、民间舆论。但目前,论思想的活跃和传媒的影响,上海不如北京、广州、湖南,原先作为全国文化中心和主力的地位正在转移。

最重要的是重新构建、打造新海派文化精神,重新激发文化原创力。上海原先有过政治上的"自强运动""维新变法""义勇拒俄""反清自治""国货运动",文艺思潮上发源过"时务文章""谴责小说""南社诗盟""鸳鸯蝴蝶派""文学研究会""左翼文艺运动",这表明了上海的生命激情与创造力。原先在激烈的社会冲击和竞争中,他们有危机感、忧患感,所以勤于进取、工于谋算,但几十年计划经济下来,"吃大锅饭"不求上进的心理笼罩在大家心里,现在虽有很大改观,但是全国领跑的优越感又常常和死灰复燃的孤岛心态(如排斥外地人)结合起来,产生文化心理上的种种惰性和障碍。应该警惕上海的创造激情被实用化、精致化、优雅化的时尚追求淹没的危险。因此,新海派文化的构建既任重道远,又迫在眉睫。

上海有"西迁精神"(如"一五"期间支援大西北,交大西迁,参与新疆农垦);西安有"东渡精神",除唐代鉴真东渡之外,现代有尚长荣的京剧、陈新伊的导演、刘令华的油画（用西洋油画描绘古老的艺术，没有三百万元以下价格）。东航与西北航合并，空中已经结成一体。

我们应该虚心向上海学习，取长补短，与时俱进，东西双赢。

2006年4月1日，西安不散居

解放思想，冲决陕西文化发展的樊篱

——在省委实践科学发展观座谈会上的发言

新一轮思想解放对陕西至关重要，对陕西的文化建设和文化产业的发展十万火急。

新一轮思想解放在我省有极好的思想基础和民众基础。譬如从上到下有了加大改革力度的共识；社会对改革的承受力大大提高，博弈、共赢意识大大增强；新媒体时代使社会的、民众的意志能够更有效地影响推动行政意志，加大解放思想、改革开放力度等等。

但阻力也不小，主要不是观念障碍，而是利益障碍。进一步改革必然引发利益格局的调整，前一段改革中的既得利益群体和倚仗对这个利益群体进行权力寻租的官员，将形成改革实实在在的阻力。他们会利用"和谐""稳定"等各种修饰词来掩盖暗中设下的障碍，将思想解放标签化、空洞化。因而进一步改革又是艰难的。广东省委书记任仲夷说得好："稳定压倒一切，但不用改革去解决出现的矛盾，矛盾最后就会压倒稳定。"

改革开放有一个魂，这就是思想解放。而思想解放的功效，又必然体现在改革开放的实践成果上。陕西靠改革开放起步，也要靠改革开放起飞。对于一个西部的欠发达省份，这一点刻不容缓。

"文化强"是我们的特点和重点，是陕西发展战略层面上的问题。要强文化，先要强观念，这就要解放思想，否定文化保守主义和体制保护主义。文化保守主义总想以地域价值观排斥普世价值观，体制保护主义则想用对原有体制的保护来保护既得利益。就我的感觉，除了社会发展和政治经济大观念、大思维的变革，文化建设起码还要在以下一些具体问题上冲决思想的樊篱：

第一，总以丰硕的文化资源自傲于人，而忽视资源与资产、资源与资本的置换和转化。在谈资源时，津津乐道的是硬文化资源，有多少古迹、名胜、文物、庙宇等物态资源，而忽视软文化资源，即神态资源。忽视我们这块土地给中华民族培育了哪些精神、文化营养。不重视神态资源的开掘弘扬，热衷于物态资源的利益转化。

第二，在文化人才上，比较重视创作队伍，忽视管理、策划、经营队伍；在创作队伍中，比较重视个体创作力量的扶持，忽视群体创作团队的组建和品牌打造。

第三，在文化产业上，由政府中分离出来的国有公司，如出版、发行、电影等集团，一头独大，资金多、项目多，步子却不快；对民营的文化产业孵化、扶持、宣传不够。

第四，资源性文化产业，即建立在资源地的"文化坑口电站"，一头独大；资本性文化产业，即与资源地剥离，通过资本市场运作的产业很少。文化产品市场已经有所开拓，文化资本市场还远没有走出去，请进来。陕西多的是世界级的文化资源，但目前和经济上的世界五百强还互不"招识"（陕西方言，意为互相联系），联系不够。

第五，文化创意力不够蓬勃旺盛，这与背上沉重的历史文化包袱不无关系，也与在现代媒体文化膜的生存中，和真正能够滋生新鲜创意的原生生活相隔离不无关系。我们在他者的、类象的生活经验中，在伪记忆中活得如鱼得水。

第六，文化执行力因过分集中掌控在政府手中而显得乏力、顾此失彼。政府管文化要放手，搞项目要抓大放小，进一步落实文化领域党、政、群、事业和企业的分工、分家，更快更好地发挥文化市场的机制，公开竞标，调动社会各方面的积极性。

第七，对文化影响力、积淀力的培育较差，认识也未完全到位。有影响不等于有制造影响的能力，有积淀也不等于有拓展、提升积淀的能力。这是文化生产力更高一级的能力。很多文化资源因梳理、宣传、提升不力而流失外地。一个文化项目，不但要有搞头、有看头，还要有说头，有嚼头。要埋头搞，更要有声有色地搞。搞出了有看头的好东西，还要议论纷纷，有声有色地说。时过境迁，年深日久，还要不停翻拣出来，咀嚼、反刍、再体味、再认识，打造成保留节目、文化品牌，并最终转化为民族的文化积淀。

2008 年 8 月 11 日夜，于西安不散居

话说老陕"十好"

时下很兴"戏说",我也试着用戏说的笔法,对陕西人文化心理的弱势和弊病,做一针见血的解剖。读了此文,有些人可能觉得不舒服,甚或是脸上挂不住。这其实并没有什么不好。知耻而后勇才能轻装疾进,如果一点不觉得脸红,那才是最可怕的。

一、好溯源

"我们先前……"这是阿Q和未庄人的一个口头禅,不料竟成了咱老陕最爱说的话。以致让我怀疑,20世纪20年代鲁迅先生来西安讲学,给易俗社题的"古调独弹"四个字,那"古调"未必是指剧社秦腔戏,倒恐怕是指满街可闻的秦音"我们先前"吧。

不错,古长安、古关中(秦川)是中华文化的一个重要发祥地,这儿的文明是中国最悠久的,所以陕西人最喜欢追溯各种事物的源头,而把"第一"拿到自己手里,在心理上得到某种虚假的满足。

古代神话中有神农氏和后稷,传说他们最早在陕西关中教民稼穑,因此就认定中华民族从游牧向农耕转移是从陕西开始的。造字的仓颉,据说是白水人,因此文字是陕西人创造的。

最早的礼教是周礼,周在我们陕西的岐山、凤翔一带。最早的政治改革是秦国的商鞅;最早走向世界的是汉代城固的张骞;最早的史书是韩城司马迁写的《史记》。

西安更了不得了,是建都历史最长的城市,又是中国第一个百万人口的大都会,那时候的世界,只有西安和罗马可并称最辉煌的大城市。

…………

谈到这些，秦人无不兴高采烈。我也经常谈，谈得眉飞色舞。

这些史料，许多都是对的、值得我们骄傲的；有的虽属传说，也是秦人美好的愿望，它一直构成秦地重要的精神凝聚力。但如果我们总是陶醉在过去的辉煌里，总做源头上的冠军，而有意无意地忽略我们在现实社会里并不乐观的排名，不是很悲哀吗？

二、好为中

似是而非的中心论，也是秦人自傲于人的资本。如果说中国是中央之国，这个曾为中央之国十三个王朝首都的西安，那就是中央之国的中心。西安在空间位置上恰好靠近国之中央，因地位居中，北京时间也采用陕西天文台（现更名为中国科学院国家授时中心）的报时（时间中心）。泾阳又是中国的大地原点（空间中心）。这种时空的中心感，辐射着全球的华人，西安人当然可以自傲于人了。

更了不起的是，纵贯陕西南北有一条神秘的东经109度。不但中国的时空中心在此，而且精神中心也在此。黄陵是中华民族的发祥地，周秦汉唐建都的西安也在这条线上，革命圣地延安也在这条线上，我们民族的历史文化传统和革命文化传统都在这条线上，陕西的中心情绪就更浓郁了。顺便说一句，这些归纳、鼓吹，我自己便唱着主角，二十年来不遗余力。

山东人孔子曾经不无嘲弄地说陕西人"地虽僻，行中正"，而陕人自己不但把北方叫夷狄，还把南方人叫南蛮子，唯有自己开化得早，而且说"南方的才子北方的将，陕西的黄土埋皇上"，一说到黄土地下的七十三个皇上，腰也挺了，气也粗了，声也大了。

三、好称大

陕西无论从面积、人口到经济体量乃至政治影响，在中国都不算大省，但正如宋代理学大师朱熹在剖析秦俗时说的：秦"悍然有拓八州而朝同列之气"和"强毅果敢之资"。陕西人自古素来"尚质""尚直""尚武"，到了现代，实力不足以撑住"强"与"悍"的面子时，仍然改不了老大自居的习惯，一有机会便要称一次"大"，过一把瘾。一会儿说自己是文学大省，一会儿说自己是科技大省……

这些"大"，不能说"大"得全没有根据，但有些兄弟省市这方面的实力比我们强，他们却并不称大。上海曾经称过大上海，那是名副其实，而且是 20 世纪 30 年代半殖民地畸形商业经济的产物，带一点广告的味道。北京实力比我们强，广东、江苏等地实力也比我们强，可没有听说过称大北京、大广东、大江苏，他们不喜欢这样炫示。

好称大，容易忽略我们的弱势、弱点。就是在真正大的领域，热衷于称大也容易掩盖发展的不平衡和潜伏着的危机。不是有些明智的人说，与其称陕西是××大省，不如称为××资源大省来得确切（其实，既然还只是"资源"，又何必称"大省"呢？）。陕西省科技人员比例在全国很高，但科技成果转化率却在下游，科技产生的效益在全国排在后面；科技人才固然多，但中、低级人才比例过大，高科技人才严重匮乏，结构失衡，跟不上高新科技现代化步伐。文化、旅游资源丰富，但开发和管理差距很大，严重影响了丰厚的资源转化为丰厚的经济与社会效益。

秦人的确应该深思，这样那样的"大"，加起来为什么反倒等于"小"，反倒成了一个经济小省呢？

在好称大的背后，隐藏着一种心理自卑。真正大的地区，有实力的地区，谁都能看见，他们也很自信，所以无须称大。我们不服小、不服弱，历史上又称惯了大，便以此来掩盖自己信心的不足。我记得拿破仑传记片的第一个镜头就是他让手下人为他量身高，因为他矮，几乎天天要量，经常踮起脚以获得一个假的高度来满足、抚慰自己的心灵创伤。我和贾平凹都是矮个子，有次谈起来，竟然都觉得比对方高一点，说完哈哈大笑，都明白了自己在身高上的弱点。

好称大，也有积极的一面，孔子说过，秦国虽小，气势大，因此也可理解为对大的热切向往和追求。这当然无可非议，但那不是靠嘴头功夫可达到的，而是要用几倍、十几倍于别人的劳动、奋斗来换取的呀。

四、好不争

儒的哲学是"入世"，道的哲学是"不争"。秦人一面好入世，一面又很君子，好不争。道的不争是一种精神境界，秦人的不争情况却很复杂。

一是自惭形秽。因为我们穷，说不起话，也争不过别人，便不争。我们到了京城，总是坐在旮旯拐角，当二排议员。所以京沪穗的人、东部的人说我们"没有也不争"，中央的人、上级单位的人说我们"不给也不要"。当然"争"不光是争钱，重要的是争项目，而我们在市场中的竞争力比较差。花大本钱总算改造了一点投资环境，但是把海内外的投资吸引来了，我们有时却又过分古道热肠、重义轻利，热情的温度超过了争项目、落实项目的温度。在抓项目上，我们常常过分大度、宽厚，在我们举办的洽谈会上，有的项目空中飞人般让别人劫走了。我有一深圳朋友，来西安参加商贸洽谈会，给西安也签订了几个项目，却把外商带到西安的一个亿元以上的大项目半空劫走，带到他那儿落地了。他好不得意，我好不脸红。

好不争还有一种心理，是贵胄情结在作怪。自古以来，天子脚下的古都人，看惯了别人送上门的贡奉，养成了君子不言利、君子不开口的毛病。到了市场经济时代，还想以不争来掩盖失落，便只能显出自己的无能。受农耕文化熏陶的小生产者从来没有风险意识，习惯了小打小闹。不能将有得有失、大得大失视为市场竞争中的正常现象。我们总是怕输，为了不输，宁可不争，穷日子穷过，穷有穷福，穷得挺有面子。

五、好自闭

陕西农村每家每户都有一个院墙，关中八怪之一是"房子半边盖"，不让雨水流到院子外面。农家房舍的窗子都朝院内开着，没有一扇外向的窗子，自己不看外面的风景，也怕别人窥探自己的领地。关中的地窑更封闭了，整个村落都在地平线下，一家切出一个正方形土坑作为院落，三面是窑洞，一面是上地面的通道。陕北的窑洞，窗子也是朝向院落，密不通风。这种民居建筑方式，在相当程度上反映了陕西人的自闭心理，又反过来一代一代培养了三秦儿女的自闭文化。

城市也一样，西安的城墙是全国唯一一个保留完整的城墙，它的文物价值当然是无与伦比的，但从陕西人对城墙的珍爱、眷恋和自豪中也透露出一种消息，那就是倾向自闭、安于自闭的潜意识。我曾说，西安城墙是历史老人将钟楼这颗石印盖在黄土地上的一枚印章，它也深深地盖在陕西人的心上，成为陕西人自闭心理极好的意象。

封闭内视是陕西人的一种不自觉的嗜好。在历史的镜子中，反复端详自己，发现自己逝去的风韵，美人迟暮却顾影自怜。我出席过一些全国文化人聚会的场合，在交谈中，老陕一不小心就把自己的话题扯到周秦汉唐，扯到羊肉泡，当下逼着别人回答好不好吃。当然没有一个敢说不好吃，最后剩在碗里的却不少。不要说了解、熟悉外国了，连兄弟省市都知之甚少，常常为全国早已闻名的某省某地的名人名城名产惊诧不已，而且最初的本能反应是怀疑："你们那里也有这么好的地方？"自闭得叫人脸红。

自闭的直接后果是自执、偏执、执拗、倔强，一条道走到黑，不愿根据千变万化的现实生活调整坐标,这可能是关中人"生、冷、蹭、倔"的负面表现。

六、好自足

有个老朋友快要退休了,单位让他到南方考察了一圈。回来后,他对我说,走了这一圈,发现天下最好之地还是关中。我听了十分惊讶。这是在改革开放二十年之后,东西部差距明显拉大的情况下说的,这是从一位老干部、决策者口中说出来的。这种无缘由的自足,实在匪夷所思。

说奇怪也不奇怪。小富即安、不思进取,大概是关中人的老毛病。记得20世纪60年代初,我在陕西日报社工作,有记者了解到生活境况稍稍比陕北、陕南好的关中农村,有一种"够吃论"思想,农民最大的理想就是吃饱就成,至于吃什么和吃好的问题,他们是不讲究的。在吃之上的精神追求和精神生活质量,对他们更是奢侈得连想都不敢想的事。这就好像柳青笔下的梁三老汉,他能够想到的最大消费,便是去集上吃豆腐泡馍。他生气时对儿子说:"我天天去吃豆腐泡馍呀,把家产踢腾了算。"那时《陕西日报》专门就"够吃论"组织了讨论,促进关中农村克服"够吃论"的小农思想产生。

现在又怎么样呢?西安郊区的农民由于城市的扩展,正逐步失去土地,他们本可以将出售土地的钱作为自己搞实业、搞商贸的起步资金(这样的人当然也不少),但是我们的确看到有相当多的农民靠吃地租、房租过着闲散慵懒的日子。在西安有许多小市场,像布匹、装修、饮食都被浙江人、四川人占领,更多的市场空隙也正在被其他的外地人占领,西安人的钱装到人家的腰包里。人家在西安买房子,携家带口地搬过来,甚至于组成了成片成片的社区,文明富裕的"西安浙江村"不过是其中之一。西安人不但不屑于去占领市场,反而用一种古都子民的傲慢口气说:"这些活都是我们古都人能干的吗?"

这就使我们看到了，在自足的深处是懒惰、好逸恶劳，自足掩盖的是现代市场意识的缺欠。

七、好沉稳

都说陕西人醒得早、起得迟，许多事情不是不知道，是知道了不去干。即使得了风气之先，也总是想着，等等看看再说吧。等到没有了风险再动，结果把机遇看过去了、等过去了。等别人把路踏出来，老陕才急急忙忙去赶末班车，那已经是拾人牙慧了。这叫我想起俄国一个作家叫冈察洛夫的，他写了一部长篇小说叫《奥勃洛莫夫》。主人公是农奴制崩溃前的最后一位农场主。他好冥想，不行动。小说一开始他就醒来了，到了七八十页第一只袜子还没有穿上。列宁曾经让苏联共产党人好好读这部书，检查自己心里有没有"奥勃洛莫夫"的影子。我看陕西人也该查一查自己心中的"奥勃洛莫夫"情结。

陕西人好静不好动，好出门不如赖在家，金窝银窝不如穷窝，在一种静态生存中苟活着。对于动，对于变，有一种本能的恐惧。"挣起赔不起"，求稳求保险这些与现代大都市日趋激烈的竞争氛围格格不入的文化心态，仍然根深蒂固。据《西安晚报》报道，置身今日激烈竞争的大环境中，西安市民生活仍然以"稳"字当头，投资与消费理念与南方差距很大。西安人把钱往银行里送，为的是"稳当"；南方人把钱从银行里往出贷，求的是发展。

咱们老陕信奉以静制动，以不变应万变，满足于取得低水平的消极的平衡。因为陕西人不爱跟风，等风头过去了，他才懒洋洋地想到要跟一下，但是原来的风头已经被新风头替代了，已经用不着跟了。这又巩固了陕西人的一个信条，就是一动不如一静。

其实我们祖先并不是这样暮气沉沉的啊。他们以活跃的生命力在中国历史上建功立业，开创了一个又一个的新局面，比如周代的管理（周礼）、秦代的改革（商鞅）、汉代的开拓（汉武帝和张骞）、唐代的开放（"贞观之治"），都揭开了中国历史的新篇章，在社会思潮和社会管理的每一个方面都起到了奠基礼的作用。

我们的祖先比我们年轻多了，而我们比祖先还老态龙钟，这真是历史老人的幽默。

八、好名分

陕西人喜讲究、好热闹，干啥都讲究形式，追求排场，爱搞这样那样的仪式，而且总要把这些形式、仪式搞得热热闹闹、红红火火。你仔细听一听古城"井"字形大街上哪天不响一两遍锣鼓，不驶过一两队花车。在古城墙上，城楼或者角楼的旁边，又有哪一天不飘起几个气球标语，飞出一曲洋鼓洋号。和陕西人好静不好动相反，陕西人可又爱起哄，爱围观，爱赶时尚，既满足了好面子的主事者的面子，又满足了自己肤浅的小市民式的好奇，给平淡的生活加了一点装饰音，放了一点调和面。

在好面子、好起哄的混乱中，陕西人从不忘争名分、列顺序，不管是什么性质的活动、会议和仪式，请官员、请名人并且给名人、官员排座次、排名单，总是最重要、最麻烦、最煞费苦心，而最后又总是闹得八面不讨好、四处焦头烂额。

陕西人好面子、好名分，说近一点和官本位思想作怪有关系。这几年又加上了"金"本位，谁的含金量大，谁就往前站。论资排辈的这个"资"实际有两个意思，既是资格，又是资金。

这种现象，说远一点大约还是脱不了皇城根下子民的贵胄情节，虽然凤凰落架不如鸡，但瘦死的骆驼比马大，再穷愁潦倒，架子还是不倒，谱还是要摆的。在这里面，我们浪费了多少精力、时间、金钱，引起了多少明争暗斗，又激起了多少不高尚的欲望和行动。我想，如果把耗费的这些能量都输进发电机，古城的夜景会美丽一千倍吧。

九、好非异

"异"不一定是反对自己、阻碍自己的东西，更多的情况下只不过是和自己不同、自己感到陌生的东西。对于异己的人和事，开始是好奇，接着便看不惯，并且热衷于把这种看不惯传播出去，形成舆论。再下来，舆论诱发行动，非议便转化为排他。回想起来，我们生活中的许多矛盾不都是这样开始的吗？一个窝里斗很严重的地区和单位，常常是非异心态很浓重的地方。

如果"异"者是错误的、落后的，那该非；如果"异"的正确，甚至"异"的进步，那非异便是一种社会前进的障碍心理和消解力量了。你迈着四方步在黄土地上走惯了，见有人骑马扬鞭而过，你就看不惯、讨厌，千方百计要把别人从马上拉下来，最起码也要来一句"省骂"：你算个x。在这样的环境中，新事物成长之难是可以想见的了。

十、好农本

我20世纪60年代中期住在西安东大街，经常能看见乡里的马车辚辚而过，一路马粪，把你引到骡马市的骡马大店。那时西安一出城门便是麦地，我在南廓门割过麦子，在草场坡春游看过田野风光。西安居民也大多才从农村土炕搬到城里的木床上，被子还没有暖热。那时的西安可以说是一个很大的村落，世界第一村。它使人感到纯朴，也给市民心里带来了农本意识的浓厚影响。前面谈到的自足、自闭、不争、非异，在某种程度上都和农本意识脱不了干系。

农本意识必然导致重农抑商，只愿意在土地上以终生的辛劳维持简单的再生产，换取低水平的生存循环。不会也不愿意去学着通过市场使自己的劳动产品增值，扩展和深化原有的生产领域。对于运用现代市场新的操作方法，在许多没有商机的地方看到商机，使资产转化为资金，存量转换为增量，则更是陌生。最重要的是农本意识使人对市场、对商业、对金融怀着天生的戒备、厌恶，这就从集体无意识的层面，从社会文化气氛的层面抑制了市场经济的发展。

农本意识在人际关系上，自觉不自觉地以血缘、族缘、地缘关系网代替在事业中建立起来的理解和友谊，代替公平、公正、公开的现代竞争。血缘、族缘、地缘关系网，是种种不正之风的温床、权力腐败的温床。由于它是人生道路上的一种不公平竞争，甚至不是竞争而是交易，它也滋生着懒惰和无能。这都是陕西现代化的精神路障。

热爱乡土、崇尚农耕，这是我们民族极宝贵的情感，但是如果我们在心理上永远停留在农耕文化阶段，迟迟完成不了由乡而城的转化，完成不了由自然经济到市场经济的转化，真正的现代都市和市场观念无从诞生，更何谈发展？

如果这"十好"是一面镜子，我想说，它首先照出了我自己精神的某些零碎的影子。因而，尽快甩掉千年文化积淀的历史重负，知耻而后勇才能轻装疾进，重铸西部精神文明的现代新辉煌。这样一些结束的话，也就首先是对我自己说。

抢救活历史

——序"陕北文化研究"系列丛书

时间大约过去了一个甲子，当年毛泽东离开陕北去西柏坡，在榆林吴堡的川口东渡黄河时，他缓缓转过身子，久久注视着西岸的重山叠岭、千沟万壑，注视着这块养育了中国革命苍凉而又温暖的土地，深情地说了一句话："陕北，是个好地方！"

可不，陕北真是个好地方，榆林真是个好地方。别看它天高皇帝远，历朝历代都是主体文化区八竿子打不着的边陲之地，却是中华民族的发祥地之一，是多民族的中华文化典型的交汇区之一。榆林所处的北纬38度附近，自古以来是中国农牧业的分界线，农耕文化与游牧文化在这里交错、对撞，也聚合融汇，形成了特色鲜明、魅力无穷，具有塞上风情的黄土文化。从经济社会发展的角度看，榆林大致经历了"黄、红、黑、褐、蓝、绿"几个阶段，在黄土地上的农牧业和"闹红"的革命史之后，进入以乌金般的煤、褐亮的原油、蓝色的天然气和山川秀美的绿色革命为标志色的发展新阶段。榆林正在以一种新的姿态为国家做奉献，同时大踏步改变自身面貌。榆林千百年来漫长的边缘化状态正在结束，开始跃上历史的前台，进入一个辉煌时期。

但是几乎与此同时，榆林和陕北民间文化的保护，一次又一次拉响了警报。无可阻遏的工业化进程、城市化进程正在改变农业文明并威胁与农业文明相关联的各种传统民间风俗和民间艺术。用现代科技武装起来的城乡交通、大众传播和人际沟通方式，使地与地、人与人空前贴近，却也容易使社会的高频率交流转化为文化的高速度流失。一批传统民间文化的传人和多年献身此道的文化人，大都年事已高，许多传统民间风俗和民间艺术正在失传。形势可以说十分紧迫，而且越来越紧迫。

民间文化资源大都是彼时彼地独有的生成，和煤、气、油一样属于不可再生资源。一个民族、一个地区，不能只有物态文明的建设而没有心态文明和形态文明的保存和积累，而在精神文化的保存和积累中，又不能只看到《四库全书》式的典籍文化而忽视在民间流传了千百年的活文化。其实，民间的活文化虽不能在理性高度梳理、阐释、观照历史，在更真实、更公正、更丰富地储存历史文化信息方面，却比典籍文化远胜一筹。民间文化使逝去了的时代逝去了的生活一直活了下来，活到今天。民间文化是一段一段真正活着的历史。

保存民间文化，保护民间文化，保卫民间文化，成为时代交付给我们这一代人的责任。担当这个责任已经刻不容缓，而且义不容辞。稍有懈怠，我们将对历史和未来欠下无法偿清的债务，将愧对祖先，也难以向后人交代。

"陕北文化研究"系列丛书便是在这样的背景下诞生的。

早在1998年3月成立之初，榆林市黄土文化研究会就明确提出以保护和研究陕北文化为己任，一批仁人志士在极为艰苦的条件下做了许多切切实实的工作，受到社会的赞扬和省文化厅的表彰。2001年10月在榆林召开的陕西省"陕北文化理论研讨会"更是一个助推器，促使崔月德和他的同事们确定把出版以抢救陕北民间文化遗产为主要内容的"陕北文化研究"系列丛书，作为研究会的重点任务来抓。提出用五年左右的时间，将榆林地区民间文化的精华分门别类收集、整理、出版。

研究会的同志们抱着燃眉的紧迫感和强烈的责任感，四处奔走呼号，给报刊写文章，在会上呐喊，上书领导建言献策，游说企业家援之以手。我虽远在长安城里，却不时能听见榆林的朋友传来各种令人兴奋的信息。譬如市建委主任郭彦强召集建筑界座谈这套丛书的意义，十四位深明大义的企业家慷慨解囊，使这项文化工程得以很快启动。而张芳、崔月德、文建国、龙云、张俊谊、雷润峰、崔建忠诸位同人，两年多来埋首于青灯黄卷之中，第一批十一本书，到去年年底已有八本定稿，交付于出版社。今天，终于带着墨香奉献于读者诸君的案头。文化部和中国文联、中国民协主办的全国民间文化抢救和保护工程，2003年2月正式启动，两年后，榆林便率先拿出了系列性的成果，在我省走在了最前面，全国也属于一流。

这套书的编写者，怀着爱乡敬业的热忱，坚持科学求实的精神，深入民间考察，真实记录、认真整理，力图保持民间文化的原汁原味，使丛书具有较强的资料性、文献性。他们以自己默默无闻的劳作，给后人留下了一份真实可信的文化遗产，为抢救民间文化资源开了一个好头，实在是利在当代、泽惠后人的善举，是功德无量的好事。在这里，我要向这些民间文化的卫士和园丁，长长地道声辛苦，深深地鞠个躬。

2005年2月17日，鸡年初九，春雪漫天

一带一路与华山精神[①]

大家上午好！我刚刚从丝绸之路回来，这次是第三次随车队跑丝路，两个多月跑了中亚和中东欧16国，一万七千公里。

有幸的是我们在奥地利，穿过了阿尔卑斯山脉，在那里会见了奥地利阿尔卑斯山管理区的工作人员，谈起了秦岭和阿尔卑斯山从地质到文化的天然联系。秦岭标志性的山是华山，华山有丰富的文化内涵待开掘；阿尔卑斯山的标志是勃朗峰，它的主要特点是生态和攀岩。勃朗峰和华山应该携起手来，把自己对于地球名山的保护，从文化和生态的角度梳理出各自的经验。这应该是华山跟丝路的一个重要关联。

2014年和2016年走丝路的时候，两次到乌兹别克斯坦的撒马尔罕，都听到当地人谈到中华道教全真派掌门人丘处机。丘处机是道教门派里面最早跑古丝路的，而且跑得最远，一直跑到撒马尔罕。因此，我觉得华山、秦岭、阿尔卑斯、丘处机等元素，与丝绸之路内在的关系，可以作为一个研究的课题——也正好是今天这个论坛的一个讲题。

在我的心目中，华山首先是祖国之山，是祖之山、国之山。祖之山是因为我们这个民族，最早的夏族就聚集在华山周围，然后扩大辐射，成为华夏族。章太炎先生曾经说过：华夏民族并不是华族和夏族的组合，而是夏族居于华地之下，也就是夏族聚在华山脚下，然后逐步扩展形成的。所以华山实际上是我们的祖脉之山，是我们的先族最早居住的地方。

为什么叫中华？我得到的信息是，因为华山在远古是我们华夏民族居住

[①]本文系在秦岭论坛的演讲。

的中心，那个时候没有西域，西域还没有纳入我们的版图。从北到蒙古，从南到海疆，从东到上海，从西到河西走廊，华山正好在中心，是中心之山，所以它是我们的祖之山、国之山。篆体金文的华字，就是一棵树，树上有很多树叶画成十字挂在主杆上，这就是繁体的"華"字，华山树是中华称谓"华"的源头。简写的"华"字又很像是举起来的一朵花。华的原意是繁华、华丽，是流光溢彩、华光万道，这正是祖国的象征和比喻。祖国的繁荣富强全在这个"华"字中间，这是我对华山的第一个理解。

我对华山的第二个理解，它是我们的父母山，是父亲山、母亲山。因为它是世界地质史上非常罕见的由整体花岗岩构成的一座山峰，它象征着力量，象征着刚强。这是男子汉的形象，父亲的形象，给了我们坚毅的文化人格。但华山又流传着劈山救母和宝莲灯的故事，其中又蕴含着我们这个民族温柔如水、温柔如月的一面。父亲的刚强、母亲的温柔，组合成为华山的内在精神。

我对华山的第三个理解，它是道侠之山和文化之山。它是道教的一个祖庭所在地。从地理上讲，潼关到宝鸡是一个沉降带。在远古的地壳变动中，华山显示了一种玉碎的刚毅，宁为玉碎、宁折不弯的强者精神，这可以说是华族精神的写照。我曾经在华山论剑的一次论坛上，跟易中天先生谈道，华山论剑的精神，就是登山必登顶的精神、心动即行动的精神、论剑实论道的精神、公开求公正的精神，这些精神都是华山给予我们的。而在每一个理念背后，都可以有很深的文化阐释和很大的市场资源，都可以开发利国。譬如赵匡胤卖华山的故事就耐人寻味，可以发掘。

在市场经济的今天，竞争成为我们每一个人的生活常态，也是现代人的文化心理，现代世界的社会要求。华山作为中国古代最著名的竞技比武场地，经过金庸先生大量文学作品的传播，已为世人所公认，该有多少资源可供开掘！我觉得华山应该打造成为中国乃至世界各类竞技比武赛事的首选之地。

首先是中国博弈竞赛的首选地，博弈、拳道、茶道、书道和攀岩等各种比赛的首选地应该在华山，进一步发挥金庸先生笔下华山论剑文化品牌的内涵，把华山竞赛系列做好做高端。并尽快跟阿尔卑斯山的勃朗峰取得联系，争取成为亚欧友谊山，联手打造亚欧和全球攀岩赛赛。

从文化上讲，华山竞技之外，可考虑开设华学论坛。香港著名学者饶宗颐先生主张把国学叫华学，因为国学容易被理解为国家之学、政治之学，改称华学则强调了其民族之学、文化之学、民俗之学的内容，易于对海外华人和世界各国的推广。预期"华学论坛"将会成为中国非常高端的论坛。

华山是一座读不完的山，华山是一座开掘不尽的山，让我们共同努力。

2017 年 4 月 25 日，华山

"白云山论道"：谈榆林市发展

我来榆林很多次，但对于榆林的发展很少深入了解，今天只能从三个问题谈一点个人的感想。

我说的第一个问题是，要抓住三个层面来保护榆林、佳县乃至整个陕北的文化遗存。

我觉得对一个地区的文化遗存，应该有三个层面的保护：一个是物态层面的保护，一个是形态层面的保护，一个是神态层面的保护。

物态层面的保护，是保护那些可触摸、可见闻、可感觉的文化遗存。比如白云山、香炉山寺，比如我们佳县的许多文物古迹，包括可观赏的文物和目前还在地下的文物。形态层面的保护，是保护那些不可触摸但可见闻、可感觉的文化遗存，比如那些有形而无物的制度文化和民俗文化、民间艺术，如陕北歌舞，各种民间风俗，如岁时文化、婚丧文化、节庆文化等。这是有形而无物、可见闻而不可触摸的形态文化留存。还有更深层次的文化留存，这就是神态层面的文化留存，是不可触摸却可见闻、可感觉的文化遗存，是无物、无形却有神的文化留存。这是弥漫在一个地区的精神、气势、情绪、氛围，是一种文化场。

我们在谈到保护文化遗存的时候，更多的人，特别是党政领导层的人，会更多地关注物态层面和形态层面的文化保护，就是关注文物古迹和民俗文化、民间艺术的保护。当然，物态层面和形态层面的文化遗存，其中包含着神态的内涵。但如果我们常常忽视一个地区千百年来积累、沉淀的文化精神，是极容易舍本逐末的。我们常常不把这些文化精神和文化特点作为本地区建设特色文化的内容来抓，作为开发文化的重点就更难了。

今天我特别来讲一下神态层面的文化遗存对于一个地区的重要性。有一位外国的大学校长，在新生的迎新会上说："所有考上理工科的同学请站起来。"考上理工科的同学站起来了，然后校长说："我非常感谢你们来到我们学校上学，因为你们是时代列车前进的动力。"全体鼓掌。文科的学生有点失落。第一，不叫我们站起来；第二，他们是动力，那我们是什么？难道是乘客吗？接着这个校长说："现在请考上文科的同学们站起来。"文科的学生呼啦站了起来。校长接着说："我非常感谢你们来到我们学校学习，因为你们是驾驭时代列车的司机。"这就是文科的重要性、精神的重要性，导向着一个时代的方位，引领着一个时代的发展。不光是文化的发展，而且包括经济社会各方面的发展。

我再举一个例子：在意大利文艺复兴之前有一个著名的商人，比我们的晋商早三百年，叫美弟奇。这个商人很有远见，当他的商业和经济活动遇到了中世纪各种思想的阻塞时，他想到的是，必须创造有利于自己的新文化，这个文化必须要能够适应和促进我的经济和商贸活动的发展。于是美弟奇对文艺复兴时代一些进步的有创造性的艺术和科学大力支持、大量投资。大家知道的达·芬奇、米开朗琪罗、伽利略这样的大艺术家、大科学家都在其中。结果是，以以人本主义文化为坐标的艺术和科学成果大量涌现，思想解放的浪潮终于冲决了窒息的中世纪。随着文艺复兴的成功，资本主义有了突飞猛进的发展。美弟奇的商业和经贸活动也就在这样一种开放的创新的文化环境下得到了长足的发展。在西方，美弟奇是个永垂青史的人物。不但经济史记载美弟奇，说他是最早冲出中世纪的商业经济活动家，文艺复兴史也记载美弟奇，说他是最早懂得文化重要性、以文化开道推动历史前进的人。

我们不妨跟中国的晋商比较一下。中国北方的晋商是和南方的徽商并驾齐驱的著名商业群体。它比美弟奇晚三百年，曾经发达到非常有实力有影响的程度，这不用我多说。我要说的是，处在那个封建的农业文明和自然经济时代，晋商也是很艰难的，但他们从来没有想到过要去寻找文化的支撑，商业活动就是商业活动，他们试图以孤立的、一厢情愿的商业道德，在浓厚的封建云霓的荫盖下支持下去。这当然是不行的。另一方面，那个时候中国的文化由于重道轻器，文人以君子不言利为操守，也不屑于关注商人和商业，几乎意识不到文化对于经济活动具有的精神支持的历史责任。正是这双重的原因，发现晋商后来衰败了。后来的学者在研究晋商的时候，寻找晋商的后代，发现晋商的后代竟然很少有企业家。有的在平遥看自行车，有的在服务行业，还有的从城市返回农村种地。晋商就这样衰败了，衰败的原因很多，有一个重要的原因就是没有一个开放性的、市场的、科学的文化在观念意识上的支持。

去年我来到佳县，从我个人的感想出发给佳县题了四句话，利用佳县原来的这个葭的"葭"字，第一句叫"蒹葭苍苍"，说的是佳县过去和未来会有的生态，芦苇和树草丛生。第二句是"白云道长"，说的是我们白云山的文化源远流长。第三句是"一盐九鼎"，借成语"一言九鼎"的谐音，说的是我们的盐矿分量极重，在全国具有重要地位；第四句是"红我东方"，说的是标志着中国革命整整一个时代的红色经典民歌《东方红》，在这个地方诞生。"蒹葭苍苍，白云道长，一盐九鼎，红我东方"，当然没有全面概括佳县的优势，但是这四句话里面，二、四两句话"白云道长"和"红我东方"，指的就是文化——道教文化和红色文化。"蒹葭苍苍"话虽然不全指文而指生态，也是一种诗情境界。"一盐九鼎"我们现在正在准备开发，将来兴盛起来，佳县的经济发达了，文化的发言权也就提升了。因而四句话，都与文化有关，说的是在佳县在榆林，文化的发展与经济的发展是同样重要的。这是我讲的第一个问题，要抓住三个层面来保护我们的文化遗存。

我想说的第二个问题是，开掘提炼、构建弘扬新的陕北精神，更新陕北的文化形象。

陕北我来过很多次，不下十五次吧。四十年前，1965年大旱时就来到过佳县，以后大概还有五六回来到过这里。我没有研究，但有一种印象性的感受，便是觉得陕北有很多精神品质应该提炼出来，打造成我们的品牌，打造成我们的特色精神、特色理念、特色文化。现在做得不是很够。精神不但是心灵的力量和社会氛围，也是一种社会实践的资源和社会实践的力量。它虽然无形无物，却会全面地、无孔不入地影响我们社会生活的发展。我为榆林的文化精神概括了这样八点，这八点都是借与榆林有关的人和事来表述的。可能并不实用，只作为一个资源，一个坐标，供大家进一步去提炼，去精致化和科学化。

第一，"与时并进"的改革开拓思维，这是哲学观上。

第二，"站在最大多数劳动人民一面"的建党执政理念。

第三，在开放流动中生存的"走西口"意识。

第四，在多维交汇中形成的"特色文化机制"，指的是农耕文化和游牧文化的汇合。

第五，"不靠救世主，自己解放自己"的革命造反精神，如米脂的李自成和"闹红"。

第六，和天、知人、乐心的"白云山境界"。

第七，崇力尚美的"米脂婆姨绥德汉"的审美理想。

第八，永远向着光明的"东方红"生命追求。

这八种精神，都是我们这块土地的精神资源，是陕北世世代代的父老乡亲对于中华民族的精神贡献。我们应该很好地梳理它、提炼它，使之成为指导我们社会主义精神文明建设和物质文明建设的重要的精神动力。

一是"与时并进"的改革开拓思维。这是一种唯物论的认识论和辩证法的思想方法，是毛主席四十多年前给佳县群众剧团的题词。过去只作为主席关心老区文艺的一个例证，对"与时并进"的哲学文化学内涵和对社会实践的指导意义又宣传不够，以至到三十多年后党中央提出"与时俱进"的口号时，我们才发现毛主席早在佳县就提出过这一理念，而我们三四十年竟然没有发掘弘扬它。应该说是一种遗憾。

二是"站在最大多数劳动人民一面"的建党执政理念。这是我们的执政观、政治观，与当前党中央提出的"以人为本""心为民所系、权为民所用、利为民所谋"的执政理念一脉相承。党的几代领导人在人民观、执政观上的一脉相承，很值得我们思考，应该加紧对于它们之间历史联系的研究、宣传。

三是在改革开放流动中生存的"走西口"意识。这是一种生存观，也是一种经济观。就是通过交流、交易、交换使得我们的经济生活活跃起来，也使得我们人流、物流、资金流流动起来，在流动中创新、增值。我们不能光看到"走西口"原有的含义，那是在贫困线、生存线上的被迫流动。我们应该把"走西口"作为一种地域精神和文化心理，它传承到今天就会转换成市场经济下的物流、人流、资金流的主动的积极的交汇融合。这是现代社会经济文化发展的一大动力。今天上午，内蒙古鄂尔多斯、山西忻州、宁夏银川、甘肃庆阳和陕西榆林五省市经济文化合作的意向书正式签字，并确定"白云山论坛"为五省市经济文化合作的永久性平台，就表明了这种"走西口"的精神在现代市场经济中的一种发扬。

四是在多维交汇中形成的"特色文化机制"。我们的这块土地是动态生存与静态生存相结合的一块土地，是农业文明和牧业文明相结合的一块土地。自古以来也说这里是华夷、胡汉文明交叉共生的地方。实际上也就是少数民族和汉民族交汇的一个地方。巍然屹立的长城，是一种象征，象征着我们这块土地静态生存的坚定性。奔流不息的黄河，也是一种象征，象征着我们这块土地在动静交汇中的流动性。静态的农业文明和动态的牧业文明的交汇，使得我们这个地方比较开放，容易吸纳新的东西，容易吸纳异质文化的新因子。路遥的小说《人生》写的就是我们这块土地上的事。路遥在《人生》中给了主人公巧珍两个坐标，两个人生取舍坐标，一个是土地上的马栓，这是传统农业文明静态生存的人生坐标，她嫁给马栓就是嫁给土地。另外一个就是在流动中不停变换生存环境和生存方式的高加林，这是带有城市文明色彩的动态生存的人生坐标，嫁给高加林就是嫁给流动和漂泊，就是嫁给通过"走出去"不停构建起来的新生活。尽管她非常爱高加林，但是她终于走不出传统文化窒息下的土地。高加林也非常爱她，却也无法因为她而抛弃自己在流动中新生的人生价值追求，最后造成悲剧。尽管我们可以在道德坐标上訾议高加林，说他负心，但从历史坐标上不能说高加林错了。他身上表现出来的正是陕北在多维交汇中形成的"特色文化机制"，这是我们这块地方很重要的一个特色。

五是"不靠救世主，自己解放自己"的革命造反精神。我们这块土地上的老百姓是一个极不甘于现状、极不甘于落后的群落。他们世世代代都有强烈的改变现状的要求，在改变现状时，又从来不习惯依靠救世主，乞求别人的恩赐，而喜欢自己起来奋斗，自己解放自己。这方面，古代的李自成，现代的"闹红"，都极能说明问题。在整个中华民族文化中，这样一个群落的这样一种精神，构成鲜明特色，应该大力发扬。

六是和天、知人、乐心的"白云山境界"。白云山最早就因高耸白云蓝天之上而得其名。在高山顶上有这么一个寺庙群，在现实世界之上飘浮着道家精神的云层。它像一个彼岸世界，引领着、沉淀着、沉思着现实社会人们的精神情绪和心灵世界。道家主张知天，天人合一；知人，人与人之间、社会各种力量之间和谐相处；知心，懂得自己的心灵，而不做过度的奢望。知天、知人、知心的结果就是和天、和人、和心。而随着和谐境界的到来，最后可以达到乐天、乐人、乐心的效果，达到心灵很快乐、很恬静这样一种生存境界。白云山精神，扩而言之、深而言之，不光是一种道教精神，不光是一种道教的教义，其实它的精义和要旨是和谐，是以和谐文化在自然观、社会观方面，给我们现代人以有力启示。

七是崇力尚美的"米脂婆姨绥德汉"的审美理想。这是我们榆林人——榆林的男人和女人的形象代表和质地标志。米脂的婆姨绥德的汉，米脂婆姨像貂蝉那样美丽，汉子像吕布那样有力量，有生命伟力。这是把男女性别的生命发挥到极致的一种审美标准，这是我们这个地方在审美艺术和文化方面的极致性追求。这个"汉"字，不可小看，本身就有宏大、伟力的意思。"汉"及它的谐音字"汗""瀚""罕"，无不有伟大之意。"维天有汉"云汉足以经天维地，可汗乃大帝，浩瀚、瀚海乃大得无边，罕有其匹指第一、唯一。陕北人把男人叫汉子，足见其在男性审美标准中，对男人的期望值和责任要求是很大的。

八是永远向着光明的"东方红"生命追求。这可以说是榆林文化精神的理想层面的坐标，是一个概括和总结。《东方红》不是一首普通的流行民歌，它是一个历史阶段的文化标志、旋律标志，也是毛泽东作为革命领袖的文化标志、旋律标志，也多少是那个时代民众心理的一种传达。在中央电视台一次谈《东方红》这首歌时，我曾谈过一个观点，说《东方红》是由一首普通的民歌、普通的情歌，被不断地灌注进时代政治与时代心理的内容，延安时期走向了颂歌，"文革"十年走向了圣歌，改革开放又回归民歌，回归情歌。几十年里走了这样一个路子。可以说，很少有一首歌曲能像它这样，全息了我们这个国家，我们这个民族六十年以来的步伐。我们不能以"呼而咳呀"的态度既漫不经心地肤浅地看《东方红》，也不能只看到"毛主席是人民的大救星"这种现在明显已经不科学的观念。往深里探究，《东方红》是这块土地上的人民向往光明的一种心灵呼唤。他们希望东方永远是红的，希望自己能永远朝着初升的太阳走去。是的，是这样一种象征。这是陕北人的一种理想境界，也可以作为陕北文化精神的核心和最深层的动力。

以上是我谈的第二个问题。我觉得我们应该提炼陕北各种文化元素、精神元素，打造具有陕北特色的文化理念。

第三个问题，要从大文化、大市场的格局出发，打造特色文化品牌和特色文化产业链。

第一，要有大思路。上午，各市的领导谈到，原有的行政区划也就是块块管理，对于现代市场资金流、人力流、物业流的流动已经形成了各种各样的障碍和阻隔。拿旅游来说，就不能够以县区为单位各自为战地来发展，而应该从最精华又最经济的旅游线路的大格局来发展。你不能到山西看云冈石窟、悬空寺、五台山，听晋北民歌，然后再朝南绕到西安，又朝北绕回陕北来看白云山红石峡、听陕北民歌。这一绕，两千多公里，时间上、精力上、经济上都不划算。陕北、宁夏、晋中晋北、内蒙古中西部这个大地区，本身就能形成一个强有力的旅游精品线和精品圈。像黄河峡谷游（晋陕峡谷），榆林和内蒙古鄂州接壤的红碱淖游，"走西口"文化旅游线，陕北民歌原生故事揭秘文化旅游线，等等。

我最近给省上一些个文化项目提供了一点策划，提供给大家一些信息。我们省上开始没有意识到央视《百家讲坛》所讲的内容百分之七十发生在陕西，但是没有陕西的学者讲，没有陕西的图像符号出现，大家讲汉武帝，讲《史记》，讲司马迁，讲三国，但是古长安的图像，大明宫的图像，韩城的图像，汉中的图像，并没有在屏幕上出现。资源是我们的，炒红的却是人家厦门大学的易中天，北师大的于丹，河南大学的王立群。这是一种多么严重的资源流失啊！所以，我建议省上搞一个节目：《〈百家讲坛〉走进故事发生地》，准备起码策划上、中、下三集。把易中天、于丹、王立群全部拉到故事的发生地即陕西来，三国你到汉中来讲，《史记》到长安、韩城来讲，使得观众能对故事发生地有感性的图像的印象，宣传《百家讲坛》和名著，也宣传了陕西。

第二，要有大资金流和大人才观。我们在谈到文化建设和文化项目时候，常常是伸手向国家要钱，或者去文化企业、文化事业中"内向"地找钱。实际上应该有大资金流和大人才流的大观念、大思路。我们常常跟山西争论，是王向荣还是阿宝更老、更有名，阿宝由于和我们争夺陕北民歌资源而成为对立面，为什么不能组合王向荣、阿宝以及山西、内蒙古、宁夏的各种各样的民歌人才和融资渠道，通力打造陕晋蒙宁民歌的大品牌呢？

榆林自称为"中国的科威特"，我们利用这一带有国际色彩的称号，跟科威特以及其他石油大国联系了吗？我们自己的神府煤田和油气田给文化投资了吗？也就是说，我们有跨行业投资、跨国界投资的观念吗？我们的文化建设为什么不能全面实施跨行业和跨国界搞外向型的融资呢？这是需要考虑的。

有了大资金流才有可能打造大品牌，像陕北歌舞，榆林开过两次讨论会，我曾在发言中说过，陕北歌舞应该在"两极振荡"中发展。一极，就是原生态的非物质遗产的保护，这种保护带有文物保护的性质，是国家、民族、地域的长远利益，应该由国家投钱。另一极，陕北歌舞同时要大幅度地现代化、走向市场，去活跃当下民众的文化生活，满足当下文化市场消费的需求。这方面，这一极，不能过分强调保护，不能强调像不像原生态，要强调发展、创新、现代性。要不然，就像我们参加青歌赛那样，毫无变化地把原生态搬上中央电视台，最后是被低分淘汰。大幅度地进入市场就要改造、创新，要改造、创新就要资金。所以大资金流才能锻造大的品牌，才能规模化。

第三，要有大格局和大传播。就是地域文化要和全国全世界的文化大舞台接轨。这两年我们榆林搞了全国性的文化展演，在《人民日报》开了冠名专栏、征文，这都很好，初步有了国家的民族的大舞台意识。我们还可以像今天这样，陕甘宁晋毗邻地区统筹策划、统一行动。1989年我曾经到蒙古国访问，蒙古国音乐家协会主席的爷爷就是榆林人，后来走西口走到蒙古他家三代在蒙古，毕业于苏联列宁格勒也就是彼得堡的音乐学院。他私下里用陕北话对我说，他就是榆林人，但在公众场合用俄语和我们交谈。这都是我们的资源。

我也从大地域舞台、国家舞台的角度，给省上提供过几项策划。各省都盯住明年的北京奥运会，看能够怎么样搭车。最近李堂堂副省长抓我们这个策划组在搞三项大的活动：

第一个活动，叫作兵马俑为奥运会站岗，就是要把兵马俑、长城、奥运会这三个最大品牌、最大的文化符号，2008年在北京组合到一起。因为不可能所有的运动员在奥运比赛之后都到西安来看兵马俑，我们可以在《文物法》允许的情况下，把一批兵马俑挪到长城脚下展出，要有一定规模。那时候，中国的男子汉雄风、万里长城的雄风，和各国的运动员的雄风，三个元素、三股雄风，组合到一起，能不产生震撼性的效果？

第二个活动，就是利用张艺谋的元素，将奥运会开幕式和西部电影组合到一起。张艺谋是西安人，既是西部电影、中国电影的主将，又是奥运会开闭幕式的总导演。利用这位世界性的人物来衔接西安与奥运。要搞大型的西部电影的评奖和颁奖典礼，把所有与西部电影有关的明星，像章子怡、巩俐、姜文、倪萍、陈凯歌、吴天明、顾长卫、何平、芦苇等，都全部组合在一个上午的仪式上，一下子推出去，叫各国代表团和使者去参观。

第三个活动，长安、雅典和长安、罗马对话"十日谈"的大型电视实录节目。大家知道，西安作为文化大都会，现在正遭遇到各方面的挑战，北京、上海在经济文化上的挤压不说了，河南（八大古都，河南已占有四个）、山西（《晋商》《立秋》等大型文化精品联袂推出，强劲推动了旅游业发展）的影响也大大超过我们。我想我们应该有一个思路。为什么我们要跟他们在一个平台上竞争和争论呢？我们有一个平台是没有异议的，那就是，作为世界五大古都之一，西安、罗马、雅典、开罗、君士坦丁堡，谁都承认。北京人无异议，河南人也承认。只有西安可以搞长安—罗马或者长安—雅典对话"十日谈"，这是别的城市不可替代的。在电视对话基础上，将来创立定期的"世界古都论坛"，相关国家还可在这几个古都互设领事馆。每年一次，长安—雅典放到第一次，因为明年奥运会在中国，而上一届奥运会在雅典，比较好衔接。我们找到了很多可衔接的元素，比如希腊歌剧和中国秦腔，奥林匹亚和我们的古代体育，美女雅典娜和我们的嫦娥，斗兽和我们的斗蟋蟀，十字军东征和我们的秦始皇统一六国，凯撒大帝的特洛伊木马计和荆轲刺秦，古希腊的雕塑和兵马俑，还有西方的比萨饼和我们的肉夹馍，起码有十几个对应的元素，可策划若干亮点。两个城市各组建两个代表团到对方生活十来天，双方国家级电视台追踪报道。这是第三个问题。

最后想说的，就是在大步发展经济的基础上改变观念与方法，全面提升文化力。我们要"一统两打三力"。

"一统"就是要改变现行的以行政管理为体系的文化产业管理方式，而改为以项目为基础，以市场方式统一协调，自由竞争，走出地方领域（块块）与行业领域（条条），建立文化产业有限公司。一个大项目就是一个公司，所涉及的地域、行业全部可以参加股份。这几年大唐芙蓉园做得很好，现在已走出曲江区，走出西安，走向大明宫，走进咸阳，走进岐山，走进法门寺。传统的条条、块块在现代市场经济中，不是一种可持续发展和科学的、经济的行为。省上将会成立统一的专家库来创意策划协调、组织协调。

"两打"，就是指思维方式应该"打窄求异，打包做大"。我们不要打宽求全，不要全面推进，你每个地方都可以如数家珍，但分散力量什么都做不成、做不大、做不好。一定要打窄，从一个点进去，然后拓展，创建品牌以带动全局。还要打包做大，不能就事论事，要在策划中伸延拓展，形成声势和规模。

"三力"就是不但要加强文化的创造力、创意力，更要加强组织力、执行力，尤其要注意影响力，就是后事的宣传舆论和社会关注度。我们的文化事业、文化活动，不但要有搞头、执行好；还要有看头、观众多；有说头、能产生话题，能够持续深入地宣传；有想头、能够叫人家留恋，叫人家再回头、再呼唤你。要做到这个，我们也需要做很多改变观念方法的工作。

榆林是一块我所挚爱的土地。我1965年第一次来到这里，那是为了救灾扶贫。从那时到现在的2007年，四十二年中来过不下二十次。我在这里蹲过点，为这里写过大量报道、散文、论文，也出过关于神府煤田开发的书，这已经不是救灾扶贫，是为了开发和发展。这块在青年时代养育过我的土地，我看着她由停滞走向发展，由闭塞走向开放，由贫困走向富裕，自己也有幸参与了她的变迁。我愿意尽我所能地为这块土地效力。

谢谢大家！

关中民俗艺术是一座文化富矿

民俗艺术是非物质文化遗产，是活着的文物、活着的传统、活着的地域文化。它可以对稍纵即逝的社会生活和生存状态做长久的保鲜，可以使民族精神有一种形象的有生命的留存。每一种民间风俗、民间艺术都是历史文化、地域心理内存极为丰富的芯片。其中包含的信息，和文物一样具有原创性，却又与文物不同，可以扩展可以传承。愈到现代，时代生活尘埃、历史文化积垢对人类朴素的生存覆盖得愈厚重、愈严密，这时候，民俗民艺的价值就愈显出其贵重，因为它给现代人日益逼仄日益窒息的精神世界透进一股股清冽之真、淳厚之善、质朴之美。它在真、善、美各方面所蕴含的元基因、元价值，是去除现代浮躁和伪作的清洁剂。

西部大开发，不仅要开发物质的经济的资源，也要开发精神的文化的资源。民俗民艺从来就是文化资源的重要组成部分。这部论集涉及关中乃至陕西、西部民俗学术、民俗艺术、民俗风情、民俗立法、民俗保存工程、民俗向市场转化等民俗文化方方面面的课题，不但广有涉猎，而且多有创见。这是一项难得的文化溯源、文化发掘、文化保存工程，又是一项隐在而深刻的文化建设、文化发展工程。论集的价值恐怕正是聚光在这一点上。

交流是文化发展的必要条件，却又往往成为文化流失的温床。隔离是文化保存的重要前提，却又是文化发展的路障。处在人文地理格局中的关中，在交流和隔离这两个机制中具有相当的张力。自古以来，关中以其地处平川和交通要津而发达了自己的经济文化，并成为政治中心；关中又以其山和塬的三面环绕而有了相对稳定的环境，蓄存了丰厚的民俗文化资源；关中还以其众多的关隘（关即路，即门户也），将天堑变为通途，促动着文化的互汇互激。正是这种在通与阻之间的张力，使关中成为民俗民艺的富矿。

关中地区是中华文化一个重要的发祥地，也是中华文化在远古和中古时期的核心区。随着光阴的流逝，现实一页一页翻过去成为历史，关中文化在岁月的掩埋下正逐步演变为物态的沉积层（譬如文物古迹）和心态沉积层（譬如文化心理），它们在静态、动态多种形式的存在中，营养着现代生活和现代人。关中的民俗民艺既凝固着物态沉积，又流淌着心态沉积，把民间文化的硬件软件熔冶一炉，汇而为一种永远在动着的存在。研究关中民俗文化实际上是在研究中华文化的一个典型样态。它由区域文化入手，深掘下去，拓开掌子面，触及中华文化方方面面的问题。它由收集、保存物态关中文化（如拴马桩、华表、石鼓、石碑）入手提升起来，由微观而宏观，进入关中文化研究的心智神韵层面。这都是这部论集与众不同的地方。

最为难能可贵的是，上面所说到的关中民俗物态的收集、保护、存蓄，关中心态文化的调查、整理、研究，一直到研究成果的交流和推向社会，即这次关中民俗艺术研讨会的召开和这部论文集的出版，所有这些难度很大的工作，都是一位民营企业家兼关中民俗迷以自己的人力、财力完成的。这个人就是王勇超。他的民俗保存和研究活动之所以能够得到政府、高校和研究单位的支持，之所以能吸引领导者、专家和各方爱好者的参与，除了内心的热爱，怕也多少是被王勇超的精神感动了吧？精神的和鸣，精神的感召力，从来是没有界别，没有地域的啊。

2003 年 3 月 1 日，西安不散居

商洛精神文化的塔标

我给我的母校中国人民大学曾经题过一幅词："这里永远是我的精神故乡。"现代人类有两个故乡。一个是乡土的故乡——我们的祖籍，我们的出生地，我们在生命某个段落较长驻留过的地方。这些地方，还有和这些地方联系在一起的亲友，常常成为储存我们人生记忆的容器。还有一个是精神的、文化的故乡，那便是母校，以及和母校联结在一起的师友同窗。小学是一个村庄，几条街巷几乎所有人童年时代共有的文化记忆；中学是一个乡镇，半个城区许多人少年时代共有的文化记忆；而大学，则是一座都市，一个地区许多人青年时代共有的文化记忆，是这个地方的精神文化坛场，是无数人走向文化自觉的起点，是他们终生维系的文化血缘，也是他们永远的自豪。

听朋友说商洛上上下下正在积极申报筹建商洛学院，我心里一热。自古以来精神文化土壤丰厚的商洛，终于要有覆盖全市、辐射周边的综合性本科高等学府了，商洛人终于给自己的故乡树起了一块精神文化的塔标。今后，当我们如数家珍地谈论商洛的林药果茶畜矿、谈论商洛的文学之乡、戏剧之乡、书画之乡的时候，一定会增加一个新话题，这便是现代化的商洛学院，便是正在漫山遍野绿化着的商洛教育。

商洛是陕西的腹地，是历史的后院。这里不但为国家储存了丰富的自然资源，也为民族储存了丰富的精神资源。"商山四皓"为避开秦代的焚书坑儒而隐逸此地，后出山辅佐汉高祖太子刘盈成功，功成即告退隐，复归商山故地；李自成在最困难的时候，屯兵于商洛，转战山中几近十年，以韬光养晦而涵精蓄锐，为日后的胜利奠定了基础。一个"囤文"，一个"屯武"，都选中了商山,其中储存了多少中国的文化精神和民族智慧,又彰显出多少商洛"腹地文化"的优势。地处腹地的商洛,没有理由不"满腹经纶"。

商洛是腹地,又是辐射之地,是多维经济和文化的接合部、交汇带。位居秦头楚尾,自古兼具秦的静穆和楚的骚动、山的沉厚和水的灵秀,东接中原,又带上了几分开阔。重建近代商山书院的清知州罗文思,便是川中人士。当时的商山书院,士子云集,关中、川豫及江南名士,都有来这里任教的。现在,随着西安—安康、西安—合肥铁路和高速公路的通车,国家一级光缆干线的建成,商洛山地正在逐步组构进全国的经济重心区。商洛实在需要有与此相匹配的、可以进入全国文化教育平台的高等学府。

正像当年贾平凹从商洛山地走向全国文坛一样,这里将会有更多各行各业的"贾平凹",由山间小道走向高速公路,由山区一隅进入全国平台,由农业文明中的"平娃"一举变为现代文明中的"平凹"。未来的"贾平凹"们,同样在商山的沃土中成长。不同的是,恐怕他们大都会在商洛自己的学院起步吧。

"折来灞水桥边柳,尽向商於道上栽。明年三月花如雪,会有好风吹汝回。"这是金代雷琯所写《商歌》中的一首,现改其意,顺手牵羊借过来,遥寄我对这所新学院的祈望。不出明年三月,相信春风定会带给我们好消息。

2004 年 10 月 4 日,西安不散居

建筑文化的几个关系

——在全国建筑美学论坛的发言纲要

一，尊重时代精神与尊重地域特色。

前者，即建筑的时代精神，从纵向上看，是建筑文化史和建筑科技史在当下时代一种最新的发展创新，但从横向上看，又是同一个时代中共时态的产物，因而共相、共性即共同的风格便不可避免。

后者，即建筑的地域特色，从纵向上看，虽然一般不是指历时态的发展创新，而是指特定地域建筑的一种文化积累，一种风格传承，一种继承发扬，但从横向上看，与发展了的时代建筑即历时而弥新的美学相比，反倒有了稳定的个性、独特性。

二，强调个体作品的微观创新与强调宏观规划协调。

前者，即微观创新，是单体的个性创新，它能够构成建筑文化微观上的新景观，却难以构成城市景观整体上的新气氛、新意境、新格调。

有时候，倒是个体的千篇一律（如陕北的窑洞群和闽南的土楼），反而能够以集群化的规模，将个体特色延展、强化为一种风格，构成一道有特色的建筑风景线。对城市文化的某种感觉，往往需要相类似信息千万遍的叠加、重复，在叠加重复中认同，在大众的认同中建构。

无数个个体紊乱而无序的创新，只能是无数个体的自在之美，由于缺乏审美关系组合，美则美矣，反倒美得一塌糊涂。

后者，即宏观规划协调，强调的不仅是对城市建设各种资源合理的、有效的利用，更是对城市建设各种文化、审美资源智妙的、充分的发掘。给一座城市、一个乡镇、一个街区的建筑注入美学秩序，便有可能形成建筑群体独有的文化感觉。

三，重视和特定城乡整体建筑文化形似层面的对位与重视和特定城乡整体建筑文化神似层面的感应。

前者，即重视和特定城乡整体建筑文化形似层面的对位，往往只看重可见形态的相似，看重大结构、大外形或若干具体细节的相似。如堆砌大屋顶、大门楼以构成所谓的民族风格，或滥用尖顶大廊柱和雕塑、喷泉来标榜欧陆风情等等。只重视形似层面的对位，极容易和现代人的生活要求，和现代城市建筑的总体气氛不协调。由于难以自然地融进社区生活与社区景观，一不小心便成了建筑家展示个人风格的、为风格而风格的"景观孤岛"。

后者，即重视和特定城乡整体建筑文化神似层面的感应，看重的是与社区文化环境，与总体建筑规划思想的同质同构。它常常不以总体上的形似，而以某些标志性的符号、色彩和调式的呼应，在暗传中显示风格特色，显示自己和整个社区文化、建筑风格的深层联系和内在感应。这样创造的天地反而更大，建筑师的创造性反而能发挥得更充分。如西安的城堡大酒店、古都大酒店、曲江唐华宾馆以及唐乐宫等建筑，都能把传统建筑语言运用于现代建筑，显得圆融无碍。

四，关注建筑的人文文化特色和关注建筑的生态文化特色。

前者，即关注建筑的人文文化的个性，已经受到普遍重视，因为这方面能事半功倍地显示社区文化特色。而文化个性因为经历了长期的积累和认同，一般比较鲜明也比较好表现，譬如西安的唐皇城复兴，开封的宋城对清明上河图的再现。

后者，即关注建筑的生态文化的特色，应该说也已起步，还应该进一步提上日程。塬、坡、山、沟、水、树、花、草，如何更深刻、更本质地进入城乡建筑规划与设计的布局、结构、风格之中，不仅发挥其生态功能，还能发挥其实用功能和审美功能。就目前的状况看，无论是观念上、思维上、还是实践探索上，都还有很大的空间。

这方面，我感觉当下似乎还只是停留在"防风治沙净空气"和"大水大绿"等实用生态层面，没有更深地进入个性化的建筑生态文化、建筑生态美学营造的层面。

试想，如果我们在建筑规划与设计中，一开始便让建筑与生态同时在实用层、文化层、审美层三个层次上对话、互动，一开始便将实用生态的建设和生态文化、生态美学的营造结合起来进行，毕其功于一役，极可能会事半功倍。否则，便容易像现在常常看到的，建了改、改了建，挖了填、填了挖，绕圈子，走回头路。

2006 年 10 月 30 日，天津旅次

做强做大《长安雅集》

省文史馆主办的《长安雅集》已搞了三届，影响遍及全国文史馆，去年又被评为陕西十大文化新闻，已经走出文史馆系统，成为一个社会文化品牌。在新的一年里，我建议省文史馆花大工夫将这个文化品牌做强做大，并且以这项活动为龙头，带动文史馆其他相关工作，互补互惠，形成规模效应，为陕西建设文化强省贡献力量。

在总的理念上，应该认识到《长安雅集》不只是文史馆为发挥馆员特长而搭建的吟诗作画的小平台，不只是文史馆内的一项尊老崇贤活动，而是文史馆发挥自身人力资源和文化底蕴的优势，为陕西建设文化强省贡献力量的一个重要渠道。要力争将其纳入省委省政府建设西部强省总的工作格局和总的财政盘子中去。

在总的思路上，是让《长安雅集》大幅度走出省门，走出国门，成为陕西乃至中国向世界开放的一个重要窗口。这就要摒弃高、大、全的思维，摒弃一味从面上和规模上做大而不注重内在质地和特色的做法，抓住在文化学术、经济社会发展中有实质性意义的问题，举办专题的、长线的《长安雅集》，以避免大而无当。

譬如，能不能从这三个思路上去策划我们的活动？

一、做好中国文化专题性和长线性的《长安雅集》

根据时效性原则，在丝路申遗前后，策划丝绸之路沿线各省文史馆和相关国家文化人参与的专题《长安雅集》，促进申遗，叫响"世界遗产，丝路起点，古都长安"的口号。

然后，在适当的时候还可举办下述几个专题性的《长安雅集》：有西安、洛阳、郑州、安阳参与的"古三代都城线《长安雅集》"；有西安、洛阳、北京、开封、南京、杭州、郑州、安阳参与的"中国八大古都《长安雅集》"；有西安、宝鸡、天水、兰州、西宁、格尔木、拉萨以及尼泊尔、印度参与的"唐蕃古道《长安雅集》"；有西安、汉中、宝鸡、成都、凉山、大理、瑞丽以及缅甸、泰国参与的"蜀道—南方丝路《长安雅集》"；等等。

二、做好东方文化专题性和长线性的《长安雅集》

可以考虑在盛唐文化、日本遣唐使和西安—京都、西安—奈良友好城市等文化背景上，先做"中、日文化艺术交流的《长安雅集》"，开展双边学术研讨和乐舞、书画的联合展示。

在玄奘西行取经、鸠摩罗什东行传经等文化背景上，再做中国和印度以及中国和中亚、南亚相关国家文化交流的《长安雅集》，开展相关学术研讨和乐舞、书画的联合展示。

在这个思路上，还可以举办中韩文化交流的《长安雅集》。

中、日、印、韩，当前都跻身于亚洲甚至世界上快速发展的国家行列，处理好和这几个国家的政治、经济、文化关系，对国家的安全发展、亚洲和世界的和平稳定，均有很大意义。我们东方文化板块的《长安雅集》做好了，在文化上与他们加深了历史认同和现实交流，对东方各强国的多边关系，无疑能够起到润滑剂和缓冲器的作用。

三、做好世界五大古都文化对话的专题性《长安雅集》

长安、雅典、罗马、开罗、君士坦丁堡（即现在土耳其的伊斯坦布尔）是公认的世界五大古都，而长安是唯一进入五大古都的东方古城。《长安雅集》抢占这个平台，便抓住了我们最重量级、最核心的优势，这是国内外无可争辩的优势。我们可以在这个平台上，逐年逐城举行古都对话。考虑到2008年中国要举办奥运会，第一次"世界五大古都对话"可以选择西安—雅典（上届奥运会举办地）进行。

陕西、西安作为"古都对话"活动的发起人，不仅可以进一步确立自己的世界古都地位，还可以利用这个平台开展强有力的对外文化宣传、对外经贸活动。例如，建议五大古都举办不定期的市长论坛或经贸洽谈会，并把西安作为永久会址；建议成立世界古都民间联络组织，条件成熟后，还可进一步升格为相关国家在古都互设领事馆，等等。

这样的《长安雅集》，每次都力争能有结实的学术成果，这些成果其实正构成了"'长安学'研究"的有机内容，雅集也便成为"长安学"成果在国内外的一个展示平台。省文史馆确定的"'长安学'研究"与"《长安雅集》活动"两大工作项目，将在一定程度上融为一体。这样的《长安雅集》，每次都力争能有书画和乐舞艺术互动性的展示，活跃、丰富、参与性强。每次都力争组织中外媒体特别是中央和国际电视媒体的现场跟踪报道，引发舆论关注热点。

总之，我们的目的是在全国与世界文化格局中，立足雅集，拓展雅集，提升雅集，以外向型思路大力宣传陕西，树立陕西形象。

2008年2月2日，西安新城黄楼

文化资源·文化产业·文化资本
——对视文化资本

《陕西日报》编者按：前不久，省委宣传部在西安组织全省文艺创作骨干开展了"三个代表"重要思想、马克思主义唯物史观和文艺观、职业精神和职业道德"三项学习教育"培训班活动。培训班上大家进一步提高了思想认识：创作更多更好的作品，大力发展文化产业。今年的省委工作要点提出，要把文化产业作为全省新的经济增长点，挖掘潜力，壮大实力，提高竞争力；要求进一步解放思想，发挥优势，积极稳妥地推进文化体制改革，大力发展文化产业，促进文化事业的全面繁荣。今天，我省在经济高速发展的同时，文化事业也迎来了蓬勃发展的大好机遇，很大程度上满足了人民群众日益增长的文化需求。随着西部大开发的不断深入，文化必将成为西部大开发的新亮点。日前，本报记者李向红、杨小玲带着在这个特定条件下对文化的思考与著名学者肖云儒一起对视文化资本。

让文化转化成经济

记者：记得2001年1月的《新华文摘》在综述西部大开发观点时，引过这样一段文字——"陕西省一位学者认为，西部大开发要以文化为先。他的根据是，西部大开发'真正的困难和应引起重视的是文化贫困问题'。"同时文中还引述了世界银行副行长的观点：后发地区"仅仅依靠发展经济来减少贫困和保护发展的持续性是不够的"，"技术绝不是解决所有问题的办法，必须转变错误的观念和行为方式，而改变的源泉就是文化"。这位陕西的学者就是您。肖云儒先生，您怎么看这个问题？

肖云儒：我认为，经济建设上我们走出了"西部大开挖"的误区，从随意开荒、随意开矿、随意圈地，逐步转变为封山育林、保护生态、尽可能科学规划各类载能工业，减少生态文化和地貌文化的破坏。我们在实践中生成了一个新的思路：将改造大自然变为涵养大自然，涵养造化赐予人类的一切。只有更理性、更科学地保护和创建这个世界万千元素之间的良性循环体系，西部才能实现更协调、更持续、更有效率、更有价值地大开发。

这时候我们便感觉到了科学、教育、文化的重要性。在西部大开发中进一步抓好文化的发展，符合科学发展观的要求。因为文化的发展直接体现了以人为本、促进人的全面发展的精神。文化的发展是社会发展的重要一翼，它提高人的素质，营造良好的社会风气，因而开发文化体现了经济发展和社会发展相协调的理念。文化的发展着眼的是民族长远的、宏观的利益，是一种终极关怀，这便有利于落实全面、协调、可持续的发展观。因而在经济社会发展中，科学理性、思想观念和文化素质，可以说是最具先导性、全局性和基础性的东西。

记者：文化积淀在哪些环节上会对社会经济发展起到先导作用？

肖云儒：陕西自古以来是得天独厚的文化沃土，丰厚而独特的历史文化、革命文化、民间文化、现代文化组成了瑰丽的四重奏，由贯穿其中的创新精神引领着，一直是中华文化一个重要的声部。但也毋庸讳言，陕西和西部几个主要的文化板块，大都是农业文明时代的结晶，有的又带有战争年代和计划经济时代的印痕，作为文化留存它们是十分珍贵的，会对民族文化和现实的精神文明建设起到长久而积极的作用，但要在市场经济时代更充分地发挥作用、更活跃地发展创新，使之成为西部大开发新的亮点，还必须做根本性的转换和改革。当然，最重要的仍然是观念的转变和创新。

因此，我认为文化积淀与文化形象是一个地区社会经济发展最基础、最全面、最先导的条件。一个地方文化档次上去了，文化品牌打造出来了，名声在外了，吸引投资的条件也就有了，经济及相关产业也就上去了。在一定程度上文化力代表一个地区的软实力。文化形象常常是最重要的投资环境，用文化吸引投资是最好的方法之一；文化的理念创意与策划是社会经济发展的前导。正确处理文物古迹的修缮，保护与建设以人文为本的古城，使古城具有更多的现实价值；对文化历史资源做故事化转化、影视化转化。还有，现在是一个行走的时代，旅游已成为人们生活不可或缺的一部分，风物风情、民俗民间、文物古迹等，所有这些都是陕西丰富的文化旅游资源。我们最能吸引外来资金的是陕西这个"大地博物馆"，是西安这个"东方第一古都"。这是我们的最大卖点。因此我认为，文化无疆域，只有文化才能使西部和东部处于同一起跑线上，这就是文化资源的优势。文化完全可以成为西部大开发的亮点，可以转化为生产力，可以转化为资源。我们不能简单地向文化要GDP，我们应该从纵深上开发战略性的文化的GDP，开发GDP增长的新空间，拉动经济腾飞。要"文化搭台，经济唱戏"，也要"文化搭台，文化唱戏"，还可以尝试"经济搭台，文化唱戏"，让文化在某个领域中成为经济社会发展的主角。这样文化便从"低金含量材"转化为"高金含量材"。今年南京举办的"名城会"，就是用了七十多个经济项目，来打造"古都南京""博爱之都南京"这个文化品牌，因此吸引了国际上二十多个国家的名城来这里"赶庙会"。这才是我国加入WTO后应具备的市场经济眼光。这是一种战略眼光，是"经济搭台，文化唱戏"的成功尝试。

关于文化产业与文化资本

记者：肖云儒先生，您在前面反复谈到了"文化""观念""资源""转换""经济""产业"等字眼，在您跳跃式的思维中又始终贯穿着一个统一，那就是"文化资源—文化资产—文化资本"，现在就让我们说一说文化产业与文化资本。

肖云儒：当前中国文化产业发展力很大，很鼓舞人。但也要看到，目前的文化产业结构，还是刚从计划经济体制和行政管理模式中演变过来的。演出娱乐、新闻出版、广播影视，这三大类文化产业的划分，还是政府根据文化意识形态战线的几大不同行业做的划分，是政府行政权限的分工。在这个基础上，进一步进行文化产业结构调整，就是要把这种文化意识形态类别的划分，转变成能够创造和带来巨大财富的生产力结构形态。这样，一是产业结构调整（把行业变成资本公司），二是生产力结构调整（例如数字化技术打破文化行业的壁垒，渗入各个领域，形成既规模化又集约化的经营），三是市场结构的调整和扩容（例如国际市场一步到位），四是权力结构调整（实际上是对原有文化资源配置权与文化生产管理权的重新调整）。这"四合一"的调整必将形成中国特色文化产业的六大系统支柱——基础性产业：教育产业；动力性产业：智力产业；中介性产业：高新技术产业（科技综合体革命）；导向性产业：媒体产业；感染性产业：艺术产业；怡情性产业：休闲产业。

这里，我们不妨对中外文化产业在这里进行一个比较，看一看差距。

资金实力比较。1997年美国艺术经费175.83亿美元，超过当年中国财政收入109.66亿美元；1999年美国每部电影成本平均5150万美元，相当于中国电影全年的总费用。回报：1999年美国电影票房收入75亿美元，同期中国电影票房收入8.1亿美元，而中国人口是美国人口的6倍。

文化科技水平比较。我们大多还停留在传统技术的基础上或传统文化工业的水平上，而美国一家迪士尼乐园已经把高科技应用到文化产业中，1993年其销售收入就达到了85亿美元，1997年则达到了225亿美元。百老汇、拉斯维加斯更是让高科技进入演艺业，各国都无法企及。

市场运作能力比较。发达国家有完善的市场调研机制，在世界范围内建立了稳定的销售市场，非常重视产业促销工作，他们不是以生产为核心，而是以文化消费者为核心，美国大片推销成本占总成本的35%，而我们也只有《天地英雄》《英雄》等少数几部片子运用了这种国际手法。

创新能力比较。创新能力是文化产业发展的灵魂。美国历史短、文化传统资源少，但文化产业中的虚拟故事和人物层出不穷。他们还从他国历史即艺术资源中"巧取豪夺"，比如《花木兰》《泰坦尼克号》等影片。《泰坦尼克号》本是英国的艺术资源，却被美国转化为资产，拿了18亿美元的利润，其附加产品更是拿到了53亿美元利润。

市场竞争能力比较。发达国家把文化市场扩展到海外。1980年美国电影收入70%来自国内，之后每年国外票房收入以6%—7%的速度增长，到1997年国外收入达到58.5亿美元。现在其文化产业在国内的收入仅占35%，大部分是国外的收入，影视已成为美国重要出口产业。1996年美国软件文化产业国际销售额高达602亿美元，位居世界第一位。

通过比较我们可以看出，外来强势文化产业对本土文化产业的冲击和影响会有多大，本土的文化资源在开放条件下不再为本土所独有，国际、国内开始了激烈的文化资源争夺战。例如在第八届中国戏剧节上，摘了金牌的京剧《贞观盛世》，它的主要演员在陕西工作了二十多年，导演也是陕西人，故事发生在古长安，却被上海人做了大文章。在我国家喻户晓的《花木兰》，被美国人拿去赚了大钱；中国电影《天地英雄》，由美国哥伦比亚公司垄断了在国外的全部发行权。而这些文化资源被外面的强手转化为文化产品后必然反输入，来抢夺本土的市场、资金，而且在挤入的同时，还大举输入他们的价值观念。中国加入WTO后，文化市场面临极大冲击、争夺，中国十二亿人口，海外有七千万华裔，华人文化有世界最大的市场，是国际争夺的重点对象。中国从1995年到2000年之间，恩格尔系数由51%下降到38%，文化娱乐支出增长二十三倍。中国文化市场潜在消费能力为三千亿元，现只有八百亿元，三分之二的潜力没有被发掘。五六年内将还有六千亿元的潜力市场。这一切有待于我们不断地开发，让文化产业上升到文化资本，从而进入国际资本格局。

文化资本是具有文化价值的财富,是以利润的形式表现出来的文化价值积累。文化资本价值的实现,一方面固然取决于文化产品的质量,另一方面也取决于策划、包装、宣传、营销等市场运作手段,后者在实现文化资本价值中的作用正在大幅度提升。好莱坞的成功,归根结底是市场营销的成功。美国大片市场促销资金已经占到资金总额的35%,而这方面正是我们文化产业的软肋,尤其是我省文化界还不习惯也不善于进行市场运作,"酒香不怕巷子深"的传统观念还很浓重,严重地影响了文化产业发展的步子。因此,既要"文化搭台、经济唱戏",也要"经济搭台、文化唱戏",这样才能真正让文化进入资本运作市场,把文化从实际意义上做大做强,成为经济发展中的一个崭新亮点。

最近,听说陕西省和西安市都拿出了文化体制改革、产业调整的方案,政府已预见到了文化将是陕西资源开发的一个亮点,我希望这些方案能尽快付诸实施,让陕西的优秀文化资源更好地为人民生活服务。

开发西部文化的关键

记者:我们不断地说开发西部文化,并且也下了大气力,做了很多工作,取得了一些成绩,但是,总觉得距离国际水平还有差距。您致力于研究西部文化,在您看来要想改变现状,突破口在哪里?内驱力又在哪里?

肖云儒:我觉得主要在文化产业的发展与创新上。原因是:其一,城乡居民消费结构的变化,恩格尔系数的下降,引发产业结构的重大调整,会有力地启动文化产业的发展。其二,民众对文化产品和文化服务的质量要求越来越高,文化消费更趋多元化、多样性和自主选择性,原有公益性文化事业远远供不应求,日益扩大的文化市场欢迎更多的非公益性文化产业大举进入。其三,市场经济的完善和提升,使文化产业作为社会创造财富的一种新的产业形态越来越引起普遍的关注。文化产业成为转变经济增长方式的重要选择。其四，我们加入世贸组织之后，文化产业全球化趋势加速。因此，我们的文化面临新的压力、新的挑战，背水一战势在必行。其五，当今世界综合国力的竞争，不只是经济、科技、国防实力的竞争，也包括文化实力、民族精神和观念思维的竞争。积极发展文化产业能够增强我们的文化国力，保障国家的文化安全，确立民族的文化主权，反对西方的文化霸权。所以，对西部来说，文化产业的效益，有助于改变文化贫困的现状，也会激发文化建设在创造力、观念、体制、机制和运作方式等方面深刻的变化，给整个文化工作带来生机与活力。文化有可能为实现小康社会的战略目标贡献更多的力量。

记者：开发西部文化需要处理好哪些关系？同时需要哪些观念的转变和创新？

肖云儒：开发西部文化，要处理好文化资源保护和开发利用的关系，在动态过程中增值。保护是开发的前提。保护好、涵养好已有的文化资源，这既是对历史负责也是对未来负责。为民族文化在未来的发展预留广阔的空间，本身就是可持续发展的题中之意。而科学适度地开发利用，弘扬了民族文化，吸聚了社会关注，积累了资金和经验，本身也是保护，且有利于更好地保护。

开发西部文化，要确立物质与精神不平衡理念，敢为人先。经济落后的地区未必不可能产生先进的文化，马克思主义关于物质生产和精神生产不平衡的理论和各国社会主义运动的实践告诉我们，文化的发展是无疆域、无级差的，有时和经济发展并不同步。在世界市场上，后发地区的文化会因为它的原创性、稀缺性，而和发达地区的文化有同等的甚至更大的价值。故而开发西部文化要超越目前东西部梯度发展的局限，直接瞄准世界市场，引入国际资本，试行国际通用的市场方式，实现跨越式发展。

开发西部文化要树立新的文化资本的理念，实现跨越式发展。文化产品乃至整个精神产品都有多重性，文化内容上的精神特性、文化生产上的产业特性和文化流通上的商品特性等等。我们一贯重视文化内容的创作、管理，强调文化的精神特性，这是对的，但常常忽视文化的产业特性和商品特性，往往不能自觉、有效地把工作做到文化流通的全过程中去。这恰恰是市场经济时代文化工作最为关键之处。经济学界原来将资本分为三个类型，即物质资本（厂房、设备）、自然资本（资源、环境）、人力资本。现在有的学者，例如布迪厄，又提出了第四种类型，这就是文化资本。文化资本是具有文化价值的财富，是以利润的形式表现出来的文化价值积累。它或者以历史传统、文化基因、致思方式等社会公共精神的形态留存下来，或者以智商、情商、学历、经历（最后都表现为能力）等人的个体精神的形态留存下来，或者承载、渗透在建筑、雕塑、绘画、书刊、影视、乐器以及民俗民艺等文化产品中，还有其他如城乡风情、旅游景观、汽车、服装等不同程度具有文化审美元素的非文化产品中，以客观化、工具化的形态留存下来。

全面重新认识西部文化资源

记者：请您谈谈在这个历史新时期对西部文化资源如何做到全面地重新地认识。

肖云儒：我先要说的是，我们过去对西部文化资源的认识有一定的局限性。比如，关注点集中在历史文化文物资源上，忽视近现代的文化资源。西部不能坐吃文化遗产，过分关注庙堂文化，对坊间的、山林的文化留存稍有忽视；过分关注展示西部文化中的"土特产"，把沙漠、驼铃、古陵和朴拙木讷作为西部独有意象反复出售；对周秦汉唐也缺乏从整个历史与世界格局中深入的、有特色地研究，只是笼统说辉煌或是限于宏观学术的研究。我们还要通过细致地调查研究，打开西部文化资源的各个板块，梳理出那些可以转化为产业的元素。

第一，历史文化资源。从历史文化资源角度看西部、看西安，弹奏得最高亢的声音应当是古调。在西安城市建设和市民特质中，"古"字处在一个举足轻重的、至关重要的地位。因此，对西安形象地概括也要尝试用独特的、简明的、印象性的语言，以便走向民间。我想用鲁迅先生的"古调独弹"来概括西安的城市建设、文化建设乃至经济社会发展的思路和方法。古长安，是我们民族优秀精神的重要渊源。这些优秀的历史文化资源有一些已经被我们转化为了文化产业，比如金庸的武侠小说及许多影视剧、历史剧等，除此之外更多的历史文化资源还有待转化。从历史文化量级来衡量，西安达到了世界一流水平，这就要求我们要把物质留存中的精华系列化、园区化、品牌化，要大力宣传、研究、开发，否则的话，西安"古"字这块金字招牌不是没有危机。"古"的优势随着时代的发展也会转化为局限。比如从物质层面来说，像城墙、兵马俑、大雁塔等，无不凝聚着当时先进的生产力和文化。蕴涵在这些物质背后的精神在当时也是先进的，但随着时代的转移，产生于农业文明和封建帝制背景下的一些精神恐怕有走向负面的可能，会慢慢显得过时了。另外，一种创造性的东西一旦具有质的规定性而成为样板，也极容易转化为某种凝固的形态，而在一定程度上约束后人。对此，我们恐怕得有清醒的认识，这也是我主张"古调"不能"古弹"，而要"独弹"，以有特色观念、思路和方法来弹奏的原因。"古"与"新"并存是西安的优势，二者构成的振荡是西安的文化张力和发展的动力。如果对西安准确定位，不是把"古"作为口头上傲人的资本，而是紧紧抓住"古"的优势不放，不但把"古"当作待抢救、待保存的对象，同时也把它当作待开发的资源、待置换的资产，当作可转化为增量的存量，恐怕这一盘棋便更活了。

第二，民间（乡土）文化资源。比如剪纸、泥塑、山歌、鼓乐、皮影以及各种民间绝活等"新奇特高"的民艺民俗，全都留存了成百上千年，而且现在还活在民间。我们必须从艺术审美角度对其进行情感性、情节性、观赏性地挖掘、再创造。不能仅仅停留在整理和收集上，而是需要一种精神上的提升，这样才能不落俗套。还要下力气研究乡土文化深处的心理感情，如每年春节谁家不贴窗花，就会被人说成"瞎眼窗"不吉利；民间剪纸的《抓髻娃娃》，把头上两个髻剪成两个鸡（吉利）是商代民俗文化的体现，它和北京故宫博物院里的商代青玉女佩完全一致，娃娃一手举鸟（阳），一手举兔（阴），阴阳结合产生生命，是生殖崇拜的遗存。民俗民艺不但是活着的文物，更是活着的艺术史、心灵史。

第三，自然景观文化资源。开发比较好的有华山、太白山、宝塔山、壶口等，但还有许多景观可以延伸发展、提高品位，如"关""道""水"：关中四周的大散关、金锁关、武关、萧关、潼关，子午道、褒斜道、金牛道、米仓道、傥骆道、故道，以及壶口、瀛湖、红碱淖，这些都需要做进一步的文化资源开发，形成各自独特的"关""道""水"文化以及"关""道""水"品牌。

第四，革命文化资源。《毛泽东在延安文艺座谈会上的讲话》本质上就是强调文化上要开拓和融会。单纯从文化资源的意义上讲，20世纪30年代被称为"东方魔都"的上海是西方外来文化与中国近现代商业文化、西方资本主义与中国民族资产阶级在实践中融会结合的尝试，上海在融合中西、创造中国现代市场经济上是有原创性的。正如美国政治家白鲁恂所说，"20世纪二三十年代在上海租界，西方只是高层宏观决策，整个经济社会管理是中国人在承担，是中国人自己在上海建设了最成功的中国现代化社区"。上海为农业社会的中国提供了别一种样板，经过长期的演变发展，创建了具有中产阶级精神的、独有的海派文化。几乎同一时期被称为中国"红都"的延安，是中国农业文明和革命文化，也包括黄土地地域文化与西方无产阶级文化即马克思主义的结合。它也是一种原创。当年延安在政治经济文化上都有许多开放的举措，如政治上的精兵简政，经济上的小范围开放搞活，等等，这些都构成了独具特色的中国革命文化。其中最具代表性的，就是西方文化和黄土地文化这两种文化坐标碰撞后产生的旋律——那便是由在法国学习西方音乐的冼星海创作的象征着民族精神的《黄河大合唱》。这是文化开放、融会的结晶。多维融合是一种思维坐标，是可以超越时代的，因此我们更要强调延安精神对今天文化建设在思维方式上的影响，我们要从多种方位深入解读延安精神，进一步改变陕西人的精神形象。

第五，现代文化资源。陕西的文艺原来更多关注的是农村农民层面，这构成了陕西创作群体的一个特点。实际上，我国的校园文艺在陕西也出现得很早，比如那个时期的代表人物韩东、伊沙等，后来要么离开了陕西，要么风光不再。描绘现代生活、高科技领域的西部生活，我们虽然不是盲点，却是弱点。杨凌是全国第一个现代农业开发区，却没有出一部与之相关的作品。卫星测控中心就在西安，但是反映这一高科技领域的文艺作品几乎没有。这如何能谈得上让西部国民陶冶科学精神？科学精神就是现代精神、超前精神，将科学意识、科学思维、科学方法、科学生活方式等，植入西部国民心灵，科学精神才能开花结果。中国传统文化的中心是人伦理性至上，重道轻器，这是家族文化的产物，它经常使科学理性面对"哈哈镜"而无可奈何。人情、面子、地缘、亲缘等价值，推翻了科学的规律，坏了多少事。"五四"时期提出了"德先生""赛先生"，但其后不久科学启蒙便被纳入了救亡图存的主渠道，"德先生""赛先生"的历史任务没有完成。我们民族精神的典型应该有两个系列，一个是从孔孟到鲁迅的先进文化精神和从井冈山到孔繁森的革命文化精神系列；另一个是从神农氏、张衡到钱学森、袁隆平、钟南山的科学文化精神系列。但是科学文化精神的典型我们一直宣传得不够，尤其是在民众中普及不够。这可能是我们民族科学精神缺失的一个原因吧。

从文化思想上看，要摆脱四个羁绊。变"小富即安"为"多做贡献"；变"出头椽子先烂"为"敢为人先"；变"守关中"为"走西口"，发扬唐代"东渡扶桑"和现代"交大西迁"的开放交流精神，走出潼关，走向世界；变革命党单纯的"经国"观，为执政党"经国""济世"相结合，"经国为了济世""经国落实到济世"的科学发展观。陕西人文化心理上有"十好"：好为中、好称大、好溯源、好不争、好名分、好非议、好自足、好自闭、好农本、好自我。这些在一定程度上影响了观念的变化和社会的进步，要想发展就必须摆脱这些羁绊。同时，对我们的优势还要有三个正确对待：正确对待周秦汉唐的历史文化传统，要继承精华，剔除糟粕，防止自然经济、小农经济、封建文化的影响，树立现代观念。正确对待延安革命传统，要进一步发掘延安精神中的适度的开放搞活经济思想，要走出用战争年代的大生产运动（群众运动）和战争思维（不怕死的人海战术）搞现代化的思维和方法，树立科学管理观念。正确对待计划经济体制下的"三线建设"和大型国有企业的管理传统，从计划经济的管理中走出来，树立市场经济意识和利益驱动机制，开发好"心态软件"（精神）、"形态软件"（管理）。

面对西部市场，我的主张是，西部人首先应该是科学人、文化人、市场人。

2006年4月25日

折叠起来的博物馆

今年四月号《收藏》杂志创刊百期,刊登了国家文物局原局长孙轶青来西安写的《庚辰吟草》,其中有题为《赞收藏》三首,句云:"《收藏》十万满神州,精论新知不胜收。益友良师相伴久,堪能辨伪得真优。"这写出了孙老与刊物多年交往的真挚情谊。

收藏的兴衰,往往是社会兴衰的一个显示器。社会衰败,国藏精品尚且流失,民不聊生,又哪里有心思和财力用于收藏?一百多年的中国近代史,让我们对此深有体会。"盛世集藏兴",国泰民安、生活富裕了,收藏才能成为老百姓广泛参与的文化活动。从某种意义上说,藏粮于民,藏富于民,藏宝于民,既是共时存在的社会现象,又是百姓生活水平由温饱到小康再到富裕,生活追求由物质层面进入文化精神层面的一个发展过程。改革开放以来,以大中城市为先导,民间收藏热波及全国,持续升温。全国各省市和不少地县都建立了各类收藏组织,收藏市场、拍卖公司、商店画廊早已超过万家。民间收藏类别已有五六百种,古玩、字画、陶艺、邮品、奇石、钱币,直到现代的门券、烟标、粮票、磁卡,几乎无所不藏,而且无不自成风景。据业内人士讲,参与此中的人数已达四五千万,边缘的关注者已经过亿。仅钱币收藏一项,就有五百多万人参与,超过新中国成立前夕千余人五百倍还多。

作为社会收藏热的回音壁,收藏类报刊也出现了三次热潮。先是报刊热。20世纪90年代前几年,全国涌现了各种公开或内部的收藏小报小刊几百种,大都就一两个收藏品类传播交流。也就在这个时候,西安的收藏家杨才玉,敏锐地抓住机遇,利用十三朝古都的天时地利创办了《收藏》杂志。1993年诞生的《收藏》是中国内地第一家综合性的民间收藏月刊。不久，又涌现了出书热。收藏书，尤其是雅俗共赏的、理论性、信息性、操作性并重的收藏书籍，竞相出版，走红市场。近两年又出现了专刊专版热。各类报刊竞相开辟收藏版，几乎到了"无报不藏"的地步。业内人士戏云，股市版、物业版、汽车版、网络版、女性版、体育版、娱乐版、收藏版成了驰骋当今传媒的"八大金刚"。

这些年，《收藏》杂志在社会收藏热和传媒收藏热中破水泳行，逐渐冲到了前列。发行到十万份仍然供不应求，不得不将1992至1996年的刊物一次重印十万册，旋即又被抢购一空。创刊号作为藏品，价位已飚升到几百元。一个在中国西部出版的刊物，很快覆盖中国各地，以至于日、美、法、德、瑞士、南非、加拿大和东南亚各国。它在陕西各刊中第一个荣获国家新闻出版署首届"国家期刊奖"，并获得了第二届"百种重点社科期刊"称号。真是难能可贵而又谈何容易。

从办刊理念和思路来看，《收藏》给我这位老读者最深的几点印象是：

突出典型事例，传播正确舆论。刊物旗帜鲜明提倡正确的价值取向，既介绍藏品，更宣传藏德。尤其注重以典型事例引导民间收藏利国利民，对轻财重德、护宝救国的爱国藏家，不惜篇幅报道。曾连续十六期报道了北京军区后勤部政委陈英将毕生收藏的古今书画珍品千余幅献给国家的事迹，又连续十一期报道了知名人士张伯驹先生倾其家产收藏国宝献给国家的功绩。针对日本反华势力为南京大屠杀狡辩，他们发表了石家庄和成都收藏的日伪政权20世纪40年代的南京地图，并组写专文，为东史郎胜诉提供了铁证。

重视读者需求，坚持雅俗共赏。刊物的定位，取决于读者的定位。《收藏》将自己的读者群定位于中间偏上，这便进退有余，有较大辐射空间。他们从读者需求出发，将信息交流、审美鉴赏、考证研究、收藏技术、拍卖营销以及收藏活动的组织、协调、服务都列入刊物的任务。这不但使读者面越来越大，由于一些学术问题抓得有分量，也得到专家的好评，海内知名拍卖行纷纷来这里做广告，刊物档次不断升级。

根据市场走向，实施动态办刊。《收藏》常有新点子，常调新方位。在收藏出书热乍现时，他们适时地抓了由刊而书的转化增值，对历年刊物文章归类整理、集腋成裘，编辑出版了十卷本的"民间收藏丛书"，为《收藏》杂志的保存、流布和学理定位作了切实而有社会影响的工作，也取得了较好的市场效应。办刊初期他们主要以大众性、操作性打开销路，但收藏刊物要在市场上站稳脚跟，最终还得靠质量和权威性，于是将文人办刊及时调整为藏家办刊，同时聘请国内著名文物鉴定专家组成顾问委员会，聘请陕西文博专家组成专家咨询组，还联络了一批各类藏品的专业作者，较好解决了编辑写作队伍"专"与"杂"及"基础能力"与"特殊能力"的问题。

主编杨才玉对我说，在应邀参加中国新闻出版代表团赴香港出席国际书展时，国家新闻出版部门给了《收藏》充分的肯定，说办好这本杂志可以成为爱国主义教育的手段，可以成为走向世界的桥梁，可以成为增长知识的课外教材，可以成为引导健康业余生活的知心朋友。他一想到刊物对几十万读者、几千万民间收藏者所负的责任，就一丝不敢懈怠。

这些年，《收藏》迷住了我和身边许多人，我亲眼见到四五位朋友"失足落水"。他们当着领导、搞着文艺，成了《收藏》的读者，不知怎的就上了瘾，从此进了诸葛孔明的八阵图，再也出不来了。几年工夫，有的成了当地收藏协会台柱子，在藏界领袖群伦；有的成了钱币专家，专著一本一本地出。究其缘故，恐怕是这本杂志通过各类藏品所阐发的社会历史含金量、知识信息含金量、文化审美含金量以及可能产生的经济附加值在吸引着大家吧。

还是读者来信说得好，"《收藏》是折叠起来的博物馆"，是"藏家喉舌，藏友红娘"。我补充了一句：《收藏》杂志是历史的底片，是文化的芯片，是藏界的名片。才玉总编硬要我用宣纸写出，作为刊物的宣传词，却之不恭，我只好冒昧从命了。

2001年4月2日，西安谷斋

茶是中华一缕魂

各位大德，各位高僧，各位同道，各位茶友：

在这个明媚的春日，在明前茶的袅袅香雾之中，我们热烈庆贺西安大唐茶文化研究中心的成立！

陕西是中国历史的重要发祥地之一，也是中华茶道的重要发祥地之一。有了茶在人类生活中的进入和发展，才有了今天的茶药、茶膳、茶饮、茶艺、茶史、茶道，才有了惠及千秋万代的茶产业、茶市场、茶文化、茶精神，才有了中华民族的世界性称谓——China。

茶是华夏千年脉，也是中华一缕魂。

中华茶道提形以入神，升利而为义，克奢以从俭，化静而生动。它的激发功能，能使你兴奋而投入，有儒的意味。它的消解功能，能使你淡定而进退适度，有道的神韵。它的超越功能，能使你追求形而上，追求彼岸的理想之美，有释的境界。茶滋养了儒道释三维鼎立的中国精神，铸就了五十六个民族和而不同的文化境界。我们研究茶文化，是在追求一种人生情调，也是在追思和谐而又有为的东方韵味，追思众生平等的人类精神。

唐代在对待儒道释上虽有起伏，但总体上可以说是一个尊儒、崇道、礼佛的社会，是一个"三教论衡"的时代。唐代是中国历史的盛世，也是中华茶文化的盛世。从中华茶道研究的总格局来看，唐代茶道的研究，既可进入溯源之旅，又可进入全息之境。

中华茶道融天地之道、生物之道、人文之道为一体，以香茗一片而润泽天下人心。时至今日，处在快节奏发展中的现代社会，因茶而有了精神的减速器和减压阀；处在高频率生活中的现代心灵，因茶而有了精神的平衡仪和洁净剂。我们在人生的前台、前院拼搏和劳作，在茶艺茶道中为自己的心灵觅得了一个宁静恬适的后院，可以在这里修身养性，可以在这里修齐治平。茶香便这样浓郁着亲情和友谊，茶香也便这样大同着民族和世界。

在西安大唐茶文化研究中心成立的此时此刻，我想说：

喝茶，喝唐茶，喝中国茶；

品茶，品唐文化，品中华文化。

谢谢大家！

2008 年 7 月 27 日，大慈恩寺斋堂

应当重视矛盾的同一性在事物发展中的作用[①]

同一性是矛盾的本质属性。认真研究矛盾的同一性在事物发展中的地位和作用，对于我们完整地、准确地掌握唯物辩证法，更好地指导现实的斗争，具有重要的意义。

关于矛盾的同一性问题，毛泽东同志在《矛盾论》一文中，曾经作过精辟的阐述，他指出："同一性，统一性，一致性，互相渗透、互相贯通、互相依赖（或依存）、互相联结或互相合作，这些不同的名词都是一个意思，说的是如下两种情形：第一，事物发展过程中的每一种矛盾的两个方面，各以和它对立着的方面为自己存在的前提，双方共处于一个统一体中；第二，矛盾着的双方，依据一定的条件，各向着其相反的方面转化。这些就是所谓同一性。"毛泽东同志的这段论述，不仅科学地规定了矛盾的同一性的内容，而且揭示了矛盾的同一性在事物发展中的作用。

首先，由于统一体的两个对立面有着"相互依赖""互相合作"的关系，因此，我们可以依据客观情况，充分调动、利用双方的各种共同点，发展一方兼顾另一方，以对方的发展来促进自己，从而推动整个事物的发展。例如，毛泽东同志在《论十大关系》一文中所谈到的重工业和轻工业、农业的关系就是如此。重工业是我国建设的重点，必须优先发展生产资料的生产，这是正确的。但是能否因此忽视轻工业、农业的发展呢？不能。如果将生产资料的生产和生活资料的生产作为一个统一体的话，那么这个统一体的两个矛盾

[①] 本文是 1978 年党的十一届三中全会前夕写的，当时整个社会还以阶级斗争为纲，文章有针对性地提出重视矛盾同一性在事物发展中的作用，被当年《光明日报》哲学专刊通栏刊载，并由中央人民广播电台分两天全文播发。

的方面（一方面是重工业，一方面是轻工业和农业）是既对立又统一的。

辩证法的要求是，不但要看到它们有相互排斥的一面，更要看到它们"互相依赖""互相合作"的一面。就是说，在一定条件下，它们是相互促进的。毛泽东同志正是抓住了这后一方面，科学地阐述了重工业和轻工业、农业的关系。他指出，如果你真想发展重工业，不但不应该用重工业去打击、排挤它的对立方面——农业和轻工业，相反，要采用发展它的对立面的办法，即尽快把农业、轻工业搞上去，加速资金积累，改善人民生活，使其反过来促进重工业的发展。实践证明，前一种办法，只看到对立面的斗争，忽视对立面的统一，因而重工业在某一段时间内可能有所发展，但由于农业上不去，轻工业产品满足不了群众的需求，会影响重工业发展的速度，国民经济的基础也不稳固。后一种办法，既看到对立的斗争，又看到对立的统一，不但重工业的发展可以快一些，而且由于保障了人民群众的物质生活需要，会使它发展的基础更加稳固。同样，要发展内地工业必须发展沿海工业，要加强国防建设必须搞好经济建设，要真正做到独立自主、自力更生，必须认真学习外国的长处。经济方面如此，政治方面也是如此。比如，要发展马克思主义的意识形态，就必须坚持"百花齐放，百家争鸣"的方针。为什么呢？其中一个重要的原因就在于，在科学文化、思想理论问题上，不同的风格、不同的学派是客观存在的。在这种情况下，我们允许他们存在，提倡自由讨论，不主张运用行政手段强制推行一种风格反对另一种风格，强制推行一种学派反对另一种学派；不主张乱打棍子乱扣帽子，就是为了使它们在自由讨论中取长补短，也就是为了扩大争论双方的共同点，达到发展马克思主义意识形态的目的。否则，所谓发展马克思主义的意识形态也就常常成了一句空话。

这种矛盾对立面一方的发展给另一方的发展提供了物质条件，互相帮助、支援，如社会主义各条战线以及国民经济各部门之间的关系；或是一方的发展给另一方的发展提供精神条件，互相激励、借鉴，如物质生产中的社会主义劳动竞赛和精神生产中的"百家争鸣,百花齐放";或是对立面双方的接近、融合,有利于事物的共同发展,如军民关系,城乡、工农关系,领导与被领导的关系,等等。我们党的许多方针政策,都有"结合""兼顾""并举""两条腿走路"之类的提法,生动地体现了对立面的统一在事物发展中的作用。

其次,在事物发展的两个作用相衔接的过程中,新、旧之间总是"互相贯通""互相联结"的,就是说它们之间有一条由此达彼的桥梁,只要我们善于发现事物之间的这种相通的桥梁,积极创造条件,努力做好工作,就能将事物引渡到新阶段去。恩格斯在《自然辩证法》一书中,介绍了他和马克思在与黑格尔的唯心主义做斗争的同时,如何发现了埋藏在唯心主义尘埃的辩证法的合理内核这样一座"由此达彼的桥梁"。和同时代其他唯物主义思想家不同,他们没有简单粗暴地拆毁这座桥梁,把辩证法与黑格尔派一同抛到大海里去,而是决心拯救辩证法,并且把它们转为唯物主义的自然观。因此,他们才能够将唯心主义辩证法引渡到唯物辩证法的崭新境界。列宁在《共产主义运动中的"左派"幼稚病》中,以极大的篇幅总结了布尔什维克党的经验,指出,革命家应当参加反动工会和资产阶级议会,利用资产阶级的阵地达到无产阶级的目的;布尔什维克要善于区别两种性质的妥协:叛卖性的妥协和策略性的妥协。"拒绝利用敌人之间的利益矛盾(哪怕是暂时的矛盾),拒绝同各种可能的同盟者(哪怕是暂时的、不稳定的、动摇的、有条件的同盟者)通融和妥协,这岂不是可笑到极点了吗?"为什么布尔什维克党能够利用资产阶级议会,为什么能够同一些反列宁主义的派别建立暂时的同盟?就是因为前者和后者之间有一条由此达彼的"桥梯"。列宁和布尔什维克党正是因为巧妙地抓住了这条"桥梁",所以才能利用一切可以团结的力量来推进革命事业。可以说,布尔什维克党的这一经验,是运用对立统一的辩证观点,特别是重视矛盾同一性在事物发展中的作用的典范。

任何事物都处于运动之中，而在一定质的规定范围之内，任何事物的运动又总是在矛盾双方共处于一个统一体内的情况下才能进行，这是矛盾的同一性在事物发展中的作用的又一突出表现。这里，我们不妨以社会主义经济建设中的综合平衡为例加以剖析。所谓综合平衡，就是使国民经济部门有一个比较协调的比例关系。用哲学的语言来说，就是使国民经济这个统一体中矛盾着的各个方面，处于正常的、合乎客观实际的地位。倘若不注意综合平衡，人为地规定一个发展快的部门，把指标定得高高的，硬要其他部门让路，这样就会使原来的矛盾统一体发生变化，或成为我们所不需要的新的另外的统一体。这样的事例不是很多吗？新中国成立以来，我们有两个经济发展比较快的时期，一是1953年到1957年以前，一是1962年到1965年。而这两个时期，都是重视综合平衡，坚持有计划、按比例发展的结果；有两个经济停滞和倒退时期，即1958年到60年代初和"文化大革命"期间，而这两个时期，又都是由于综合平衡遭到破坏、比例严重失调造成的。所以，早在党的八大时，周恩来同志就提出了"应根据需要与可能，合理地规定国民经济的发展速度，以保证国民经济比较均衡地发展"的思想；50年代后期，陈云同志又提出了关于坚持"三大平衡"，即国家预算收支平衡、银行信贷收支平衡、物资供求平衡（以后又加上外汇收支平衡）以及它们之间综合平衡的观点。毛泽东同志说："所谓平衡，就是矛盾的暂时的相对的统一。"（《毛泽东选集》第5卷）我认为，毛泽东同志这句话，也包含了只有平衡才能保持一定事物是质的规定性的意思。又如，政治上的安定团结是发展社会经济必不可少的条件之一。安定团结，当然不是没有矛盾因素的相互斗争。但当我们说安定团结促进社会经济发展时，不仅是指其所包含的斗争方面的内容，而且主要是指它所包含的统一方面的内容，即形势的稳定、人心的凝聚、领导的集中、各方面的协作等。这说的也是统一性在事物发展中的作用。可见，矛盾的同一性是矛盾运动的前提和必要条件。有了相对统一状态，事物才构成一定的质，才谈得上发展。这里，相对统一能够起到巩固斗争成果的作用，并且是事物发展到一定阶段的标志。正是统一性所标志的一个一个发展阶段连续不断的积累，才构成了事物发展的历史过程。试想，如果没有矛盾同一性的作用，怎么使事物获得自己的质的规定性呢？又怎么使事物处于相对稳定状态呢？

长期以来，林彪、"四人帮"从他们反革命的政治需要出发，疯狂反对马克思主义唯物辩证法，抹杀矛盾的统一性，歪曲矛盾的斗争性，用"对着干"代替对立统一规律。他们鼓吹"斗则进，不斗则退"，似乎只有矛盾的斗争才是事物发展的动力，矛盾的统一则是阻碍事物发展的因素。他们打着"斗争哲学"的旗号，到处破坏一切必要的统一、平衡、团结、合作，谁要提矛盾的统一性，就被扣上"阶级调和"的帽子。时间已经证明了这种"理论"的荒谬，宣告了形而上的破产。

党的十一届三中全会公报指出，加速社会主义现代化建设必须有两个条件，一是要按客观经济规律办事（其中很主要的一个内容，就是搞好综合平衡），二是要有一个安定团结、生动活泼的政治局面。这两点实际上是从总结我国社会主义实践经验的角度，批判了林彪、"四人帮"的"斗争哲学"，同时也为理论工作者提出了应当重视矛盾统一性在事物发展中的作用的任务。列宁在《黑格尔〈逻辑学〉一书摘要》中指出："辩证法是一种学说，它研究对立面怎样才能够同一，是怎样（怎样成为）同一的——在什么条件下它们是同一的、是互相转化的，——为什么人的头脑不应该把这些对立面当作僵死的、凝固的东西，而应该当作活生生的、有条件的、活动的、互相转化的东西。"重视研究矛盾的同一性在事物发展中的作用问题，可以促进我们更好地运用辩证法。当前，它可以为新时期的革命和建设实践服务，为国家的发展、为四个现代化的伟大事业增添更多的精神能源，这就是它的现实意义之所在。

无产阶级认识世界完全是为了改造世界。也就是说，革命者的任务主要就是做转化工作——利用现有条件或创造新的条件，促进旧统一体的分解和新统一体的诞生。请想一想：我们搞革命、搞生产，哪一次不是为了将物质的旧形态变为新形态，将旧事物变为新事物呢？"事物（现象等等）是对立面的总和与统一。"（《列宁选集》第2卷）可见，斗争只是手段，建立、巩固、完善新统一体才是我们的目的。而林彪、"四人帮"鼓吹"斗争就是一切"，这实际上是老修正主义者"目的是没有的，运动就是一切"公式的翻版。他们将不停的分解、永不休止的斗争作为目的，这完全是心怀叵测。

美丽中华情　美丽陕西人

《陕西日报》的通讯《生命因道德而美丽绽放》，写了一个以美丽心灵重塑美丽青春，又以美丽青春回报美丽心灵的故事。读罢我由不得击节而叹：世上真有如此美好的人！

王友仁夫妇的心灵之美，直接表现在王娜身上：一是收养有缺陷的被遗弃的王娜二十余年之美丽；二是千辛万苦为王娜治疗，终于还她以青春之美丽；三是给了王娜父母兄弟的亲情、爱情婚姻的幸福之美丽。

从这对夫妇对待三个儿女的态度中，我们感受到了这种美的难度和深度。为了养育残疾的弃女，他们将唯一健康的亲儿子送人；为了治好养女的病，他们却忽视了给同样残疾的亲生老大治疗。老二因不愿被过继给他人负气出走、负气打工，长久的杳无音信带给老两口长期的感情折磨，他们却丝毫不改初衷，又表现出他们对道德美与人性美永不易移的执着。

值得注意的是，他们不是在觉悟和理性指导下这样做的。他们以朴素的民间道德和原始的善心良知完成了这一切，体现了中华民族、中国民众、中国道德传统炫目的美丽。当然，这更是他们心灵深处人性之美的流露。当年有人好心劝他们不要收养弃婴王娜，今后会惹下许多麻烦，他们谢绝了，脱口说了一句比一切道理更有道理的话："这是一条命呀！"活下来、生存下来，这是每个人的天赋人权——这便是中国老百姓朴素的人权意识！王娜的故事因而有了人类的普世的意义。

在媒体座谈会上，王娜的母亲说，我是个农民，不明白大道理。其实她明白了世上最大的道理：热爱生命，尊重生命，幼吾幼以及人之幼。明白了这一点，难道不是活得最明白的人吗？

在人类所有的感情中，最难割舍、最真挚、最作不得秀，也是最自私的感情，就是儿女亲情。在中国文化中，亲情是乡土情、民族情的源头和基础。王娜父母在这个最真、最深的层面闪现的夺目美丽，用高倍显微镜也找不到杂质，这才叫真爱、真美。

老两口通过了人性与道德最严峻的拷问，进入了很高境界。

为了王娜的青春重现美丽，第四军医大与陕西人群起行动，又说明了什么？说明美丽是可以点燃的（当然丑恶也会传染）。王友仁家的美丽，点燃了第四军医大口腔医院全体医护人员的道德美和人性美，点燃了合阳县、陕西省全社会的道德美和人性美，连青藏高原上的喇嘛也献出自己的爱心。

但美丽不是任何时候、任何地点都能点燃的。十年"文革"时，任何美都难以蔚成风气，反倒是人性之恶瘟疫般大传染、大流行。今天，每一颗爱和美的火星都能够燎原，像前几年支教藏区而去世的熊宁，像最近春风般绿了大地的"一元钱"关爱行动。小善大善，小爱大爱，在这个时代、这块土地上之所以一点就着，表明我们的时代、我们三秦大地、我们的军队，素来就有丰腴的道德土壤，素来就有光辉的人性照耀。道德文化的沃土和艳阳，给三秦大地以无比的美丽。

这是一次人性美、道德美的大检测，它无意而不是必然地挑选了陕西、第四军医大和王有仁家，我们却交出了必然会有的出色答卷，让世界一片赞叹。我希望，也相信，如若这样的检测在别的时间，挑选了别的地方、别的医院、别的家庭，更多的人也会通过考试。

生活无时无处不在给我们打分，我们要随时准备考试，要考及格，考出好成绩。

最后要特意提到的是，王娜的故事还启示我们，有了科学的介入，有了科学与道德的结合，道德的美丽才得以在现实中更加完美地结出善果。传统道德因此附上了现代的、科学的光彩。

道德、人性之美驱动你去帮助别人追求幸福,科技、智慧之光更使你在一个高层面上帮助别人实现幸福。

"坑面"的王娜若没有高科技医学介入,社会的爱心只能在道德层面结构出一个美丽而又让人稍感遗憾的悲剧;有了高科技医学,才有亲情和爱情的圆满,才会转化为今天这个令人怦然心动的喜剧。这个故事可以说是传统道德与现代科技美美与共的范本。道德因科技而结出现实的硕果,科技因道德而向灵魂深化。道器互融,道器互惠,道器互赢,是不是预示了传统道德与现代科技相结合的新趋势、新高度呢?

美丽无比的中华情,美丽无比的陕西人!

2012 年 3 月 2 日,西安不散居

登高一呼　声震三秦

六十年来，《陕西农村报》始终坚持为农业、为农民、为农村鼓与呼，成了广大农民朋友的知音，也成为播扬三秦新农村的广播台。《陕西农村报》的声音回响在三秦大地，影响了几代陕西农民的命运。

我国是人类农业的重要发祥地，陕西是华夏农耕文明的领跑者，三秦大地在民族历史中占据着举足轻重的地位。早在尧舜时代，轩辕黄帝的曾孙帝喾的正妃姜嫄，生子名弃，弃因"教民稼穑"有功，被舜帝擢拔为主管农业的官员——后稷，封邰国，赐姬姓，为周族始祖。后稷创导农耕生产，为先民的生存、繁衍和发展奠定了基础，为古代农耕文明做出了贡献。如今，他的塑像就屹立在有邰氏塬下的杨凌农科城。

十三个王朝先后在陕西建都，为中华民族的历史写下了厚重雄浑的一页。英雄辈出的陕北高原，富饶美丽的关中平原，山环水绕的陕南山区，徐徐展开了三秦大地物华天宝、人杰地灵的长长画卷。尤其是关中八百里秦川，土地肥沃，阡陌交错，灌溉条件便利，农业十分发达。现在，这里的现代农业在西部地区遥遥领先。除了大宗粮食作物，陕西的苹果种植面积和产量已跃居全国第一，猕猴桃产量也名列全国前茅。

陕西是中国北方农业的研发中心，全国首个国家级农业高新技术产业示范区就在陕西杨凌。始于1994年的中国杨凌农业高新技术博览会（简称"农高会"），依托西北农林科技大学，成为全国干旱半干旱地区的农业科研示范基地和改革开放的实验区域。农高会创办以来，已取得了五千多项国际、国内奖项，产业转化能力逐步提升，国际合作不断加强，与加拿大、以色列、比利时、丹麦等国家建立了孵化企业。杨凌农高会已累计吸引四十多个国家和地区以及我国三十一个省市区的上万家涉农单位、一千八百多万客商与上千万群众参展，成交总额达三千多亿元，产生了显著的经济效益和社会效益。

陕西大专院校林立，文人墨客遍地，报纸杂志众多，新闻事业发达。诞生于1953年的《陕西农村报》就是这众多媒体中的佼佼者。她是中共陕西省委、省政府指导农村工作的党报，是《陕西日报》的农村版，是在陕西农村拥有最大发行量、最强影响力的纸质媒体。

六十年来，《陕西农村报》充分发挥党报的舆论主导作用，传播正能量，为千家万户送去一个又一个致富信息。尤其是改革开放以来，《陕西农村报》始终如一地坚持"为省委、省政府涉农工作服务，为农业发展服务，为农民增收服务，为新农村建设服务"的办报宗旨，致力于缩小城乡差别，倾心于加快小城镇建设，为农民利益发声，为基层干部鼓劲，促进了全省三农工作的科学发展、和谐发展、快速发展，得到了各级领导、涉农部门、农村干部群众和广大读者的高度评价和欢迎。

六十年来，《陕西农村报》始终与全省"三农"工作紧密相连。办报初期，在推动全民识字学习、引领全省农民改天换地、指导各地农业生产、丰富农村文化生活等方面功不可没。1980年以后，在推行农业生产责任制、普及农业科技知识、传送市场经济信息、推动农村党组织建设、转变基层干部作风、保持农村和谐稳定等方面建树卓越。报纸最高发行曾达到四十七万份，她的身影遍及全省农村的家家户户，在广大读者中有着良好的声誉和口碑。

六十年来，作为主流媒体，《陕西农村报》推出了各个不同时期的先进典型、先进人物，为基层群众解决了不计其数的难事、急事，办理了难以统计的好事、实事，受到了全省农民兄弟发自内心的支持和信赖。

六十年来，《陕西农村报》创造和坚持了"短、土、杂"的报纸风格，省内别具一格，国内独树一帜，一时全国各地的报界同人纷纷来这里学习取经。

六十年来，像《陕西农村报》这样，传承延安革命办报传统，流贯延安老报人血脉，又在新时期获得长足发展的老字号报纸，何等罕见；像《陕西农村报》这样，始终坚持为农业、农村、农民服务，为政府解难，替百姓说话、说百姓话的省级农村党报，何等可贵；像《陕西农村报》几代农报编辑记者这样，一直坚持走基层、下农村、访农户，能吃苦、能战斗、能下势的作风和精神，又何其可敬。

我们应当感念六十年来为创办报纸凝聚精神、规范队伍、提升质量、扩大影响做出了卓越贡献的老一辈新闻工作者。没有他们的高瞻远瞩、殚精竭虑，就没有这部陕西乃至中国农村发展的编年史，就没有《陕西农村报》骄傲的昨天。我们也应当感激为这张报纸的传承、发展、创新奉献了青春的所有"农报人"，没有他们薪火相传、一代接一代前赴后继、与时俱进的工作，又怎么会有《陕西农村报》的今天和明天？

摆在我们面前的这套沉甸甸的"《陕西农村报》创刊六十周年纪念丛书"，分为《岁月年轮》《踏石留痕》《乡村记忆》三册。它凝聚着"农报人"的心血、汗水和智慧。

《岁月年轮》是一部画册，记载了中央和省上领导以及社会各界对陕农报的关怀和希望，记录了历届陕农报主编的管理方略和办报业绩，记述了陕农报老前辈的创业史和几代编辑记者的心路历程。它再现了这张报纸的历史和光荣、精神和影响。有许多资料弥足珍贵、可圈可点！

《踏石留痕》收录了陕农报创刊以来获得过全国、陕西和全国农报协会、陕西日报社级的好新闻作品，是六十年来陕西经济社会发展的一个缩影，既生动有趣，也耐人寻味。所选多为精品佳作，也是初入新闻队伍、热爱新闻事业及基层通讯员学习新闻业务的优秀读本。

《乡村记忆》收集了陕农报发表过的散文、诗歌、小说、快板、顺口溜、乡村游戏、乡村往事、乡村故事等优秀文化副刊稿件。这些稿件，多是以秦音说秦地秦人，散发着浓浓的泥土气息。作者既有专业作家，也有热爱农报的读者，体现出报纸面向大众、开门办报、群众参与的报风。

六十年一甲子，弹指一挥间。具有光荣革命传统的《陕西农村报》在六十年风雨历程中，形成了薪火相传的陕农报精神，这就是：服从大局、坚持原则的新闻立场；尊重事实、求真务实的新闻品质；深入基层、依靠群众的新闻作风。改革开放以来，在陕西日报传媒集团党委的领导下，在陕农报编委会的带领下，新一代的农报人秉承传统，继往开来，抓管理，调思路，改作风，整个报纸更呈现出了新的面貌，经营和发行实现了新突破，报纸的传播力、影响力、引导力都有了明显的提升。如何在新兴媒体崛起、市场竞争激烈、读者要求日新月异的新形势下，进一步增强《陕西农村报》的话语权和竞争力？——这将是当前和今后新的课题。

我相信《陕西农村报》的嗓门会越来越嘹亮。

2013年6月，西安不散居

《多彩杨凌》序言

杨凌示范区宣传部送我一沓文稿，名曰《多彩杨凌》。兴味盎然地一路读下来，杨凌果然多彩至极。一页一页翻过，那多彩之杨凌便一点一点浸洇进你的心里。

这是一部文化人撰写的关于杨凌的书。人都说，文化人看世界，世界就多出了许多精彩、许多美好。此话诚然不错，一朵花儿开了，一只鸟儿飞了，一个人走过了，实际上都是历史的印迹。在文化人眼里，都含有文化的、美的意蕴。其实说透了，这些精彩一定是现实世界原本就有的，只是文化人有着超乎常人的感受和精美的表达罢了。

在三秦大地乃至北中国，有这样一块特别的地方，她孕育着灵秀，受到造化的青睐、历史的钟爱，这就是中国农耕文明发祥地，这就是中国现代农业高新技术产业示范区——杨凌。

四千多年前，我国历史上第一位农官后稷在这块热土上"教民稼穑，树艺五谷"，推动原始农业开始向传统农业过渡，翻开了中国古代农耕史新的一页。悠远的历史文脉、深厚的文化底蕴，使杨凌成为一块农耕圣地。

历史走过了几千年，到了20世纪30年代，当时的国民政府准备在西北地区成立第一所农业高等学府，以于右任、杨虎城、戴季陶为首的筹备组在选择校址时，又看中了这块后稷教民稼穑之地。从此，西北地区第一所传播农科知识，培养农科人才的高等学府落户杨凌。新中国成立后，国家又相继在这里建立了各类农业科研院校和中专学校，杨凌成为名副其实的农科城。

时间到了20世纪末。1997年7月，由中央六部委和陕西省共建的中国唯一的农业高新技术产业示范区在这块农耕圣地成立。由原始社会中华远古农耕文化的萌生，到现在为中国农业科学发展做出重大贡献，再到新历史时期，以农业示范区的身份引领农业现代化，可以说，杨凌整整书写了一部中国农耕文明史。

杨凌农业高新技术产业示范区成立十五年来，由一个普通的北方农村集镇，一跃而成为近二十平方千米的新型城市。这里街道整洁，环境优美，充盈着一种诗情画意般的美好氛围。园林与城市同在，绿色引领着城市的发展，一个生态杨凌、园林杨凌展现在我们眼前。特别是作为农业示范区，短短十五年来，杨凌建成了八万亩现代农业示范园。现代农业的多种新技术、新成果、新品种，在这里得到集中展示。新的土地流转方式、新的农业经营模式和组织方式，也在这里实施，为农业产业化、标准化、信息化、集约化经营，为转变农业增长方式，创出了一条新路。农科城的专家教授在陕西乃至西北地区建立了农林水牧等各种示范基地，为我国农业现代化发挥着先导作用，为推动和引领我国干旱、半干旱地区的农业现代化发挥着示范作用。

杨凌示范区犹如一颗新星，升起在中国西部广袤的大地上。她一起步，就以崭新的风姿，显示出无限的生命力；以耀眼的光辉，昭示着她未来的辉煌。

杨凌示范区的快速发展，她所取得的骄人成绩，她在中国农业现代化进程中发挥的作用，受到了国内各方人士的广泛关注，特别是省内外许多著名作家，诸如赵熙、冯积岐、吴克敬、宋子平、商子雍、张虹、杨焕亭、安黎等人都多次来杨凌采风，撰写文章在各报刊发表。杨凌地区的文化人，也拿起笔，多角度多方面地歌颂杨凌。有发思古之幽情，书写杨凌悠远文化底蕴的，有钩沉辑佚，撰述杨凌历史先贤人物的，但更多的是热情地反映示范区成立以来的发展变化和杨凌人的精神风貌。一个历史悠久的农科圣地，一个科技先进的农科新城，一个环境优美的园林城市，一个现代农业的示范城市，与杨凌的历史、现实相辉映，在文化人的笔端徐徐展开，让我们领略了一幅

"多彩杨凌"的瑰丽图景。

在示范区成立十五周年之际，示范区宣传部将这些文章汇集成册出版，这件事就显得更有意义。

祝愿杨凌示范区前程似锦！祝愿杨凌的明天更美好！

2012 年 7 月 11 日，西安不散居

川人渝人赞

《川渝商会》会刊出满三年了，会长徐彦平、秘书长杨继坤要我写几句话。我想起我的老朋友、中央电视台文化专题片著名导演康健宁，前不久为多集电视片《川人》专门来西安采访我，要我用几个最单纯的词儿概括巴地蜀地、川人渝人的特点，我当时用了四个字——盐、酒、辣、媚，说了好长一段话。其实，这也恰好可以用来礼赞陕西川渝商会的同仁们。因为商会企业家们所具有的质地，无一不是巴蜀大地哺育的，无一不是川渝父老乡亲的精神滋养的。

（1）盐。人的一生谁都离不开盐，一顿饭也不能离开，但平素却又都忽略了盐的存在。一顿少了盐，立即难以下咽，盐对生命真是不可或缺。陕西川渝商会的同仁和巴蜀之地所有的人一样，终生像自流井下的盐工，在平凡的无声息的劳作中为社会创造福祉。他们在大地母亲的腹中，为人类生产着最不起眼却也是人类最不能缺少的商品，体现出最质朴却也是最崇高的人品。

（2）酒。巴蜀人富有理想精神和艺术气质，干什么事都有点浪漫情怀。他们既有盐那样憨厚踏实的朴素，又能像酒一样作形而上的奔腾。酒这玩意儿，装在瓶子里是水，喝到肚子里是火，它能点燃你的生命激情。诗酒人生诗酒人生，酒孕育着诗歌、文学、书画、戏剧和川人的艺术情怀。川渝人的性格有时像酒一样豪放浪漫，带着艺术气质，活像川剧飞高遏低。古往今来这里出了很多艺术大家，古代有司马相如、卓文君、李白，现代有郭沫若、巴金、艾芜、沙汀、李六如。他们喷薄出了这块土地深处的浪漫气质。在陕的川渝企业家也有这种气质。徐彦平会长在繁忙的商务和会务中，撰写了好几本著作。有次酒后，他带着醉态，给我大讲自己一本新书的主要观点，整整一个多小时，给我极深的印象。

（3）辣。我们川人泼辣、干练，执行力强。心动即行动，行动必有成果。因为辣，四川的革命者很多，成大事者不少。十大元帅中川人就有四个——朱德、聂荣臻、陈毅、刘伯承，还出了一大批英雄和精兵强将，如黄继光、邱少云。各行各业的"川军"最能打仗，最能打胜仗。其中就包括川渝在陕西的企业家群体这支劲旅。

（4）媚。川妹子的美丽早已名闻天下，川妹子的魅力，不只是指容貌风姿的美丽，更是川渝文化魅力的一种聚光——那是独特的媚中带刚的美，坚中带柔的美，风风火火、泼辣诱人的美。当然，更有尚道德淳风尚之美。这是川渝美的重要特色，也正是我们川渝企业家的文化形象。

我奉上"盐、酒、辣、媚"这四个字、四束花、四杯酒，献给我所亲爱的、在陕创业的川渝企业家和所有的巴蜀老乡！我们要手挽着手朝前走，把川人的咸干辣闯、酒劲媚情之风吹遍秦地。

2013 年 10 月 28 日，西安望蜀居

走进一个新景观

读了"传媒实务与民办高校传媒教育研究论丛"（简称"论丛"）一套三册著作，我有惊喜，有惭愧，也有思考。惊喜的是我身边的这些老师们，平素忙碌于教学、辅导工作，竟然能一下子拿出如此丰盈的科研学术成果。那背后，付出了多少心血，加了多少班，熬了多少夜，排除了家庭和个人多少应该干的事情，我是能够想见的。惭愧的是，我们共事好几年，由于忙于其他事务，却很少参与其中，与大家一道来完成这些项目。我本是学新闻的，几十年来与新闻实践脱离，加之知识结构逐渐老化，本应抓住这次学习机会的。这次读"论丛"，书中提出的有关新闻专业的许多新的实践问题、理论问题、教育问题，常让我掩卷深思，诱发各种各样活跃的思考，也勉可算作一次补课吧。

这套书名为"传媒实务与民办高校传媒教育研究论丛"，书名中的两个关键词，恰到好处点出了"论丛"的特点，这便是"传媒实务"和"教育研究"。如果沿着这两个关键词的思路，可以将"论丛"的特点具体归纳为四个特性——实务特性、前沿特性、底层特性和民办教育学科特性。

实务特性。"论丛"几乎每篇论文都是从新闻实务中有针对性地提出问题，经过调查、研究，在不同的理论层面做出分析和回答，又回到实务层面，提供可行性的思路和操作性的解决办法。像《报刊广播电视对外来词应采取的态度》《办好电视旅游节目的"六项注意"》《浅析电视娱乐谈话节目的本土化》《大众文化视域下宫廷电视剧的美学精神》《自然类纪录片发展中存在的问题及对策》《非物质遗产的影像化生存》等等，一看题目就知道，它们提出问题、阐述问题和解决问题是多么切实，是多么注重给学生日后的新闻实践提供切切实实的知识、本领和现实的关注点。

新闻传播是一门学问，尤其在现代传播文化大背景下，新闻学的学科特征和文化内蕴正在日益强化和充实。但作为以培养新闻从业人员为主的普通高校本科学校，新闻业务技能和操作层面的知识应该是教学的主要内容。从以往外事学院新闻系各届毕业生就业以后的表现看，正是较强的新闻业务动手能力，构成了他们的优势，这也可能和课堂教学中一贯侧重实务性有关吧。

前沿特性。"论丛"中的论文具有鲜明的前沿性、现代性。许多文章提出了现代传播理论和佐证舆论中前沿性的问题，如《我国媒介管理模式优化问题》《传媒上市公司运营绩效研究》《试论制播分离的背景与意义》《关于广播电台成为SP服务商的探讨》《试论我国电视购物广告的管理》《运用有效策略应对博客假新闻》《广播电视显示度新探》《浅谈多媒体技术在纪实摄影展示中的作用》，不仅敢于涉足传播文化的新现象、新问题，而且敢于吸收新闻、传播学中新的理论、思维、方法成果，用前沿知识解决前沿问题。"论丛"的内容，远远超出了传统新闻学的领域，有相当的篇幅涉及了传媒管理、受众研究和市场营销方面的内容，体现了受众与传者并重，编采与市场并重，业务与管理并重，纸媒、屏媒、声媒、网媒并重的"大传媒"学理念和"大传媒"文化视野，在一定程度上反映了新闻传播学现代转型的轨迹。前沿就是新域，前沿性就是开拓性和创造性。表象地看，这似乎对一个民办大学很不容易；本质地看，恐怕这正是以教育创新为己任的民办大学的优势。

底层特性。作为民办大学，西安外事学院人文学院新闻系明确以培养基层媒体传播和社会传播人才为己任，我们权可称之为新闻人才培养的底层性。当下各高校新闻专业过剩，新闻学学生就业潜伏着一些"危机"。西外新闻系的这一定位，可视为"危"中寻"机"之举，开辟了新闻系就业的新途径。

服务对象的底层性决定了服务内容的底层性。"论丛"相当多的论文研究了百姓的民生问题，既有底层的生存关怀、人文关怀，也有基层的政治民主问题。像《浅析地市电视台的竞争策略》《如何通过企业新闻宣传打造企业文化》《对办好高校电视台理论和实践的思考》《浅析电视娱乐节目的本土化》《大学生网络虚拟社区背景下的教育对策》等文章，都以极大的底层关怀热情和创造性的理性思考，为底层媒体和底层关爱提供了有益的启发。

民办教育学科特性。"论丛"充分体现了西安外事学院新闻系的民办大学学科特征。《民办高校传播教育为基层培养应用型人才的思考》《大学生网络虚拟社区背景下的教育对策》《民办高校新闻摄影教学的现状与对策研究》《数字化时代高职新闻摄影教学改革初探》等文章，无不是从民办大学，有的就直接从本校本系的教学实践中提出问题和展开思路。而从中你又能领会到远比一校一系经验更为博大的理论空间。由具体经验上升为普遍性规律，使这些论文既具有本校本专业特色，又具有学科门类的特色。

实务研究、个案研究、特色研究、底层研究和前沿性研究，永远是教学创新、理论创新不竭的源泉。西安外事学院新闻系的老师、我共事多年的朋友们，我愿意给你们当啦啦队，我想对大步前行的你们说：对！好！就这样走下去，坚定地走下去，走过一个个新景观，走出教学与科研的新天地！

祝福你们，也学习你们！

2013 年 10 月 13 日，北京醇亲王府

"文化新丝路"的创意性

——从传统西安到现代西安

西安这座城市拥有浓厚的历史文化积淀，如何融合千年帝都的底蕴，做到传统西安和现代西安的结合，我曾经用十二个字、三个结合来表述。

第一，新古分置。长安古城的物态留存，如钟楼、城墙、大雁塔等古建筑区域要和新城的建设分开，最好做到新古分置、新古分治。现在新古区域已经犬牙穿插，无法很明晰地做到今古分置，但老城圈里面的明清建筑、明代钟楼和唐、元、明的城墙要尽可能地保留下来。

第二，新质古貌。西安新城的建设，内在质地当然应该是现代的，不能因为西安是古城要保护就降低西安居民的生活质量，不能因为要保护就永远不去配备现代化宜居设施。这是不人性化的。城市外在风貌要保留古典风格，但城市的内在质地应该是非常现代化的，有各种现代化设备。

第三，新城古风。西安的物态建设质地要现代化，在精神层面上，文化价值观念上也应是现代化的社会主义文化价值观念。但是这座汉唐古城的文化气质，应该较别的城市更古朴、更典雅，西安市民也应该较别的城市的市民更文化、更具古风。这是我们古城文化建设的重要特质。

西安城内大致有三个生存圈：西安城墙圈内外是古典生存圈，像甜水井、回民坊还基本保持着古典或准古典的生存状态，邻居街坊亲密接触，没有现代楼群里那种隔膜；二环、三环周边是现代生存圈，布设有高新区、经济开发区、大学，餐饮业、宾馆业也很发达，成为西安最具竞争力的、有青春气息的地方；第三个生存圈是关中环线，北到三原，东到渭南，西跨西咸新区，南到秦岭，尤其是沿山一带，我定位为后现代生存圈。这里环境好，生活节奏慢，不是楼群密布之城，而是田园之城、山水之城，适合追求慢节奏的、闲适的人士在这里居住、工作、创新。

古典生存圈、现代生存圈、后现代生存圈，和前面所说的新古分置、新质古貌、新城古风，构成了传统西安和现代西安的特色。

"文化新丝路"是西安国际化都市的重新认定

秦始皇统一中国，创造了东方独有的制度文化。汉唐又具有开放融合的社会特点。以西安为起点，先后开辟了几条"丝绸之路"，勾连起了东亚、中原与西域、西亚。现在，国务院文件把西安和北京、上海定位为三个国际化大都会，其实也许是因为西安在古代已经是国际化大都会吧。

西安和罗马、雅典、开罗并称为世界四大古都，汉朝张骞、班超比马可·波罗进行东西方交流要早一千四百多年。到了唐代，顶峰时期的长安完全是一个开放的国际化大都市，市民中有十分之一是西域异族和异国人口，这是国际化大都会的重要标志。李白诗里"胡姬压酒劝客尝"鲜明地写出了那时长安街巷胡姬当垆、胡姬如花的国际化风情。大唐东市主要是达官贵人光顾的市场，而西市则主要是老百姓的贸易区。这里，从丝绸之路上由驼队运来的很多货物，都是现代所说的"舶来品"。西安还是世界佛教重建的中心，佛教起源于古印度、尼泊尔，传到中土和长安以后，经过中国文化的入世改造，使长安成为佛教文化的世界性中心。

后来，中国的政治中心转移到开封、南京、杭州和北京，长安改称为西安，降格为省级首府，这就给人造成一种内陆城市的印象。西安自己也这么定位，这种误读使西安的国际性被忽略了。

西安要成为"文化新丝路"的起点，先要认识到西安一度是国际化都市这一原有的文化平台，认识到西安最具唯一性和竞争力的优势就是西安是世界四大文化古都之一，而且还是古代东方唯一的国际化大都会。

找准了这个文化平台，就会发现有许多可做的国际化大项目，比方说西安和罗马的对话，兵马俑和吴哥窟的对话，兵马俑和世界其他七大奇迹的对话，被称为"东方金字塔群"的咸阳五陵塬和开罗金字塔的对话，等等，眼前会豁然开朗。

打造西安文化创意产业

过去西安的文化产业大体是资源主体性产业，主要是发掘脚下这片黄土地的文化资源。我们有什么文化资源就做什么文化资产。这其实只能算是初级的文化市场。后来文化市场逐渐由资源主体转化为产业主体性，即便这样，也还只能算第二个阶段、中端。文化产业第三个阶段、它的高端是资本主体性经济。不管资源在哪里，资本都可以注入，都可以做大做好做强。一旦进入资本主体性经济，资本和资源开始剥离。像美国人可以做我们的花木兰、功夫熊猫，深圳可以做全中国各民族的风情园，不见得是他本土的资源。这是文化产业、文化市场的高端，西安现在就有很多项目正在往这个阶段发展。

资本永远向利润最多的地方流动，资本无国界、无行业、无框架，一旦资本作为主体进入文化产业，一切都是可做的，即使现在没有最大利润，将来必有利润的最大化。怎样做好资本主体性市场中的文化产业？最重要的是创意。

现在是一个创意经济时代。因此在"文化新丝路"这个话题里，最重要的一点是要有战略性的文化创意。它不仅是策划一个具体项目，而是从政治、经济、文化、历史等宏观格局来定位全局、定位大项目。只有战略性的创意，才会对具体项目具有指导意义。

眼下大家都热衷于抢具体项目。项目只是实现大战略的一个段落。这种小眼光、小格局，极容易制约文化大创意。本应把创意放在最至高无上的地位，因为它制定了方向、路线，是大点子，但它在文化产业链中又是报酬最低的，所以，现在有了创意入股的做法。

现在是影响力经济时代。影响力不完全是宣传，影响力本身就是产品，是虚拟产品，品牌、时尚都属于影响力产品。在影响力经济时代，陕西要全力以赴，扩大我们文化产业的影响力。

现在是一个体验性经济时代，我们文化产业中个性化、体验性产品还很少。如旅游，大部分还是低端的、大众的、批量化的旅游项目，还属于"温饱性"旅游，即看稀罕、看热闹的旅游。今后，体验性的、个性化的、订单式的旅游将是潮流。西安不应错过机会。在一个新的思想解放时代，文化西安一定要迎头赶上。

2012年7月15日，西安市委座谈会上

"文化源脉、丝路起点"与旅游中心相融互动

"文化源脉、丝路起点",这八个字,是陕西旅游资源中最大的优势。

文化源脉,是时间长河中静态的积累,像大雁塔那样,周秦汉唐的底座一直叠加到"西安事变",一层一层积累成了整个陕西作为中国文化高地的优势,这种优势如果实现现代转化之后,就是旅游吸引力。

丝路起点,也有时间上的积累,主要是空间上的扩展和辐射,向东与连云港、丹东,与海上丝绸之路贯通,向西辐射到整个欧洲。这是一个动态的、空间上的辐射。

这样一个静态时间上的文化积累和一个动态空间上的辐射,构成了陕西旅游内部品质的核心吸引力。

认识到了自己的优势,就不能对"文化源脉、丝路起点"这八个字停留在认识层面。

首先,要把对优势资源的认识,转化为具体的旅游项目。譬如"长安—天山廊道"路网这一丝绸之路世界文化遗产,在国内共有二十二个点,可以开发一个长安—天山廊道丝绸之路中国段二十二个景点的旅游线,发展自驾游、房车游、暑期研学游,甚至于拼车游等旅游项目。将来再发展为整个丝路遗产三十三个点的国际游。

又如加强对古都文化游的细分。随着游客的文化素养和经济条件的提升,旅游产品应提供更有特点的线路。文化游中的宗教主题游,如道教华山、楼观台,伊斯兰教大清真寺,以及古代摩尼教,这些对于中亚来讲非常有

吸引力；佛教的六大祖庭也需要串成一线，提高品质。

还可以搞唐诗游，西安集中了白居易、杜甫、李白、王维等众多著名唐代诗人的足迹。那么，能否结合这一资源发展唐诗游呢？城市应该率先命名"李白大道""杜甫大道""王维大道"等，将唐诗在西安一些著名景点串成线路。搞一个"唐诗之旅"是非常有市场的。

文化游还可以结合现代科技，如航天城、航空城、军工城，以及三星、比亚迪、电子IT等新型产业，在一些可以对外的节点，搞传统制造业和高科技工业游，这也很有吸引力。类似这种文化专题游，现在开辟得还不够。

还有秦岭。秦岭不能破坏，不能自由进出，这是对的。但是旅游部门可以专门开辟一两条秦岭野营野炊、训练拓展的线路，为年轻人开辟安全而有保障的专题旅游线路。可以满足年轻人猎奇探险和亲近大自然的心理与愿望。

其次还要让丝路起点与文化源脉的优势，搭载上智能旅游的新平台。

西安是中国的中心，也就形成了旅游业的全国中转集散中心的潜在优势。如何利用地域中心优势，在西安创建中国最先进的智能旅游超市，这是我们可以考虑的。现在共享单车、神州出租都有导航，能够做到每个车跟卫星连接。如果西安能够把智能旅游尽快地建设成为跟自身地位相适应的全国中心，那么西安就可能成为中国国内旅游的集散地，也很可能成为丝绸之路沿线的旅游集散地。

全国的人只要来到西安，要去中国的每一个城市或者丝路的每一个城市，都可以通过网络，在一两个小时之内组接或拼接线路，即刻出发。同样，国外的游客要来中国，你先到西安，在西安能够很迅捷地通过网络实现线路组合，到达国内任何城市。如何更多地利用网络、智能、VR 的宣传手段，来替代纸质的口头的传统宣传，不断组建新的智能旅游线路，也是我们的一个课题。

2018 年 5 月 21 日

避免悲剧需要社会责任感和适当引导

肖云儒先生今年虽已七十二岁了，但他对时事的关注并不逊于年轻人。近日广受关注的小女孩因模仿电视剧《还珠格格》里的情节致死的新闻，他也同样震惊。听到我们提出这个话题，他痛快地接受了采访。

摒弃可能带来不良影响的东西

问：当您看到小女孩模仿电视剧《还珠格格》中小燕子上吊而不死的剧情酿成悲剧的新闻后，您的第一感受是什么？

答：以前，因模仿小说、电视剧、魔术、杂技等文学作品、文艺节目中虚幻类情节而导致悲剧发生的事件也时有发生。在这次事件之后，媒体的关注度更高。其实，这一现象早该引起关注。不过，亡羊补牢总比不补要好，现在对这个问题进行反思是值得肯定的。

问：您觉得能否避免这种悲剧重演呢？该由谁来承担这个责任？

答：我觉得只要社会各界一起努力，总能起到一定作用。至于措施，从大的方面讲有两个。

首先，精神产品生产者（包括影视公司、文化公司及其创作团队）在创作过程中一定要有强烈的社会责任感。这种社会责任不仅仅是不宣扬黄、赌、毒等，不要认为精神产品是虚幻的就可以随意发挥，要考虑到精神产品对不同层面受众可能产生的影响，尤其是对青少年的影响。

这样做并非要"剿灭"创作者的灵感，而是希望创作者多考虑精神产品的社会影响、精神影响，在对社会形成正面引导的前提下去创新。

其实，在这方面，已经有人有所尝试。我听说有的文化创作单位聘请了伦理学顾问，在精神产品创作出来后请他们把关，找出不符合社会伦理的内容，这就摒弃了可能给受众尤其是青少年带来的不良影响。

如果每个创作者的心中都有一个"安全部门"，时时对自己的作品把关，就可以从源头避免很多问题出现。

其次就是教育部门、学校、家长、媒体等应该及时对孩子进行引导，帮助孩子正确理解文学作品与现实生活的区别，营造帮助孩子形成正确认识的浓厚氛围。

我注意到，电视台播放具有较高危险性的节目，如极限运动、杂技等时，都会在屏幕上打出提示语，如"危险动作，请勿模仿"。但在影视作品中似乎不便于这样做。为此，及时对孩子进行引导就很有必要了。

政府部门应建立预警机制

问：国外在电影、电视剧审查方面有分级制度，我国可否借鉴这种做法？

答：在我国，电影、电视剧分级已经被讨论很多年了，由于种种原因该制度一直没有出台。我认为，分级其实并不能很好地解决这个问题。以《还珠格格》这部电视剧为例，即使实行分级制度，它也不会属于被限制的类型。

因此，我认为可以考虑建立预警机制，进行安全提示。也就是说，在文学、影视作品宣传过程中，由相关部门制作安全提示，告诉受众需要注意哪些问题。

需要注意的是，不能把责任都推到家长身上。如今，随着科学技术的飞速发展，新的传播手段越来越多，家长对新传播手段的关注程度可能远远不及乐于接受新鲜事物又相对时间充裕的孩子。如果家长自身都不了解，就很难对孩子进行正确引导。所以，政府应该组织有关部门主动承担责任，建立较为完善的预警机制。

培养精神产品生产者要求高

问：我曾听说，某大学新闻系的老师将小女孩模仿电视剧中上吊情节酿成悲剧的新闻作为典型案例讲给学生听，可学生们只是哈哈一笑。他们中的很多人将来可能走上新闻传播工作岗位，对于这样的悲剧却没有悲悯之心，这种现象是不是应该引起重视？

答：现在上大学的年轻人中的大多数，不仅没有接触过真正的死亡，甚至没有感受过真正的痛苦与磨难。他们只是从电视、书本中"接触"到死亡、战争、痛苦。由于没有经历过切肤之痛，别人的痛苦在他们的眼中甚至是一种快乐。我曾对我的学生说，一个孩子只有亲眼看见他的爷爷咽下最后一口气，他才能真正成熟，因为这时他才体会到什么叫"爷爷没有了"。

因此，对于培养精神产品生产者的单位来说，要提出更高、更严格的要求。如果精神产品生产者本身对这个社会没有悲悯之心，那么很难想象他们将来在进行创作时会考虑到自己应该担负的社会责任。

有了忧虑就有了起点

问：如今，各种建立在想象基础上的穿越型文学作品大行其道，很多青少年对这类作品已经到了痴迷的程度。而这类作品不尊重历史，情节设置不负责任，会对青少年产生不良的诱导。该怎样看待这种现象？

答：老实说，对这个现象的评价，会不可避免地带着时代的烙印。我是20世纪40年代出生的人，我的观点只是个人观点。

我认为，如今虚幻、穿越类文学作品大行其道，并且让大量受众达到痴迷程度的现象，是很悲哀的。娱乐当下固然重要，但培养忧患意识更重要。

之所以这类文学作品能很快地占据受众的内心，是因为受众过多地选择从网络、电视、书本中获取信息，却很少切实感受现实生活，也就缺少了自主思考。因此，他们缺乏心理支持，内心不够强大。

这个问题不是个体问题，而是涉及整个社会精神信仰的问题。缺少正面、向上的精神信仰是很可怕的，其表现之一就是漠视安全和不尊重生命。

不过，我觉得有了忧虑就有了起点。只要有人意识到这个问题的存在，并且发出自己的声音，总会逐渐形成向上的氛围，那就有了希望。

2012 年春，中国影协创评部

锵锵三人行：与窦文涛笑谈西凤

肖云儒：今天很惶恐，因为我不是酒徒，也不是酒仙，充其量只能算是酒粉丝，拉拉队员！要我来讲西凤酒的文化内涵，有点乔太守乱点鸳鸯谱的感觉，惶恐！

酒是什么？酒是水，把水装进陶罐里。经过岁月的酿造，便成了酒。所以古代造"酒"字，一边是三点水，一边是酒坛子。酒有水的形质，随物赋形，很温和。可一旦喝进肚子里去，却有火的感觉，很热烈。它燃烧，它如火如荼。上善若水和如火如荼，中国文化中吸纳和扬励的这两种功能，都在酒里体现出来了。

那么西凤酒是什么？我理解，西凤是以凤香型著称而独立于中国酒林之中的名酒。有关西凤酒的内在品质，我们很多著名的技师、酒专家都会比我说得深刻、周全。而作为文化人的我，对西凤酒的凤香型理解有以下几个方面。

第一，它是凤饮柳林之香。在传说中，凤凰饮柳林之泉而使其香飘天下，这就有了"凤香"的称谓。

第二，它是"凤舞九天"之香。在传说中，君子之国有神鸟飞过，翱翔于天下。见到神鸟（凤凰）翱翔，天下就会安宁，故它有安宁的功能。

第三，它有"凤凰和谐"之香。琴瑟和谐、太极协调都在凤凰的图案里，也在它的生命里面显示出来。我们知道中国有龙文化，中国的龙文化把走兽各种各样的形质都集中在龙身上，它有鱼尾、虾腿、鱼鳞、牛头、虎掌等。而凤是把中国各种飞禽的特征集中到它身上，它有鸟、有鸭等各类鸟和禽的特征。因此凤凰和龙一样，也是中国和合文化的一个重要图腾。龙、凤把飞禽走兽、把中国人对于大自然的理解和感觉凝聚到两个图腾身上。它象征着和谐。这是我们在酒席上、在交易交友中少不了西凤酒的原因。

最后，它有"凤凰涅槃"之美。凤凰涅槃是一种为理想、为生命捐躯的精神。为了生命再生不停地推出新的生命，它投火而自焚。这样一种精神使我们在喝西凤酒时仿佛有五内俱焚的感觉。这种感觉催发我们的生命激情。

喝酒如果作牛饮，那叫酒徒；如果品味西凤酒中的凤香，品味它的文化品质，就叫酒仙。我希望不断深化凤香的品位，培养出更多的酒仙，谢谢大家！

主持人：肖老师，请留步！非常感谢您来到现场，给我们讲了很多关于酒文化的见解，让我们对西凤酒有了全新的了解。今天我们还邀请了凤凰卫视名嘴窦文涛，现在我们要将"锵锵三人行"的现场从凤凰卫视搬到香格里拉会场。有请肖云儒老师，有请窦文涛，有请陕西西凤酒集团股份有限公司副总经理兼营销公司总经理高波女士三位，请他们做客"锵锵三人行"。让我们把掌声送给他们。

窦文涛：反正有个女嘉宾，我们就知道谁坐中间了（观众笑声）。刚才听肖老师讲这个凤香的含义，我倒觉得凤香跟我们的节目"锵锵"也倒有缘分。老实讲，我跟西凤酒是一个家族的，都是凤凰家族的。我是从香港飞来的凤凰，跟你们西北的凤凰开会，而且说到这个"锵锵"，当初我们老板起这个名字也是有来历的，古籍《左传》有言"凤凰于飞，河鸣锵锵"。即那个时候古人传说：凤凰叫起来的声音是"锵锵"。我当时很奇怪，"为什么这个鸟的叫声是金字旁？"我因此写过一篇文章，说凤凰有可能是古代外星人的飞行器。所以，今天咱们可以一块来锵锵一下。很高兴今天能够请到咱们肖老师。

肖云儒：其实，我刚才讲的同时，我发现我掉进了凤凰卫视的宣传词了。

因为对西凤酒解读的四个方面跟你们是有关的，你应该多讲一点。

窦文涛：希望你能多教教我们，而且咱们的高波女士今天来也是有背景的。其实，今天咱们这个三人行本来是董事长来。他说：三个男的，有啥意思？我给你找个女的，找个比我还能说，还能侃的女的。两个男的，一个女的，才能不上头、不干喉、美味愉快！lady first，那咱们就先请高女士讲讲，西凤的香型为什么叫凤香呢？

高波：其实每一种酒都有自己的特点，比如酿造工艺和勾兑工艺就不一样。而像同一酱香型酒，各家也是各有各的秘方，各有各的长处。目前，咱们国家白酒的香型：茅台是酱香型，五粮液是浓香型、汾酒是清香型，西凤是凤香型。西凤酒是咱们国家独一无二的凤香酒。它的特点是不干喉、不上头、美味愉快！当代人的评价是"喝了西凤不误事！"

窦文涛：噢，肖老师您是研究文化的，我曾比较中西文化，有一个好奇：一般说爱什么味道，往往就能体现这个民族的民族特点。你比如说西方人喝的这个 whisky，这个白兰地，它这个润喉的感觉，和中国人喜欢喝白酒的感觉（从嘴到舌头到胃里的燃烧感），这两种感觉能反映中西方什么样的文化特点？

肖云儒：这是一个非常难回答的问题。葡萄酒、啤酒和西凤酒是世界上最早的三种酒。葡萄酒大概九千多年，啤酒是七千多年，西凤酒发展的历史是六千多年（大概在殷商时期）。中国人为什么最喜欢西凤酒这种强烈的感觉？我觉得跟中国文化有联系。比如说，中国人是在一种儒道互补的文化结构中生活的，在封建社会压抑比较多，需要释放，需要激扬。而陕西这个地方，又很阳刚、很男子汉。我曾经说，"中国最刚毅的男子，就是西安的兵马俑！"兵马俑就有喝西凤酒喝出来的那个味。同时你也可以看到中国最美的女人——杨贵妃，也是喝西凤酒喝出来的，因为西凤酒养颜。

窦文涛：呵呵！有道理，像魏晋南北朝的竹林七贤，那家伙酒喝的，跟醉生梦死似的。后来有人解释说那是长期的政治高压，使得有许多文人希望精神得到解脱。你讲的这个军旅生涯也是，古时候咱们陕西光打仗了，"琵琶美酒夜光杯，欲饮琵琶马上催"。我正想喝酒呢，将军下令要去打仗，"醉卧沙场君莫笑，古来征战几个回？"其实，上战场前，他害怕呀！喝个酒能壮胆。所以，酒是跟人的历史、生活息息相关的。

肖云儒：在西北酒里，特别是以西凤酒为代表的白酒，它的消解、超越功能比较弱。你像竹林七贤，那都是在魏晋时期，在河南一带。南方的酒容易消解。北方的酒，重激扬、激发，跟秦腔似的，它叫你投入人生、激扬生命！

窦文涛：那是兴奋剂的作用吧，呵呵！那么高经理，酒徒们常说"不上头"，为什么有些酒喝了就会上头？是不是加了点什么或少了点什么？

高波：也不是加了什么或少了什么，因为在诸多白酒当中，西凤是纯粮酿造，老话说"三斤粮一斤酒"。"不上头"说明它的质量好。凡是粮食酿出来的好酒，对人的伤害都比较小。如果酒是上头的，证明质量有问题，建议您少喝。

窦文涛：我听你们讲"三千年不断代"，也就是说三千年这个酒一直在？

高波：三千年这个酒一直在传承，只不过在秦时这个酒被称为凤酒，又叫老凤酒。西凤酒的历史有许多老教授在研究，但从中华文化历史发展的角度讲，西凤酒的地位不低。

窦文涛：刚才不是说杨贵妃喝了这个酒才嫁给唐玄宗的，（呵呵）那么当时喝的那个酒为什么能喝这么多？比如"李白斗酒诗百篇"，那就是成桶成桶地喝，他们说那个时代的度数没有现在这么高，是吗？

高波：对！有点像现在所说的醪糟那种，发展到唐代以后就有了白酒。有机会可以让肖老师给咱们讲讲最早的白酒。

窦文涛：肖老师，我们那时候看《水浒传》武松打虎时连喝十八碗，大家都说那时的酒连啤酒都不如。肖老师，您怎么看呢？

肖云儒：从酒的历史发展而言，尤其是西凤酒的发展历史过程可以分为六千年、三千年、一两千年三个阶段。

六千年前的确有了酒，这是它的生成期，周公旦那时提出了"秦酒"的概念。它用"饮秦饮"就是喝秦国的饮料，来祭祀、犒劳军队。后来到了秦穆王的时候，他把西凤酒命名为"柳林饮"，柳林就是现在的柳林镇。秦穆公犒劳三军时用的是柳林酒。

窦文涛：那个时候的柳林酒与现在的西凤酒一样吗？

高波：基本一样吧！因为现在西凤酒产地就在凤翔柳林镇，"凤翔"就是凤凰飞过之意。我们那里有凤凰泉，水质很好。

窦文涛：我听说1952年对咱们酒业界是非常重要的一年。新中国成立前，咱们国家对好酒有没有国家评判？

高波：新中国成立前似乎没有。新中国成立后，1952年咱们中国第一次评判白酒，评出了四大名酒：贵州的茅台酒、山西的汾酒、陕西的西凤酒、四川的泸州老窖特曲。西凤酒有个特征，它用酒海来储藏。酒海是藤条编织的，藤条编织后，用蜂蜜、羊血、蛋清等好多东西一层层补漏，形成现在这么一个容器。把酿出的西凤酒放在这酒海里储藏，可以产生许多人体所需的微量元素。这个储藏工艺是独一无二的。

当年的四大名酒，不论是从口感、工艺、质量、酒质等各个方面都是全国一流的。

窦文涛：高女士你喝酒吗？女人不喝则已，一喝必是海量呀！

高波：我们董事长说，"酒量就是销量"，我搞销售的，酒量你可想而知了。一般说来，戴眼镜的都比较能喝，我看咱三个都比较能喝。哈哈！

肖云儒：我见过高总喝酒，她喝酒时把女性的似水柔情转化为男子汉的刚毅与豪爽。

高波：谢谢肖老师！（笑）

窦文涛：既似水柔情又刚毅豪爽，这是个什么样的造型？肖老师您说您不大喝酒？

肖云儒：中国人喝酒有各种风度，其中有一种叫酒饮微醺、花看半开，这是最有情调的。我喝一点，连微醺也达不到。牡丹花开得最盛时，就快谢了，半开，含苞欲放最美。

窦文涛：您呀，是苏东坡的那个境界，因为苏东坡爱喝酒，酒量小小的，喝一点就脸红。

肖云儒：苏东坡跟西凤酒是有缘的，因为苏东坡二十六岁时，在凤翔做过判官。他那时就制定了政策，政府让利给酒作坊，所以酒业大发展。直到现在，还有个说法：东湖柳、西凤酒、姑娘手！

窦文涛：看来苏东坡不仅做过杭州市市长还在咱陕西做过官，做官时把个人的爱好也施展到酒的政策里去。喝好了酒，连姑娘手都敢摸呀！

高波：希望窦老师、肖老师有空来凤翔做客，我一定做好向导。让您看看东湖酒、西凤柳……

窦文涛：到午夜时分再摸摸姑娘手！（笑）好，谢谢，谢谢！

2012年7月，西安

打造六座城，将西安建成国际文化大都

　　国际化大都会是一个十分丰富的概念，它的内含是多类型、多层次、多方面的，建设也表现为一个分阶段逐步递进的过程。因而西安建设国际化大都会，首先要定位，从城市特色和功能上来定位。一般来说，国际化大都会当然需要在全球、在国际城市链中有第一流的综合实力和影响力，但每个城市有不同的特点、优势和发展方位，国际大都会也就有不同类型。有综合性大都会，如纽约、东京、上海；也有专业型、功能型大都会，如政治之都华盛顿，金融之都苏黎世，文化之都雅典，宗教之都梵蒂冈，总部之都日内瓦，等等。西安的经济社会发展，从西部中心城市看，在重庆、成都之后，位列第三，属于一流、第一量级；从全国特大城市看，位列三十多名，处于二线、第二量级；但从历史文化坐标上看，西安三千一百多年的建城史和一千一百多年的国都史，使其位列世界四大古都之中，具有无可争议的世界影响和唯一性，处于第一量级、世界最高量级。从古到今，西安在世界上的核心竞争力和核心影响力是历史文化，西安应该定位为国际大都会中的文化之都，亦可简明地称之为国际文化大都。

　　一座城市要有实力，要有活力，更要有魅力，魅力就是影响力。经济造就实力，创新造就活力，文化造就魅力和影响力。我觉得西安在建设国际文化大都过程中，始终应该坚持的一点是，要在增强实力、培育活力的基础上，全力以赴地关注以魅力彰显实力、以魅力激扬活力这个重点。也就是通常说的"经济搭台、文化唱戏，经济伴奏、文化领唱"，用文化唱红全局。这才抓住了牛鼻子，占领了自己独有的高地，发挥了我们真正的优势。

　　建设国家的、国际的文化大都，我感到西安应率先打造"六座城"，喊

响"六座城"——尽管许多方面我们正在做而且已经做出了很大成绩，但至今没有提出简明的整体的目标性口号，喊得不响，传得不远。

一是打造世界一流的大遗址文物保护示范城。要尽快完成人类罕有的、绵延上千年的周、秦、汉、唐四大王朝的宫阙、陵墓遗址的抢救与保护，使西安成为唯一拥有最大的东方宫殿群遗址和最大的东方皇家陵墓群（或曰东方金字塔群）的世界古都。西安将通过完善的、科学的文化遗产保护体系建设，增强国际竞争力，并建设世界公认的华夏文明历史文化展示、研究基地，中华民族精神家园的展示基地。

二是打造世界一流的文化旅游目的地之城。以新的理念全面提升原有古迹观光的水平和质量，一定要让古迹观光不仅有说头、有看头，还要有玩头，让游客能够参与进去。同时，把西安古城墙景区、城内古典街景、曲江景区、华清池景区、文艺路演艺街区、楼观道文化景区，以及秦岭生态风光游等，打造成国际知名旅游品牌。要在景区设计统一而有特色的标识系统，讲解要故事化、通俗化、形象化，并追求人情味和幽默感。

三是打造世界文化总部之城。以西安的经济实力，近期内有可能成为中国西北的经济或金融总部。要成为世界经济或金融总部有一定难度，但西安完全有条件成为世界文化总部之城。尽快发起组织世界古都论坛、世界古典建筑和文物保护论坛、世界古都市长会议；提升欧亚论坛的影响力；争取和古都文化、丝路文化、非遗保护相关的各类世界组织或国际区域组织，能将总部机构落地西安；并逐步与各世界文化名城所在国互设领事馆或代办机构，提升文化、经济交流档次，大幅度增加西安高端人口、特别是外籍人口。在这个基础上，再向经济、金融总部扩展。

四是打造世界知名文化产业之城。文化事业的改制要加速，而且要一步到位，早改革早起步早主动。要总结、提升曲江模式，以其为核心，使文化产业逐步走出行业、界别和行政区域的三重局限，实现文化资源、文化资产、文化资本的三重剥离，逐步从只关注文化资源性产品，向更关注文化资本产品、文化创意产品、文化管理和人才产品提升，打造西部第一、中国一流、世界知名的集群性文化产业基地。近期特别要扶助有条件的旗舰企业走出省门、国门，实现西安文化资本挺进全球市场零的突破。

五是打造世界知名宗教祖庭之城。沿终南山建设闻名于世的宗教文化长廊。中国佛教祖庭中在陕的六大祖庭和楼观、华山等道教祖庭，要整体规划建设，系列推出，形成具有国际影响力的品牌。对伊斯兰教、天主教、基督教以及古代摩尼教、景教等宗教文化的传播及其在本土的交汇融合，也要以新理念、新方式做精彩的展示，显示出文化大都的国际地位和恢宏气度。要将宗教参拜、人生修为和旅游活动整合起来打造，通过这种整合打造，既推动宗教的大众化、当下化，又提升旅游的文化品位。

六是打造高新科技教育创新基地和成果转移基地之城。西安科技人员密度居全国第一，大专以上学历人员占全市人口的10%，居全国之前，"211"大学数量居全国第四，西安高新区进入全国一流、列入重点发展名录。这都为将西安打造成高新科教创新基地和成果转移基地之城，奠定了雄厚的基础。如何进一步统筹现有的科技教育资源，促进高新科技和高等教育质量的升级和资源的转化；如何发展创新思维、提高创新能力，使西安成为具有国际水准的著名的文化创意中心；如何集中中央和省、市、企各方力量，建设世界知名的大学群落和高新科技群落，推出一两所能够进入世界百强的知名大学，都是摆在我们面前的任务。

建设国际大都会当然在经济社会发展上，在经济发展方式转变和产业结构调整上，还有许多也许更重要的事要做，但打造这六座"城"，建设国际文化大都，应该是西安的核心目标。

建设国际文化大都，要重视硬件建设更要重视软件建设。最重要的软件是观念，是和新的文化观念、科学观念相适应的思维方式、行为方式，尤其是发展方式的转变。需要立即在全市乃至全省开展建设国际大都会的全维宣传和全民教育,编写《国际文化大都手册》之类的读物,在民众的学习、研讨和参与中集思广益,逐步营造与国际文化大都相适应的民众心态、城市氛围和社会风气。我们要埋头苦干,韬晦自强,也要将我们的目标宣示于民、宣示于众、宣示于世,以获取压力、激励和实际的支持。

从干部到市民都要树立世界眼光,了解世界文化大势,进入世界文化场和心理场。要逐步养成一种习惯,即从开放的、动态的国际格局中想西安的问题,做西安的事情。不但在经济、金融、科技和管理上,在文化建设上,我们的思维方式和行为方式也要与国际接轨。假如西安的媒体每天都有世界大都会的新闻和天气预报,不断有西安和世界交流、比较的栏目和文章,有世界知名科技城、大学城和巨无霸文化产业的介绍;假如西安有几座世界古城和城墙博物馆,有几座世界旅游胜地展览馆、世界宗教祖庭文化交流中心或博物馆,有几座丝路文化风情博物馆;假如能在张家堡这样的城市中心广场,标出西安到主要国际大都会和世界古都的距离——仅仅从这些细小之处,就可以让人感受到一种世界视野。

还要多组织像世界园艺博览会这样的大型国际文化活动,抓住西安古都长安文化和高新科技、创意文化在国际舞台格局中的"同类项",开展像"西安和世界古都对话""丝路国际艺术节(或民间艺术节)""全球唐人节""长安文化的异质交汇和域外传播""高新科技创意论坛"等国际性文化活动,开辟世界文化大都直通航班和旅游线路等,都会有助于提升西安在国际文化事务中的组织力、执行力和影响力。

2010 年 4 月 8 日,西安不散居

读新区，如读《四库全书》

西咸新区，一本大书。书页的南沿以秦岭的绿色为屏障，北边泛漫着渭水的波光。由此山此水在大地划出一块硕大的斜面，沣河、涝河、潏河、滈河和泾河于其上写满了线装书竖写的文字，从周、秦、汉、唐而至当下，絮絮叨叨地述说这块土地上那些说不尽的故事。

我读西咸新区有若读《四库全书》。在我眼中，那么实在而又那么的确实，她早就是我们的中央水库、中央粮库、中央史库、中央文库。

网状密布于新区的渭河水系素来是中国的中央水库，是黄河中游最大的补水站。没有这个水系，靠什么来养育十三朝古都？黄河水能有后劲东流入海吗？中国古代最强盛的一段历史，说穿了，其实就是喝渭河水的历史。《史记》将关中即渭河流域最早称为"天府之国"，半个世纪后，这个荣幸才给了汉中和蜀中。现代城市，初期是楼之城，中期是园之城，新区则要建田之城、山水之城，这是在接续中央水库的荣耀啊。

这里是古代的中央粮库。润泽长安的八水，加上其间修建的种种水利工程，将这里造就为富饶的粮仓，周、秦于是选址建都于此。粮食使人有力，经济让国家有威。按华人学者黄仁宇的说法，秦能够一统六国最内里的原因，正在这里。东汉之后，为什么迁都洛阳？和渭河粮库消耗过度不无关系，不然怎会有"逐食皇帝"一说呢？

这里堪称古代的中央史库，收藏着整整半部中国史。《史记》载周武王继位，以丰京地狭而迁都沣河东岸的镐（今西安斗门），唯留宗庙于丰，通称丰镐。"周王居之，诸侯宗之"，故镐京又称宗周。战国时期，秦王朝都城"逐渭水而迁"，由平阳（宝鸡东南）、雍（凤翔）、栎阳（阎良）而咸阳（具体位置在今天的西咸新区）。至秦始皇统一天下，建立了东方最强大的帝国。那以后，两汉、隋唐帝国又一章一章续写着民族的光荣与自豪。

这里还是古代的中央文库。左近遍是萌易、生道、立儒和融佛之胜地。其中，周公开创易文化；老子在楼观台建观开坛讲道德经；汉代董仲舒"罢黜百家、独尊儒术"，立孔子儒学为中国的核心价值观；而佛文化在唐朝得到尊崇，特别是玄奘西行取经、译经、传经，使佛教本土化。长安虽不是佛教发祥地，却是佛释文化与中国文化的融合之地，是中国和世界佛教公认的中心。

西安建设国际大都会，西、咸两座古城并肩立于八百里秦川，他们手挽手之处不在别地，正是西咸新区。新质古貌，新城古风，新古分而又合、合而又分，真是何等的意味深长。

2011年12月6日，西安不散居

给中国一座完整的秦岭

"秦岭以近乎悲剧的命运，承载了一个国家的乡愁记忆"

自述："秦二世遗址公园开放当天，我曾说过从某个角度看，秦二世那段灰暗的历史有着跟秦始皇的丰功伟绩一样巨大的意义，这是史之愁；将秦王朝揽入臂弯的秦岭历经了几个大时代的过度开发后，长安就以'西安'这一新名称被渐渐边陲化，生态的退化导致长安不安，这是国之愁。如此史愁国愁才是陕西人更应铭记的乡愁。"

记者："望得见山，看得见水，记得住乡愁"被写入新型城镇化的中央文件，您如何理解？

肖云儒：我更愿意理解这是一份文本，而不仅仅是文件。本就是根，这样的提法透露出一个信息，国家对于城镇化的主体——人的关注已经由物质层面进入精神层面，是更深层次的生命和情怀。

记者：乡愁对于城镇化意味着什么？

肖云儒：城镇化和乡愁，都关乎山、关乎水，山水的变迁承载着人们的乡愁，也实现着人的城镇化。

记者：怎么理解这份乡愁？

肖云儒：乡愁并不是一种愁绪，是一种审美。它是生命感情里最深刻的记忆，它构成了每一个人生命的底色。没有山水就没有乡愁，这是人类情感与自然生态的一种融合。

记者：陕西人的乡愁呢？

肖云儒：秦岭是陕西乃至中国的父亲山，每个人的生命里都有父母，这是不可或缺的。这座山的南北集聚了陕西三分之二的人口，毫无疑问，这些人的乡愁记忆中都有秦岭。

记者：这份寄予秦岭的乡愁，仅仅属于陕西吗？

肖云儒：当然不是。从空间意义上，秦岭是属于陕西人的乡愁记忆；从精神意义上，它是中国人的乡愁记忆。这么说吧，秦岭是一部中国的"四库"全书。例如，就水库的层面而言，如果没有秦岭孕育的汉江和渭河，长江和黄河怎能奔涌不息、汇入大海？就文库的层面讲，秦岭萌易生道、立儒融佛，才成就了如今中国的文化壮观。由此，不论从哪方面讲，秦岭都承载着全体中国人的乡愁记忆。

记者：那么，乡愁一定都是美好的。

肖云儒：不一定是美好的，但一定都是积极的。这正是秦岭带给我们的另一面乡愁记忆。喝秦岭水的时代是中国史上最强盛的时候，由于生态被破坏，中唐以后的国家中心渐渐远离了秦岭，秦岭用自己悲壮的命运给中国乃至世界提供了一个深刻的教训。没有山水、没有自然生态的发展终将失败，繁华和兴盛必将远去。

记者：秦岭脚下的陕西人，如何留住这份乡愁？

肖云儒：如果不保护好秦岭，那么将会史无记忆、国无记忆。这也是我最近正在思考和研究的问题，要记得住乡愁，就要从万古永存的人与自然关系的元问题、万古长青的中国古典绿色文化观念、万古延续的中国古典绿色生存实践、万代浸润的中国古典绿色艺术精神等方面理清自然生态、社会生态、精神生态三层的关系，然后才能探索和实践。

要重视乡村的"蓄水池"作用，实现"现代城镇梦"

自述："每逢春节，西安的青少年宫里都有一场热闹的春节联欢会，我都参加了。在一次为生活于西安的农民工子女准备的专场晚会上，面对那么

多的孩子，我曾动情地讲过：就是要从你们这一代人开始，你们为这座古老的城市注入了新生的力量，你们跟其他孩子一样，都将成长为西安的主人。"

记者：为什么您特别强调秦岭乡愁记忆的警示作用？

肖云儒：中国人，尤其是陕西人，不能陶醉在远去的骄傲的乡愁记忆里，因为如今我们要走新型城镇化道路，这是一条创新之路。

记者：请具体谈一谈。

肖云儒：因为乡愁全部都是由农业文明承载的，中国是一个农业文明国家，中央也提出要把新型城镇化和农业现代化相结合。所以，我们在延续乡愁时，应该用科学发展观，在土地和田埂上更新出具有现代文明的乡愁文明。

记者：那么，应该做些什么？

肖云儒：乡、镇、城都有现代化的问题，每年的中央一号文件都关注"三农"问题。同样，城镇化的一号文本应该在乡村。就秦岭而言，整个陕西有那么多村庄分布在这座山里，我们应当充分发挥这些乡村的蓄水池作用，未来实现村里有池塘、镇上有水坝、省市有水库的格局层次。

记者："蓄水池"不单单指水资源方面吧？

肖云儒：是的。乡村的现代化改造是中国发展稳定的根基。城镇化必须要发挥乡村、集镇的调蓄功能，让荒草地留下来，让油菜花留下来，更让人留下来，不要一味地涌入大城市。在这个过程中，要有科学技术的介入，要有文明程度的提升，因为城镇化进行到更深层面的时候，所面临的将是新城镇文明和新生活方式的构建。

如果在秦岭建设一个"绿色生态生存试验圈"

自述："因为是刚刚结束的省政协会上递交的提案，目前还没有得到回复。在秦岭里选几个村庄建设'绿色生态生存试验圈'不是纯自然或纯社会的科学实验，它是在城镇化新观念的指导下，融天、地、人为一体，融自然与社会为一体的未来社会生存方式的模型试验，带有'生态乌托邦'性质。"

记者：听说您在本次政协会议上有一个关于城镇化的探索实验。

肖云儒：是啊。作为中国的中央公园，秦岭不仅是中国的"水库""绿库"，还是"智库""文库"。秦岭堪称解读中国、解读历史、解读文化的一把钥匙。我建议在秦岭北麓建设"绿色生态生存试验圈"。如果被采纳，这将是我国第一个此类试验圈，对生态文明建设和传统生活方式的更新有着前导性意义。

记者：具体是什么样的？

肖云儒：这个试验有点类似于美国"生物圈Ⅱ"却又有中国特点。它力图将生态科学和社会建构组成一个系统，将秦岭原生态和中国古典绿色生存观转化为现代生态生存的实践，探索人类未来的生存方式。它除了设计改变人的吃、穿、住、用、行、饮、烧等物质生存方式，还将涉及更新生活观念、道德操守、社会风气、人生境界等精神文化领域。它将为正在推进的新型城镇化提供一种可能性。

记者：为什么选择秦岭？

肖云儒：秦岭横贯中国腹地，有山有脉，是形态上的根脉，是走向上的脉络，是生命上的脉动，它就是雕塑化的生命形象。在中国人的乡愁故乡做一次关乎未来的城镇化探索，是一件意义重大的事情。

2014 年 1 月 27 日，《陕西日报》

关于"文化强"的四点建言

一，文化产业应尽快实现由资源主体向创意主体的全面提升，以创意力为核心带动全省文化产业和文化事业的升级换代。

在文化产业的发展上，我省要尽快实现五级转化，即由资源本位向产品本位—资本本位—创意本位—话语本位的转化。近年来，我省文化产业正在由原来的资源本位向产品本位、资本本位提升，丰厚的文化资源正在又好又快地转化为西安曲江文化产业示范区这样大型的系列文化产品；同时又以好的资源和产品吸聚国内外的资本流向。陕西文化投资公司、曲江文化投资公司以及风险投资公司的组建，对资源本位向资产、资本本位提升起到了极大的推动作用。

在这个基础上，还要再向创意本位提升。智慧和创意，即人的智力，是文化生产力最重要的要素。创意可以将中国的文化资源熊猫、花木兰，变成享誉全球的文化产品《功夫熊猫》《花木兰》，替外国人赚钱。我们缺乏的不是资源而是创造力。有了一次次的大而新的创意，才可能争得全球文化市场的话语权。而成功的创造又将转化为样板和模型，为我们向话语和评价体系的迈进打下基础。大量成功的创意和实践，可以在全球文化市场的规则、标准和评价体系的制订上争得决定性的发言权。文物保护的《西安宣言》和文化产业的"曲江模式"，显示我省文化产业的这种转化已经开始。只有将创意本位提升到话语评价本位，当前文化入超的现状才能改变，国家文化安全风险才能降低，中华文化在世界的传播才有力度。这是文化强国极为重要的任务。

在文化事业和产业的发展链条中,创意具有核心价值,是文化发展质的提升和新形象构建的关键。我们应倾斜政策,改变由 GDP 主义、政绩意识出发的,只重视、扶持制造,给制造者以丰厚报酬的现象,利用决策委、参事室、文史馆在创意上的优势资源,组构全省高级创意策划和规划专家组,培养具有全国影响的本土文化战略家群体,在工作条件和报酬各方面给予大幅度倾斜。

二,打造世界"四大古都"和"八大奇迹"文化交流和文化话语平台,以国际视野和全球思维提升我省文化形象。

国际文化交流陕西应走在全国前列。政府应鼓励、支持各类国际文化交流项目,尤其是联合国教科文组织联系的项目。组织世界"四大古都"文化交流和文化论坛各类活动,并使之经常化。倡议并实现世界四大古都联席会议和文化论坛在西安首开,力争成立常设机构,今后在各古都轮流举行。尽快促成"四大古都"所在国在西安设立外交领事机构,将几大文化古国的文化交流延展为全面的经济社会交流。

统一策划并实施"长安文化走向世界"的系列活动,组织协调各方面的力量完成。如:开辟"四大古都"民众互访旅游线路;制作全球古都对话系列节目,世界八大奇迹对话系列节目(以秦始皇兵马俑为主体,和其他七大奇迹逐个对话),在电视、广播、网络以及报刊规模化地立体推出。

三,以国际民生文化研究所为突破口,抓住先发优势,当好政府助手,推动民生关怀的全面展开。

正在召开的省人大政协两会上,注重民生、提高群众生活幸福指数成为代表热议的关键词。前不久,国际儿童夏令营村与泰腾公司合作在浐灞设立青少年活动永久中心之后，又与泰腾公司、西安文理学院合作，成立了国内第一个国际民生文化研究所，并制订了三个层面的中期研究规划：物态层面，对民众衣食住行等日常生活诉求进行现状调查和对策研究；形态层面，对与民生问题相关的社会中介组织和民生文化制度进行调查研究，提供改善方案供政府采用；神态层面，对城乡民众心理、现实民生精神和道德构建进行研究。今年要落实的两个课题是：都市新社区邻里文化研究，现代西安城市生活对关中民俗传承利用研究。

这是将民生关怀由实践层面提升为学术层面的创举，也使政府关怀民生多了一个助手和推手。希望政府能在人力、财力上大力支持，给课题，压任务，促进研究成果的社会转化，为民生关怀和社会和谐贡献力量。

四，重视文化产业人才培养和提高，将我省唯一的文化产业学院做大做强。

文化强要人才强。人才不只是指创作研究队伍、文化人的队伍，这方面我省还算是强的，还包括对文化进行产业和资本市场转化的队伍，但我们没有培养文化产业专门人才的教育机构。四年前西安外事学院成立了我省第一所（全国第三所）文化产业学院，开设了艺术产业、景观环境、文化产业策划管理等方面的专业和课程，探索了文化产业教育和实践的双轨办学思路，即院、所并行（学院课堂教育与实践性研究所一套机构两块牌子），系、室并行（各系设相关专业工作室，一套机构两块牌子），理论教师和实践"双师型"教师并重，课堂教育和社会实践同步，学校和就业零距离接轨的思路。几年来培养毕业生三千多人，本科生三分之一，专科生三分之二，就业率在全校各院系中一直名列前茅。这表明文化市场对专业人才需求的急切性。但学院在专业课程和专业教师方面亟待完善和补充。

建议省上推广这个学院的实践经验,给予支持,拓展更多的专业,吸聚更多的教师,尽快将其培育为我省文化产业教育基地,并促进更多文化产业教育机构的成立。

2012 年 1 月 15 日,西安不散居

青木川的文化旅游

——"院士专家汉中行"第五组意见反馈

我们这一组是到青木川,论证他们的文化旅游。设计就是按照旅游的要求,吃、住、行、娱、购、游,作为一个普客去体验。大家非常吃惊,原来以为青木川旅游还在规划当中,去了以后才知道,游客市场、基础设施等许多方面都已经做得很好。12月1日下午,宁强常务副县长李志刚主持,开了一个镇领导都参加的两个多小时的座谈会。大家的基本意见是,青木川完全有条件打造为陕、甘、川三省的边地旅游名镇,打造为西安—九寨沟旅游线上的重要节点。

归纳我们的意见,主要有以下五点。

一、全维定位、差异发展

(一)文化资源定位。青木川的文化资源定位可以从三个角度来看,一个是三省交界的地方,是边地文化;第二是羌汉并存下的杂居,民族文化的交合;第三是山原衔接,有平原,有山川。这样就构成了一个比较有特色的文化区。它不像关中,也不像汉中、蜀地那样,只是一种单纯的文化色彩。正是这种边地色彩、交汇色彩,造就了魏辅堂这样一个人物,如果在中心地区他是不可能诞生的。

(二)主体人物的定位。关于魏辅堂,他曾经当过土匪,但是又有侠气,匪气和侠气并重,还追求文气,作为国民党的投诚将领又平反了。在这样一种情况下,不宜过度渲染他"匪"的一面,能不能把他作为一个草莽人物、草莽英雄,作为一个复杂时代、复杂地区诞生的一个复杂人物来打造?

这样，人物的历史信息就很多。他有建设乡里的良好的愿望，但很多手段又是错误的。

（三）介入人物定位。主体人物是魏辅堂，介入人物是叶广芩。因为青木川的影响力是《青木川》这本书，青木川这块土地养育了这本书，但是这本书的诞生又让青木川具有了影响力。我们参与了青木川镇政府为叶广芩老师搞的工作室的启动。很多老百姓，还有四川的游客，外地的游客听说叶老师来了，争着照相，粉丝也很多。人以镇名，镇以人名。可以让叶广芩老师成为青木川旅游重要的介入元素。一方土养育了一本书，一本书也养育了一座镇，这种养育不仅是经济上的，更是指唤醒了青木川居民的文化自觉。他们意识到自己这段历史是很珍贵的，是可以入史的，养育了当地的一种文化精神、文化气质。

不是因为成了旅游点以后再去寻找故事，不是这样的。而是故事原来就在那儿，再通过文学作品拉动旅游，这种例子有《边城》《白鹿原》，现在又有了《青木川》。所以，我觉得可以差异发展，抓住咱们文化资源、主体人物和介入人物的特色来发展。

二、充盈内涵，营造体验

现在的旅游，正在由参观式旅游进入到体验式旅游，再到休闲式旅游时代。青木川能不能先走一步，从参观式旅游直接进入到休闲旅游，迎头赶上？要直接进入目前还是有差距的。硬件设施走在前面，内涵性东西还稍微少了一点。这样，容易影响游客的现场感受。所以如何把魏辅堂传说中虚拟的故事，叶广芩小说中虚拟的环境，转化为现实的环境，将是青木川旅游点建设一个很重要的任务。我们提到的"斗南馆"的建设，魏辅堂绝命处，就在他自己建的学校门口的悬崖上。他是看着他的村庄被枪毙了。通过各种场景和细节的增添，不但可游、可看，而且可以感受。

还有魏家整个家庭，他的亲属要分类，纳入旅游资源。魏辅堂儿子我们遇到了，他有两个儿子，他还有七大姑八大姨，可以把他们分类，作为中心人物、边缘人物，作为旅游资源。将来游客来，就可以把他们引到这些人家中，让他们见面，作为见证人说亲历性故事。我们到了一个历史见证人徐种德的夫人那儿，感受就不一样。如何把魏家人物和相关历史见证人分类组合为旅游资源，要思考。

要把新农村建设和旅游点的建设结合起来，把旅游名镇建设普及起来。作为旅游名镇的人，都要能说点青木川什么才行，不能除了导游谁都不会说。人人都要有礼貌，人人都要有欢迎外来人的开放胸怀。要对他们进行旅游知识和礼仪教育，让每个青木川人都成为青木川的形象、广告和品牌。

当年胡宗南离开陕西去四川的时候，专门拐到青木川去，魏辅堂为了给胡宗南惊喜，找了一些穿得很烂的，甚至是赤足的孩子，当着胡宗南的面唱英文歌。胡宗南很感叹这么偏僻的地方孩子都会唱英文歌。我们未必不可以组织一些学生来搞些这种类似的活动。

还有一方面是环境。在魏家宅院的外面有一棵青木树，这些青木树应该多种一些，起码有一排，一定要种青木树，青木川才名实相符。前面的一个坡要搞花田，像深圳一样搞一个彩花带，一年四季走到哪儿都是色彩鲜亮的。还要拓宽湖水，魏家院子前面的湖水要弄大点。

三、打造品牌，提升影响

第一，要打造服务品牌。除了资源品牌以外，服务本身的品牌也是很重要的。每个到青木川旅游的人，走的时候除了留下魏家大院的故事，还要留下青木川人们的温馨。精细的服务，精心的管理，精致的设施，精彩的建筑，这一切组成一个大的精品系列。

第二，我们建议把叶广芩老师作为品牌要素，融进青木川品牌打造中。比如，能否选择叶老师为青木川形象代言人，能否形成另外一个故事系列——京城的格格，在慈禧西行后流落到西安，然后辛亥革命时流落到老县城，最后流落到青木川，与魏辅堂相遇。两条故事线交织起来。写这么一个虚构的故事，就把一个现实的作家、现实的人物和虚拟的作品、虚拟的人物历史对接起来。如果拍长篇电视剧，当然不是青木川镇上能解决的，要市上、省上招标找剧作家来写、来拍。

另一个就是青木川的色彩。现在标识有了，路牌有了，我觉得青木川的色彩上要有些边地文化的暗示。比如羌族的主要色调要用一两种，把所有的楼都用这种色彩，把它们浑然一体地组合起来。

四、瞄准目标群体，组合开辟线路

现在看来，青木川旅游的条件很好，最大的瓶颈是交通。的确很艰苦，我们来去每次都是四个小时以上。但是马上会有三四个新机遇，要做好各种准备迎接这些新机遇。第一，兰海高速的通车。我们建议现在就要想广告词、广告牌，就要竖起来。到时候一开通，第一辆车一过来就知道这个地方可以去青木川，很近。汉中机场和高铁开通后，如何组织中远途的旅游团，这是我们要打的第二张牌。第三，如何同广元机场联系业务，通过他们辐射全国。第四，从宝鸡到燕子砭有一个慢车，如何与铁路局商量，用大巴对接宝鸡地区游客，可以近四十公里。

我们要组建边地小镇风情线，一定将这条线搭载到九寨沟旅游线路上去，搭载到汶川地震废墟旅游线路上去。我们也是地震区，也可以看看我们地震后的重建。进入这个网络，哪怕是条支线，也会有很多客源。

五、克服浮躁，克服过度作秀的东西

要考虑到青木川独有的承载力，我们要有创意，也要有主意。你有千言万语，我有一定之规。因为只有青木川、县上、镇上的同志最了解青木川的资源承载力。所以，我们说多少，最后都要通过你们的论证来达到。

2013 年 12 月 1 日，青木川

让渭河重新涵养中华文明

"渭水给关中土地以乳汁,我们怎能还她以污浊;渭水给三秦城市以美丽,我们怎能还她以丑陋;渭水给陕西人心灵以温润,我们怎能还她以枯竭!"这是我省著名文化学者、陕西省文联原副主席肖云儒,曾经在他的《一条河流与一块土地》文中所表现出的对渭河现状的忧思。

由省发展和改革委员会、省国土资源厅、省环境保护厅、省住房和城乡建设厅、省水利厅、省林业厅主办,省推进西咸新区建设工作委员会办公室与本报承办的陕西史上规模最大的"走渭河"人文生态考察活动,得到了肖云儒的密切关注。近日,就渭河文明的传承与发扬,以及渭河现状的治理,这位心系渭河未来发展的学者接受了本报记者的专访。

渭河是一位过度劳累、忍辱负重的老母亲

"在我心中,渭河就是一位过度劳累、忍辱负重的老母亲!"采访一开始,肖云儒就表达了自己对渭河不堪重负的忧虑和伤感。

肖云儒认为,渭河对于中华民族有着最大的承担,有着最大的功劳,但是也承受着最大的耗损。她曾经是那样的丰腴、美丽,让我们感到自豪,而现在却苍老、干瘪。她养育了十三个王朝,使国家变得强盛,但她自己却衰竭了。

"中华水网犹如一片绿叶,而渭河就是中华绿叶中的主脉络之一。作为中华文明的发祥地,她的流淌,使得我们的民族年复一年地回黄转绿,她的枯荣与整个民族的兴衰息息相关。"肖云儒说道。从炎黄到夏商周,再到秦汉唐,甚至延伸到"西安事变",整个历史都在渭河这部水幕电影里面流淌。

"我一想到渭河就有这样一种感觉：辉煌中伴着苍凉，自豪的背后是无比的自责。自责我们为什么不能很好地照顾我们的母亲！"

喝渭河水的历史是中国最强盛的历史

肖云儒认为，渭河是中华文明无可争议的发源地，更是中华文明的"元典"时代。

"中国古代文明、社会经济、社会管理的雏形等大都发源于渭河。周礼通过礼乐界定人与人之间的基本层级关系；秦制作为中国最早的、成熟的社会文化、经济、管理制度沿用至今，汉儒找到了中国人民的核心价值观；唐朝的开放，更是形成了中国包容、多元的文化和思维格局。可见，渭河流域的文明，奠定了中国人的文化心理结构，也奠定了中国社会最早的政治制度、社会管理、经济管理的基础等。"肖云儒说。

肖云儒饶有兴趣地告诉记者，中国最强盛的一千年历史其实就是喝渭河水的千年史。从古代和近代史来看，自从不喝渭河水后，中国的封建王朝就开始走向衰落。《史记》将关中，即渭河流域最早称为"天府之国"，半个世纪后，汉中、蜀中等地才被称为"天府之国"。

"据当时记载，关中占全国人口的三分之一强，占全国面积的三分之一弱，但却拥有全国六成以上的财富，而当时咱们中国的经济就已占世界经济的一半以上。可以说，渭河以自己的丰腴和富饶，养育了我们民族的强盛。"肖云儒激动地说。

渭河是萌易、生道、立儒、融佛之地

渭河不仅是中华文明的原点，更是中国古典文化的源泉。

肖云儒指出，中国古典文化中的易、道、儒、释都与渭河流域有关系。其中，易在渭河得以传播，道在渭河生成，儒在渭河确立自己在民族文化中的核心价值地位,佛在渭河与中国本土文化相融,"可以说,渭河是萌易、生道、立儒、融佛之地"。

"《道德经》主张以柔克刚、弱水为强;道以水的形态和质地,萌生出东方独有的人生哲学;释是以理想来平衡现实;易是以阴阳相克相生和'三易'(简易、不易、变易)来发现生活的辩证法。这些文化更近阴性,也就是近水。"肖云儒补充分析道,老子出函谷关写《道德经》到楼观台,就是沿渭河西行,玄奘从印度取经回来进入甘肃以后就沿着渭河东行。

民以食为天,而渭河以中国最早的人工灌溉系郑国渠(与蜀中的都江堰、广西的灵渠并称秦代三大水利工程),则成就了关中"天府之国"的饮食文化。肖云儒表示,渭河流域的农作物生产以小麦为主,因而老陕偏爱吃面,且面食种类繁多,肉夹馍、羊肉泡馍等闻名全国的小吃甚至已经成为西安饮食文化的代名词。

"渭河对陕西地方民俗文化影响深远,比如渭河流域黄土的黏合性造就了关中民居文化所独有的土坯房和地窑;而秦人的刚强、彪悍也与渭河流域的土地禀赋有关系,为了争夺和捍卫这片沃土,居住在这里的人们必须成为强者。"

肖云儒颇有见地地谈起了渭河与关中民俗民风的关系,更是旁征博引地将秦腔也引入了这一理念当中。"秦腔与八百里秦川那种骨血中的联系,包括老腔等流传于渭河流域的原生态民俗艺术,都能表现出渭河既豪迈刚劲又苍凉衰败的感觉,充满了历史悲剧感。秦腔之魂,就是渭河悠远苍茫的涛声和回响。"

全民族应该树立起水是生命第一元素的观念

"在当下,我们应该在全民族中树立起水是生命第一元素的观念,从'水旺则国运昌,水竭则国运衰'的角度,来宣传报道水的重要性,改变人们固有的水是最廉价资源的错误观念。"肖云儒满怀期待地说，"我们要从总结经验和教训两方面入手来传承和发扬渭河文明，既要弘扬，更要反思，甚至要将反思放在弘扬之上。我们一说要宣传渭河，就很容易想到歌颂渭河的辉煌。歌颂母亲河毋庸置疑，但是经验教训更应该总结借鉴，教训对于日后前进的作用超过经验。目前，面对渭河严重的污染与枯竭，我们应该把总结教训放在第一位。"

肖云儒建议，从建设关天经济区到打造西安国际化大都市，以及新农村建设的长远需要出发来考虑，要立足于现在世界最先进的科技成果，结合经济实力，把渭河的复苏一次做到位，甚至超前到位。避免出现因不停地修修补补而造成的人力、物力、财力上的浪费。此外，还要从现实与历史、继承与发展的结合中来思考渭河的建设，着重立足于创新和发展，"渭河文明本身就是一种开放的文明，现在更应该以开放、融汇、创新的思路来策划和挖掘渭河文明。"

"涵、清、济、节"四字治渭　促进"五个长廊"建成

那么，渭河自身的治理应该怎样做呢？肖云儒给出了这样的答案——抓住"涵、清、济、节"这四个字！

"涵"就是指涵养，即从秦岭、六盘山两个源头开始，尤其是靠北边的六盘山。渭河水源比较丰裕的支流在南边，而比较长、泥沙比较多的支流都在北边，一定要重视六盘山到关中北部这个黄土塬层面的绿化，以涵养渭河水源。

"清"是指渭河所有的沿途支流一定要防污，要用积极的手段防止中途污染。比如，黑河水库是西安的饮用水库，为了防污，专门成立了水警支队，保卫水流安全。治水清流应该有这样一种意识，变生活、生产用水为生态用水。

"济"是指"引嘉济渭""引洮济渭"等工程，用外地丰裕的水源补渭河水源之不足，但是这种"济"务必要适度，即要在保证这些河流水量正常供应的前提下开展。

"节"就是指不仅要培养全民绿色生存、低碳生产的意识，更要将这种意识转化为切实的行动，培养人们节约用水的观念。这是一种"水德"，应将用水道德作为国民道德的重要内容重点宣传强调，并遵循可持续发展的原理，绝不透支后代赖以生存的不可再生资源。

"通过以上四大方面的治理，我希望渭河成为中国北方科学化的、现代化的、系统化的、生态化的流域治理典范，而这个典范又与渭河流域五个长廊的建设是一体的，即渭河文化展示长廊、渭河生态景观长廊、渭河旅游景点长廊、渭河高新科技长廊、渭河高新农业长廊。"

末了，肖云儒强调，天水、宝鸡、咸阳、渭南等地都在通过水资源的截留，大力开发渭河生态、旅游资源。对这种做法他予以肯定，但同时建议应在相关部门统一协调、科学论证下，统一规划、统一论证，从色彩、文字、音响等方面统一标识，对全流域集中治理建设，切忌对渭河造成新的过度损耗。

2011 年 9 月 22 日，婺源—西安

如何建设具有人文特色的大都市创新型社区

现代城市建设，应以文化软实力为着力点，努力凸显城市的文化特色。而社区建设、社会管理水平，是文化软实力的重要内容。西安有丰富的历史文化资源，更需要具有人文特色的现代社会管理和社区建设。我们应该在管理中体现以人为本的理念，以包容的格局、文化的襟怀，满足人在生存、发展中的多层次需求，促进西安国际化大都市的个人、社会全面、协调、可持续发展。

都市社区创新风起云涌，西安要抢先一步

社区是社会的基本单元，是当代社会管理和伦理秩序最底层的细胞，是社会生活的共同体和人居的基本平台。社区和谐是社会和谐的基础。传统中国社会的城镇、山林、江湖与市场四种社会形态主要都是以乡村为基础的，乡村是各种社会秩序的发源地。现代城市化进程使中国的乡村伦理遭到全面"沦陷"，"城"的权力与"市"的利益原则，渗透到社会生活各个方面，重建当代社会管理和伦理秩序最底层细胞的重担，落在社区建设创新工程身上。中国城市社区建设正以前所未有的速度在全国范围内兴起。当前，社区建设探索创新风起云涌，西安要抢先一步。

加强和创新社区建设，其根本目的就是要通过推进社区管理、完善公共服务体系，不断提高居民的生活质量。随着社会主义市场经济体制的建立和发展，社会流动性加剧，过去由企业承担的许多社会服务设施回归社会，政府部门职能转变更使许多社会职能、服务职能转移到社区。以社区为基础，运用社区内各种社会主体共同承担某些社会保障功能，减轻政府负担，缓和

各类矛盾，协调各方面关系，已成为一种发展趋势。

"物境""业境""绿境""心境" 城市居住需求的新变化

目前，无论是发达国家还是发展中国家，在社区建设领域都面临着一些共同的问题：人居拥挤，社区基本服务不足，基础设施每况愈下，居住环境日益恶化，等等。这些问题严重影响了人类的健康和自身发展，与我国迅猛发展的经济水平形成了巨大的反差。我们要在发展经济的基础上，使大多数社会成员能够享受到社会发展的成果，满足民众不断提高的居住要求。

城市居民对居住条件的要求正在经历四个层次的变化，即由"物境"需求，到"业境"需求，到"绿境"需求，到"心境"需求。

（1）"物境"需求。是指"居者有其屋"，业主由无房到有房，首先要求的是花小钱买大房，其余很少考虑。这是人类生存的基本需求，具有社会责任感的城市建设者，必须首先满足这一基本需求。

（2）"业境"需求。满足基本"物境"需求之后，消费者就进一步有了"业境"需求，要求社区在环境、卫生、安全、设施和道路各方面有更高的标准。这时小区需要逐步推行社会化、专业化的管理，由物业公司对房屋、场地及其配套设备、设施，以经营的方式实施统一的专业的科学管理。

（3）"绿境"需求。当"业境"需求得到初步满足后，居民又会对生存环境的生态水平提出更高的要求。为了在城市的喧嚣中回归自然、回归心灵，他们要求小区有合理的绿景、水景，安全、安静，以及洁净的空气，在繁忙的社会生活中能够得到放松和休憩。

（4）"心境"需求。社区不仅仅栖居身体，而且栖居心灵。是一个居民点，也是一个社交场、一个文化圈。人们要求社区能够满足他们的精神需求，要求有良好的文化质地和文化氛围。只有这样，才有可能吸引高档次的居民。

科学创建"三宜"型社区，重建城市记忆

上述对城市居住环境诉求的变化，反映了中国人物质文明、精神文明发展水平的不断提高，这给具有创造性的、社会责任感和文化责任感的城市建设者，提出了艰巨的历史任务。我们要为创新型社区建设预留各类生态空间、公共活动空间和基础设施，以利于在沟通、交流中形成亲密的都市邻里关系和社区文化。我们建的、卖的不仅是房子，而是要在城市人的现代孤独中出售交融，在现代隔离中出售合群，在现代冷漠中出售温馨，在城市喧嚣中出售静谧，在超常的快中出售慢、出售悠闲，在都市的水泥森林中，让孩子重建童年记忆，老人重获天伦之乐，在拥挤的大都市中再度感受浓郁的乡风乡情。

因此，我们的社区建设应定位于管理科学、服务健全、生态优美，品位高尚的宜居、宜业更宜心的"三宜"型社区。作为一种复合的系统的工程，社区规划不仅需要对物质空间进行规划，更需要对生活方式进行策划。社区建设要将管理有序、服务完善、文明祥和的社会生活共同体作为基本目标。

通过九大创新体系　落实创新型社区建设

（1）体系一：行政服务体系。社区业主委员会应是社区的最高权力机关，商议、决策并监督社区行政服务体系，实施完成社区各项重大任务。业主委员会实行定期的直接的民主选举，逐步构建起社区居民自我管理、自我教育、自我服务、自我监督的观念体系和实践体系。社区要追求民主的行政管理体制与开放的文化精神引领相结合，最大限度地动员社区力量、开发社区资源、密切联系群众、及时解决问题，成为居民表达利益、实现利益、维护利益的

法定途径，成为培养社区居民的民主意识和民主能力、重构城市邻里文化的试验田。

（2）体系二：文化服务体系。组织居民开展社区道德、文化和行为规范的大讨论，订立具有城市居民共识的社区"乡约"，引导居民价值观念、规范居民的言行举止。把优秀的传统文化和科学的现代文明有机地结合起来，用先进文化引领社区精神生活，同时为居民提供精神信仰相对宽阔的空间。建议推广与"农家书屋"并行的"社区书屋"网络，使纸质、电子类书目、刊物的收藏、阅览、讨论，成为社区文化重要的辐射中心。设计具有社区文化特点的标识系统，譬如社区之花、社区之赋、社区之歌、社区之旗、社区之徽，等等。增强社区凝聚力和群体认同意识，培育社区共同愿景，努力将居民的共同愿望转化为众所认同的现实图景。

（3）体系三：教育服务体系。建立从幼儿园到高中的规范教育体系，引入重点学校进社区办学，打造全民参与、资源共享的社区教育模式，推进建设学习型社区。同时建立互助型、互补型的终身教育网络，在社区内提倡并组织跨家庭、跨代别的互助活动。通过家庭劳动力结构的互补，增进感情互补、知识互补。给童年增添慈爱，给晚年带来欢乐，促进"老吾老以及人之老，幼吾幼以及人之幼"理想的实现。

（4）体系四：商业服务体系。按照住户优先的原则，以便捷实用为第一目标，在社区内建立完备的商业服务体系。要规划商业一条街，基本满足社区居民日常生活多样化、个性化的需求。顺应现代社区居民工作节奏的加速、家庭小型化、人口老龄化的趋势，商业一条街要大力强化服务功能，如调整营业时间，加强半成品食物和个性化用品的供应，加强修理业、回收业、典当业，建立电话、网络订货、订娱、订游，送货上门体系，等等。

（5）体系五：医疗服务体系。以专业医院为核心，专业医务人员为骨干，同时在外围建立一个社区内志愿的、业余的准服务体系，实现核心群体的专业化与外围群体义工化相结合。根据自愿原则,从社区居民中,遴选一批有医疗职业经历、具备相关知识和技能的志愿护理人员,采取义务或有偿的方式,为社区提供护理服务。社区医院将建成护理型医院,以疗为主、以治为辅。注重中西医结合,突出临床心理学的应用,重视社区居民的临终关怀。

(6)体系六:康体服务体系。组建社区康体活动组织,建设较为完备的社区康体服务设施,开展多样性的、经常性的健身活动。组织社区趣味运动会、车友、球友、步友和"驴友"联谊会。提倡每人参与一项体育运动,培养居民健身意识,养成科学健身方式,体验健身乐趣,增强健身效果。

(7)体系七:交通服务体系。在社区落实低碳生存实践,对社区内的车辆、车库和路面资源科学优化配置,建立社区交通管理服务中心。根据自愿的原则,尝试互惠型交错用车,在业主中以急补闲、调剂车辆,开展代叫出租和内部有偿借租等活动,在社区交通环境的改变中增进业主凝聚力。

(8)体系八:家政服务体系。以少量专业人员为主,组织社区闲余人员,建立新型的家政服务体系。定期组织家政培训班和专项家政兴趣班,组织家政表演竞赛活动。在全面培训的基础上,建立日益规范化、专业化、系统化的家政服务队伍,开展跨家庭跨楼层的家政互助,为社区家庭提供护理、保洁、家教、物流配送、家庭管理等全方位的服务,帮助家庭与社会互动,提高家居生活质量,促进社区整体发展。

(9)体系九:娱乐服务体系。充分利用社区附近的一些高端文化平台,发挥其设施的日常功能,辅以其他大众娱乐项目,构建社区文娱活动阵地。成立社区小艺校,着力培养社区居民戏剧、音乐、舞蹈、绘画、雕刻、书法等方面的兴趣,提升居民文化素质,增强社区文化气氛,力争做到学艺习文不出院,以节约住户的时间、交通、人力成本;成立邻里文工团,组织爱好者开展创作、表演、展览、比赛和评论活动,并开展家庭艺术氛围设计的相关服务。让人人有施展才华的平台,让个人兴趣能在促进社区的文化建设中发挥作用。

以上九个体系再加上其他设想，大致构成了社区创新建设的基本框架。这些内容丰富、形式多样的小区服务和文化活动，不仅为居民在小区生活提供了更大的便利，而且为原本并不相识的居民邻里营造一个交流与聚会的宽松环境，增强社区文化精神的感染力和社区文化组织的活力。

一种精神与一个平台

要更好地实现九大体系的服务功能，必须依靠一种精神——社区志愿精神，一个管理、服务、交流平台——社区电子服务网络平台。

（1）社区志愿精神。在社区内部大力提倡社区志愿服务，通过组织居民参加社区活动，不仅可以保证九大体系的贯彻，而且可以就近调剂劳力和人才余缺，发挥退休、闲散专业人才的余热，更可以在全民参与中增强认同感和归属感，培养主人翁精神。提倡社区志愿服务，要注重对社区服务者进行多种专业技能和法规、条例培训，提升居民自助和互助的水平。在这个过程中，将锻炼培养一批具有自治、民主意识的社会管理新人。社区志愿服务精神一旦蔚成风气，将会有力地促进全社会互助、亲和之风的发扬。

（2）社区网络平台。建立数字化社区，使网络平台既具备公共信息管理服务功能，又具备个性化服务和娱乐功能。现代网络技术与社区管理相结合，为社区管理模式的创新提供了新的空间。要使社区网络真正成为家庭之间、各行业居民之间互惠互通、相亲相和的渠道，促进社区成为一个其乐融融的大家庭。这是邻里团结和睦的科技纽带。

2013年4月16日，《西安日报》

文化产业也要加快发展方式的转变

最近几年，陕西和全国一样，文化体制改革和文化产业发展都进入了快车道，成为拉动经济发展的新的增长极。我省文化产业逐步走出行业、界别和行政区域的三重局限，实现文化资源、文化资产、文化资本的三重剥离，逐步由只关注文化资源性产品，转向更关注文化资本产品、文化创意产品、文化管理和人才产品。以曲江模式为代表的省、市文化产业不但做强做大、成绩卓著，也为全国提供了经验，输送了人才。

发展文化产业既是整个经济发展方式转变的一部分，文化产业自身的发展也面临着转变思路、转变方式的问题。这方面发展并不平衡，起码有三个现象值得注意：

一是出了成果不出效益，市场含金量不高。文化产业是新兴产业，不少人还是以抓传统产业甚或以抓事业的习惯思维来搞。事业惯性——向上要钱；输血惯性——向社会募捐；非盈利惯性——不重视也不善于营销。因此，常常不能抓住文化需求结构调整之后，文化内需上升、质量需求上升、提升人自身追求的文化产品需求上升、公共文化产品需求上升等新的产品空间和市场机遇。牌子换了，体制形式变了，但思路未变，发展方式未变。

二是铺了摊子未变结构，改革含金量和科技含量不高。文化产业是高科技、高文化含量产业，是可以重复消费的高消费、高利润产业，像电影《阿凡达》《花木兰》那样。因而，如何在经济社会发展方式转变的大格局中，实现文化产业的结构优化和结构升级，如何利用陕西的科技、教育和艺术创作优势，增强我们文化产业的原创含量、科技含量，已经迫在眉睫了。

三是抓了制作忽视创意，创新含量不高。在各类产业中，文化产业对创新特别是创意要求特别高。我们已经尝到了集中人力物力财力，搞大投入、大制作、大传播、大回报的好处，但总体上看，新思路、新点子不多，对新资源的开掘不够，令人眼前一亮、拍坐而起的想法和做法还很稀缺。曲江模式即经济搭台让文化当主角唱戏，反过来又用文化来唱红经济，是一个崭新的创意。它以全局性的大思路，用文化品牌改善社区文化环境，提升社会生活质量；又以社区含金量的飙升，反哺文化产业和文艺创作，很快进入良性循环，实现了双赢。它的成功表明，在现代社会，一切产业其实都是泛文化产业，从终极意义上看，都会对社会的文明方式和文明风气起到引领和营造的作用。如何将这种理念落实到文化产业发展方式的转变中，今后还有许多工作要做。

2010 年 3 月 17 日，西安不散居

文化创意西安

　　我1961年夏来西安落户，屈指算来，在这座古城已经住了整整四十八年。半个世纪里搬过几次家，由城圈里的东大街，到城墙外的南廓门和文艺路，再到西二环、南二环交口的高新区，都留下过人生的几许履痕。老来眷恋田园，又在终南阴岭的汤峪小镇结庐而居，真正是落地生根永远离不开这块土地了。以四十八年的人生之旅，见证了一座城市的变化发展，也先后享用着、感受着这座城市逐步形成的三个生存圈——在一篇文章中，我曾经对此做过简约表述，这便是：城圈内外的古典坊里风情生存圈，二环内外的现代创业和消费生存圈，南山环路内外的后现代生态休闲生存圈。让人在短暂的一生中跨越古典与现代两种美，享受创业与休闲两种情趣，这就是西安。古都仪象、现代气息，这就是西安。西安真大气，西安人真惬意。西安城是中华大地的一颗金印，长安文化是中华文化的一块金地。

　　前几年在杭州召开的世界古城会议上，我作为西安的文化代言者发言说，北京是包容的，上海是时尚的，广州是生猛的，南京是温润的，杭州是秀美的，开封是自古就有商风的，而西安则是大气的，是那种几千年厚重的文化沉淀出来的古朴雄大。这样说，不论准确与否，都明快地表述了一座城市给我的总体印象。这个印象其实远不是对城市物质形态的描绘，而是聚焦于城市文化形象时的一种感觉。一座城市的文化形象是由物质文明、精神文明各方面因素营养出来的。城市是人类最伟大的文化创造。对现代大都会来说，经济是实力，景观是容貌，文化才是灵魂。缺少财富的城市虽然贫穷，却还可以有自尊自信；没有文化的城市不但贫穷，还会显出寒酸。从世界城市发展历程和全球顶级都会链的形成来看，没有哪一座单纯的经济都市是人性的、宜居的、有魅力的。文化永远是城市活力延展和城市价值提升的最主要动力，也是造就城市金地最重要的营养。文化使城市变成一个生命体系，有了心灵的搏动，有了感情的记忆。一座城市能够获得恒久而稳固的、为大众认可的文化形象，是它走向成熟的标志。世所公认，西安就是这样的城市。

我总想用独特而简明的语言来表述自己心中的西安。曾经拟过好几个主题词之类的话，譬如"世界文化首善之都，中国高新科教之城""重量级的文化古都，新水平的科教大市"等，还有一个则是："古调独弹，长治久安"。"古调独弹"是鲁迅先生八十五年前给易俗社的题词，我们常把它看成对秦腔的褒扬，也常把它变成对秦腔振兴的一个期待。其实我想，就"古调独弹"的意蕴看，也未尝不可以作为西安整个经济社会文化发展的理念。"古"是西安的优势，"古"与"新"两极震荡构成了西安的城市张力和发展动力，是西安的特色。而这个"独"字，"独弹"，则是建设现代西安不同以往也不同于众的新理念、新思维、新方法。

这就不能不说到曲江。在西安，曲江新区近年来的大动作和大变化完全印证了"独弹古调"理念蓬勃的生命力。西安是中国的文化金地，曲江则是西安的文化金地。曲江地处"自古形胜"的西安东南，始于秦，中经汉隋，盛于唐，下启明清，既是盛唐文化荟萃之地，亦有秦汉文化诸多元素。夏夜在这里散步，林间有秦韵吟哦，湖面有汉风轻掠，天际有唐音鸣响，你会不期然而然地陶醉在一种古典情调之中。而秦韵汉风唐音之所以能在今天西安人的心中重新奏响，乃是因为有许多有识之士和许多精良团队，正在以现代市场经济独特的弹奏方法让隐匿于这块金地中的古调发出新声，使蕴藏在地底下的、记忆中的、书本里的文化，走出来，活起来，变成可观可感可触摸的生活实景和文化氛围，变成可享用可消费的文化产品和物质产品。

曲江独弹古调的新略和新谋，在实践中最关键的几步，我认为是：

一、破除狭隘的行业区隔，发挥市场经济的无边界优势，走出就文化搞文化的传统思路，实现文化产业体系、公共文化设施体系、社区生活设施体系三位一体同步推进，以地产建设等项目带动社区环境改造，以环境改造烘托文化景点，又以文化亮点的辐射力提升社区环境的含金量。

二、破除狭隘的行政区隔，发挥市场经济的无边界优势，冲出传统的行政管辖，在更大时空中调动市场资源，调动人流物流资金流，将领域由曲江区延伸到全市（如大明宫遗址工程），延伸到全省（如法门寺景区工程）。

三、破除狭隘的渐进积累观念，通过重大项目带动战略，造就投资融资营运大平台，在生生不息的良性大循环中，推动突变，实现突变。

以文化物、"古调独弹"，使曲江荟萃古今之美于一地，熔冶古风古貌新质新城于一炉，融汇古典内涵和现代理念为一体。这种以文化提升社区居民生活品质，提升整个西安物质与精神文明含金量的模式，使曲江在七八年中意气张扬、文化勃兴，迅捷地成为文化西安的新地标，成为国人震撼、世界惊奇的旅游热点。著名营销大师菲利普·科特勒博士曾经建议西安领头发起世界文化城市评选活动。他说："如果一个地方的文化质量很高，那么人们的生活质量也会很高。"这就好像是在说曲江一样。不妨补上一句：西安发起世界文化城市评选，举办活动的最佳选址，不放在曲江又会放在哪里呢？曲江人真是分外幸运和惬意的啊。

西安的曲江和曲江的西安都证明，现代都市和现代社区坚持用文化来营养自己的土地，一定会璀璨夺目。

2011 年 6 月 8 日，望湖阁

文化强是一个系统工程

编者按：近日，肖云儒在我省建设西部文化强省问题上，亮出了他的观点和建议——文化强的问题是一个系统工程，只有把这个系统完整地建立起来，再进行创造性的劳动，我们才能做到真正意义上的文化强。

系统一：既要强调硬资源，也要强调软资源

我们常说的文化强主要是指陕西博大精深的历史文化、民间文化和红色文化。我们陕西是一个文化资源大省，但在文化产业、文化资金上，与文化大省的称号很不匹配，甚至在意识上，通常只谈硬资源而不谈软资源。其实文化资源有三种形态：一种是物态留存，比如兵马俑，可感觉、可触摸；一种是形态留存，比如有形而无物的陕北歌舞，各种民间风俗；另外还有神态留存，不可触摸却可见闻、可感觉的文化遗存，是无物、无形却有神的文化留存。某种程度上说，文化形态越具体的越短命，越抽象、越精神化的越长远。我们在这方面的挖掘不够，只注重了物态留存而忽视了其他两种。比如"与时并进"的改革开拓思维，这是毛泽东同志在陕北时给佳县群众剧团的题词。过去只作为毛泽东同志关心老区文艺的一个例证，对"与时并进"的哲学文化学内涵和对社会实践的指导意义宣传不够，以致到三十多年后党中央提出"与时俱进"的口号，我们才发现毛泽东同志早早就提出过这一理念，而我们多年来竟然没有发掘弘扬它，用它去作为宣传本土的一种资源，这不能不说是一个遗憾。

系统二：重视个体创造力，不忽略群体力量

文化强首先要强人，因为人是文化生产力的核心要素和主体。在这方面，我们不能只重视个体创造力而忽略群体创造力，要改变文艺家个体强而群体弱的现象。陈忠实、贾平凹、刘文西、赵季平等个体在全国的影响毋庸置疑，但陕西文学艺术的群体出击力与他们个体影响相比就明显有了差距。在这一点上我们就没有相邻的山西、河南做得好。我们仅仅偏重个体创造力的培养，而忽略了群体创造力的凝聚和培养，所以没有成大气候，因为单个人的力量总是有限的。为什么当年"文坛陕军东征"能一举获胜，就是由个体转化为群体，是"军"而不是"兵"。如果是个体，很可能就会丢盔卸甲。文化强要强人，陕西人的实力不弱，但整体没有达到应该达到的程度。因为我们只靠个人的作品去说话，而不靠经济、市场、策划去说话。因此我希望，陕西应该打造四支这样的队伍：第一，创作评论队伍。这支队伍现在已经有了。第二，我希望在两三年内，能对陕西文化策划人、文化经济人给予"陕西文艺大奖·艺术成就奖"这样的大奖，对他们给予足够的重视。第三，建立起文化企业家、营销家的队伍。拿我们的长安影视来说，它的《激情燃烧的岁月》最多宣传三年，而长安影视作为品牌则可以无限制地宣传下去。第四，建立现代文化管理者队伍。我们形成了这样四支队伍，最终才能形成陕西文化的大品牌。

系统三：不要把产业作为创作的尾巴

我们常常把产业作为创作的尾巴，认为文化强首先是作品强，这是一个很大的误区。世界上有很多地区，它们处在文化资源的沙漠上，却建立起最强大的文化市场。像深圳的"中国民俗文化村"，那里面的东西没有一个是在深圳，但它们的产业做成了全国最大。还有上海京剧院的京剧《贞观盛事》，

题材是陕西的，导演是从陕西到北京的陈伊薪，主演也是来自陕西的尚长荣，上海得了国家舞台艺术精品工程的精品剧目奖，陕西只有干瞪眼。我们要试着把产业和创作剥离，文化产业不一定要在文化创作的基础上，没有作品也一样可以做。美国的电影《花木兰》，四川的诗乐舞《大唐华章》，都不是它们本地的题材，却都做出了成绩。我们却一直为没有作品而苦恼。陕西在西部，是西北的中转站，我们为什么不去做青海的花儿、宁夏的花儿？为什么要用行政区划来约束文化的流动？这是很不科学的。

系统四：把文化由产业提升为市场

文化产业不等于文化市场，产品要和产业剥离，市场和产业也要剥离。市场不等于产业，它是产业的创造性延伸。产业只生产产品，而市场形成产品的物流，使它在流通过程中资本化、资金化、增值化，所以我们要走出以前那种重创作轻产业、重产业轻市场的误区。

市场可以在原产地做，也可以不在原产地做。可以由本地人做，也可以由外地人来做。我看了国歌的 MV 后大致统计了一下，里面一共有四十七个画面，陕西的安塞腰鼓和壶口瀑布列入其中。这可以称为是中国的标志性文化景观，我们可以考虑由外地人来投资，而我们来收税。文化产品是"越用越增值"的。

文化的出售是虚拟出售。我们不是出售所有权，而是出售宣传权、经营权、包装权、有限使用权。我们还应勇于提出虚拟的出售历史、出售文化的观点。张贤亮出售镇北堡影视城的"荒凉"大获成功，我们完全可以模仿这种做法，把安塞腰鼓、陕北民歌做大，这对我们是大有好处的。只有跨地域、跨国界的融资，把文化由产业提升为市场，由文化产品的生产提升为资本运作，才能改变目前经营文化主要由国家拨款、文化扶贫的状态。

资本无疆界，文化市场也无疆界。文化不是消耗性的产品，而是增值性的产品。文化产品不怕别人用，反之，越用越值钱。文化强的问题是一个系统，只有把这个系统建立起来，再进行创造性的劳动，我们才能做到真正意义上的文化强。

2008年4月10日，《陕西日报》

西安文理学院人文研究三构想

一、关于秦岭文化研究

秦岭承载着太多历史的文化的信息。它不仅有自然美的魅力,而且有文化美的魅力,甚至于文化美的魅力更加勾引我们的魂魄。作为中国的中央公园,秦岭不仅是中国的"水库""绿库",还是中国的"智库""文库"。秦岭是中国的"四库全书",是解读中国、解读中国文化的钥匙。非常有幸,这把钥匙在秦地,系在秦人的身上。

因此,集中我校文、史、哲、经、生物、地理方面的专家学者,全力以赴,尽快编写"秦岭四库全书",是我校力所能及的项目。此部书可按"水库""绿库""智库""文库"四大卷编写,全面展示秦岭的水文地质、生物谱系,以及中国思想易、儒、道、释和中国诗文书画与秦岭的关系。图与文并茂、资料与论述辉映。力争成为我国第一部多学科研究秦岭的大部头书系。只要抓得紧,大约两三年内可以完成。

这是我们研究秦岭的第一阶段成果,可称为典籍性成果。

第二阶段的成果,是以典籍为基础又从书本中走出来,在秦岭北麓择地进行生态生存圈的科学试验,在新理念、新方法指导下,探讨并实践人与自然和谐相处、发展社会与涵养自然性科学循环的新的人类生活类型和途径。可称为试验性成果。

这个秦岭北麓"中国山水生存试验圈",与以往任何试验都不同,它不仅是纯自然或纯社会的科学试验,而且是在崭新的人类生存观念统摄、指导下,一个融天、地、人为一体,融自然与社会为一体的未来社会生存方式的模型试验，带有"生态生存乌托邦"性质。它有点类似于美国"生物圈Ⅱ"，却又有中国特点，力图将生态科学和社会建构即文理工组成一个系统，将秦岭原生态和中国古典生存形态转化为现代生态生存，并探索未来人的生存方式和状态。

这是彰显西安国际化路线的新思路，是探索西安在国际化大都市建设中，发挥优势、拐弯超车的前卫精神、前卫路径。

这个课题比较宏大，是一个完整的新型社会生活试验体系，将涉及地质、地理、水文、动物、植物、社会和经济管理学、生产经营学以及文化心理学、艺术文学等多个学科，也许要动员组织文理学院各院系参与进来。我们的师生将可能轮流到试验区中去，边实践一种新的生存，边研究这种新的生存，最后结晶为由科学试验报告、生存体验实录、生态生存圈图录，以及在此基础上产生的单科论文和理论专著组成的系列研究成果。因此学校要有通盘的、长远的考虑，将此项科研与全校教学科研工作有机结合起来。

秦岭北麓"中国山水生存试验圈"，涉及西安国际大都会的建设，涉及秦岭保护的总体规划，涉及方方面面的法规政策，也涉及投资，学校应争取市委市政府的支持，并与地方政权、宗教祖庭、曲江开发区管委会、市秦岭保护办以及相关的企业妥善协调，团结合作，逐步推进。

二、关于关中书院的打造和"关学"研究

西安作为以历史文化为特色的国际化大都市，主要打周秦汉唐的牌。唐以后，长安文化尚缺乏大的文化品牌来支撑。明代陕人张载创立的"关学"可以作为这样的品牌来打造。"关学"既是陕西的又是中国的，也有国际影响。中国汉唐时代的儒学本是入世的，到宋明理学发生内转向，转向心学。"关学"以为天地立心、为生民立命的主旨，使儒学华丽转身，重又面向社会、历史、人生。明清以降，影响遍及中华。关中书院是明代哲学家冯从吾

建起来的，一直以弘扬"关学"为己任，是"关学"文脉理所当然的嫡传之地。这块宝地现已划属文理学院，我们拥有了一笔太大的文化财富！

建议：

1. 尽快将关中书院作为我校走向省市、走向全国乃至走向国际的文化桥梁。在我校成立中国"关学"研究中心，开办"关学论坛"（类似于文化"达沃斯论坛"的性质），抢占学术和话语权先机。

2. 关中书院可与宝鸡横渠书院联姻。互为依托，联动宣传，并将学院派的学术研究和为现实服务的理论研究结合起来，吸引与"关学"有关的学者、高校与我们联姻，扩大文理学院在全国的影响。我们要把"关中书院"这一文化富矿尽快开掘出来，转化为科研成果，转化为文化品质，转化为影响力。

三、关于顺城巷与城墙的保护、开发研究

作为秦岭环抱下的古城居住圈、文化圈，西安城墙的保护开发不能仅限于修缮或商业、住宅场地的开发，含金量更高的还应有文化产品。学术研究也要追求"立体成果"。既有论文、专著，也有学术活动、学术实验和学术品牌打造。学术研究人员要走出定式思维，要立足于创新、创造，学术研究也要重的"点子"。例如四方城墙，比常人视点提升了十三米，高度、角度就是资源。在城墙上内可以鸟瞰全城，外可以远眺长安东西南北的景点，"提升十三米看西安"，做西安旅游的目录版、微缩版、俯视版，既会有新的视觉冲击，也会有新的感受。电视片《舞动陕西》成功的全部秘密就是利用飞行器在高空、在动感中拍摄三秦大地。城墙是"一城（墙），一巷（顺城巷），一河（护城河），一园（环城公园）"的主体景观，我们可以换个思维，研发全新的旅游立体视频，有"学术版""大众版"多个版本，在全市旅游线路上安装，让没有时间登城墙的人也可通过视频传媒观看，

等等。

  这是我对秦岭文化相关研究几点粗浅的思考。徐校长今天是对我进行"博士生面试",即兴回答,还请校长和老师们多提意见。

2012 年 5 月,西安

学习中提升　实践中拓展

中央的文件既是我国文化产业发展的指导思想，也是文化产业发展的重要的政策资源和实践推手。最近几年陕西和全国一样，文化产业的发展步入了快车道，正在成为拉动整个经济发展新的增长极。陕西和西安在文化体制改革、文化产业建设、文化市场开拓各方面已经大步赶上来。以曲江模式为代表的成功运作，不但成效卓著，也为全国提供了经验，输送了人才。

我感到最近几年，陕西、西安的文化产业经历了三级提升、两个拓展。

过去我曾这样表述陕西的文化产业：文化资源大省、文化产业小省、文化资本弱省。当时我们的思路总的说是文化资源主体，文化产业和文化事业以文化资源为主体，重在展示宣传和适度开发。

随着文化市场的提升，我们进入文化产业主体的阶段，开始重视文化资源的产业转化，并在产业转化过程中要钱跑钱、集资投融资，如曲江的"大秦帝国""柳河湾的新娘"项目。这已经大大进了一步，但这种产业转化仍然受到资源、地域和具体项目的很大制约。

在曲江文化投资公司（二百多亿元）和陕西文化投资公司（六十多亿元）以及相关的文化资本运作公司，如曲江文化产业投资担保和风险投资公司这样的企业成立后，我省文化产业市场进入了文化资本主体的新阶段，进入了全面的文化资本运作阶段，文化资源、文化资产、文化资本既结合又剥离。资本不总是流向本地或计划规定的项目，资本开始突破条条（专业行当）和块块（地域行政）的限制，向利润最大化的项目流动。我们眼前于是豁然开朗，出现了文化产业新的局面。

这个新局面大致表现为"两个拓展"：

一是从行政区域管辖的块块中拓展出来，按现代市场的资源链、资金链、市场链、跨地区在更大范围中组合资金，发展产业。如曲江走出区——携大明宫、临潼；走出市——携法门寺、韩城、华山、延安；走出省——携天水、银川、西宁。

二是从行业（条条）管辖中拓展出来，跨行业组合资金，投资项目。如石油行业投资歌舞剧《兰花花》《山丹丹》《挂红灯》，省国旅行业投资电影《白鹿原》，等等。

在中央文件下发之后，全国文化体制改革和文化产业将会有一个飞跃的发展，新一轮的竞争正在来临。陕西要在已有成绩的基础上，进一步转变观念、思路，转变发展方式，以防不进则退。

我认为当前的薄弱环节主要有三个：

在一个创意经济时代，我们的文化创意能力、文化创意水平还有差距。表现在：个体创意力远胜于群体创意力，全行业全地域重视创意的文化氛围还很不够（去年以来，长安精神画家群体和《西风烈》多部长篇的推出，便很有力度）；填平补齐的小创意、小创造远胜于发现性、颠覆性的大创意，最缺乏的是具有国际眼光、前沿思维的文化战略家。特别是要培养立足本地又有全球眼光的文化战略大家，不要总是外来的和尚好念经（他们到底对情况不熟悉）。文化战略家往往能带来大点子、大突破。当前在文化产业的诸生产要素中，制作环节获利大，创作次之，大创意的报酬最低，酬劳则最不相符。要明码标价大幅度增加大创意的市场价位，要允许创意入股分红，要明确创意的知识产权归属并得到切实保护。

在一个体验经济时代，我们关注个性的、感受的、体验性文化产品很不够。世界文化市场，正在由企业家主体转化为消费者主体，调查、适应消费群体变化，应该是第一要务。而现在我们大都还停留在规模化的、大批量的、浅层次的大路货层面上，常常以文化产业的GDP数量掩盖了质量。要狠抓文化产业的内涵产业，尤其要抓能触发心理体验、感情共鸣的产品；抓高端的个性化的甚至订单方式的个人化文化产品；以文化体验、生命体验、感情体验的幅度和深度检验和提升文化新产品的质量。这是我们文化产业和国际接轨，让陕西文化走向世界、走向高端，建设文化强国、文化强省的一个举措。

在一个影响力经济时代，我们关注文化产品影响力的打造还很不够，仍然在以过程的"酒香不怕巷子深"做自我安慰，或以"秦人就是只做不说"做自我标榜。打造影响力就是打造品牌，文化品牌不但能以标志性、形象性、时尚性和社会心理影响种种特有功效、扩展、带动、引领整个文化产业的发展，而且能使一地一类文化产业的影响力可持续化和深刻化。影响力经济往往就是虚拟经济。我们要学会并探索拟态打造像兵马俑那样有全国甚至全球影响的品牌，在产品质量和影响两个层面上，将产品实态化，实态产品拟态化。

2011年11月4日，在曲江管委会战略研讨会上

盐·酒·辣·媚

——在泸州谈川文化

酒香不怕巷子深。从西安到泸州近千公里，我循着酒香而来。

回到西安，如果家里人问我："你在泸州醉了没有？"我会回答："我在泸州从来没有醒过！"泸州让我醉的不光是酒，还有跟酒相连的这座城市。我想从这几方面来表述自己对泸州的印象：

第一个是"酒与城"。在我们国家，很少有这么一个城市，它的历史、它的文化，包括它整个城市的产业，都和酒紧密联系在一起。没有酒就没有这座城，没有城就没有老窖酒。泸州和酒，互为名号，互为别称。这座城市是名副其实的一座酒城，这包含两个层面的意思，一是它的支柱产业是酒产业，二是它有如酒般醇厚的文化和历史，两者都构成了它的美丽。

第二个是"酒与文"。我敬仰的很多文人都在泸州留下过他们的生命轨迹和精彩作品，如苏东坡、张船山，还有凌子风。我采访过凌子风，他就是影视界著名的酒仙，性格跟酒一样热烈。他的最后一部电影《狂》，就是在泸州尧坝古镇拍摄的。他的为人、他的电影都和酒一样，能激发我们生命中的狂放和恣肆。

第三个是"酒与学"。这次来泸州的震撼之一，是一个白酒企业居然有自己的高等教育职业学院，而且是行业里第一家办学的。这不光说明它在人才培养上的努力，也说明了它职工的整体素质之高，说明了这个企业对文化的重视，将酒脉和文脉交相辉映，形成的强大的延续性。它过去、现在和未来的发展，都是建立在以教育和文化育人的基础上的。这才是千年酒厂的千年大计。

第四个是"酒与商"。泸州老窖集团的经营理念非常现代。当下我们进入了一个体验经济时代，泸州老窖把酒的生产过程变成了体验性的参观产业，也就是工业旅游。当我走进重阳洞这个十里天然藏酒洞，感觉像在历史的时光隧道里行走，这里是不是也曾有过吕洞宾、苏东坡的足迹呢？写"沪洲杯里春光好，读书万卷偕春老"的古代诗人韦庄，因为得到一瓶友人从海峡这边送来的老窖酒而默然神伤的台湾现代诗人台静农，他们的气息在洞中不是还依稀可闻吗？因了这种文化历史的神秘感，我们会有多少遐想、多少诗情与文趣。

最后来说说"酒与人"。酒是由固体粮食蒸馏为气体又结晶为液体的"三态互通性"饮品。它虽然以液体为自己的形态，本质上却是一种气体，是形而上的东西，是精神，是理想，是情趣。近期央视在制作一部多集电视专题片《川人》，因为我祖籍在四川广安，摄制组来采访我，让我用最简单的字来概括川人的特点，我当时用了四个字：盐、酒、辣、媚。

盐：四川人像自贡的井盐一样，勤劳、质朴。我们吃了一辈子的盐，却容易忽略盐的存在，其实谁都离不开而且须臾不能离开盐。一顿少了盐，马上感受到它不可或缺的重要性。四川人就像盐工一样平凡无声息地劳动着，生产着最质朴却也是人类最不能缺少的商品，体现着最质朴却也是人类最崇高的人品。

酒：四川人富有理想追求和浪漫主义精神，是个有梦的地方。他们既有盐憨厚踏实的朴素，又能像酒一样作形而上的飞扬奔腾。酒装在瓶子里是水，喝到肚子里是火，它能点燃你的生命激情。诗酒人生诗酒人生，酒孕育着诗歌、文学、书画、戏剧和川人的艺术情怀。四川人的性格像酒一样极为豪放浪漫。古往今来四川出了多少有名的文人，古代有司马相如、卓文君、李白，现代文学的六个大家鲁、郭、茅、巴、老、曹，其中郭沫若、巴金都是四川人，还有艾芜、沙汀、李六如等。

辣：四川人泼辣、干练，有执行力，四川是个能实现梦的地方。因为辣，四川的革命者特多，我们十大元帅中四川人就有四个——朱德、聂荣臻、陈毅、刘伯承，出了一大批英雄和精兵强将，如黄继光、邱少云。川军从来最能打仗，最能打胜仗。

媚：川妹子的美丽早已天下公认。川妹子的那种魅力，不光是指容貌风姿的美丽，更是四川形象魅力的一种聚光——那是独特的媚中带刚的美，柔中带坚的美，风风火火、泼辣诱人的美。这成为美丽四川的重要标志。

陕菜文化谈片

第一个问题，关于饮食文化。

饮食文化是一种根性文化、原版文化。它和我们人生初始的童年记忆黏合在一起，与父母、家庭、亲情融为一体，构成了一个人生命的底色。饮食文化又是乡土文化最重要的储存器和载体，是我们心中乡愁之所在。我们在"丝路万里行"途中，无不思念中国餐、家乡饭。秦人对秦地吃喝更是日思夜想，耿耿于怀。有位企业家知道我们的心情后，带上家乡的厨师、面粉、调料，专门由西安飞到土耳其的伊士坦布尔为我们做了一顿biáng-biáng面，那一顿面吃得人人兴高采烈，那猛虎下山般的吃相后来上了电视，引发广大观众的热烈反响。那哪里只是吃饭、吃中餐啊，那是在思念祖国、想家乡、想亲人啊！

饮食文化又是地域文化十分重要的载体。不同的地域孕育了不同的菜系和饮食，反过来又构成了这个地域的性格和风习特征。试想，没有筷子，没有米饭，还有东亚文化吗？没有面食，还有北方文化、陕西文化吗？没有煎饼，还有山东文化吗？没有麻辣，还有川湘文化吗？地域的物产和风情，构成不同菜系内部的品质，也是不同地域最重要的精神气息和文化味道。而不同地域的菜系，又会反过来影响着、强化着不同地域的文化。陕菜也是这样。

饮食文化还是民族文化和民族性格呈现的重要平台。继承发扬本土饮食特色，是一个民族和国家文化安全的重要环节。我在中亚地区几个国家的华人东干族村落看到，他们保存自己中华民族特性最重要的手段，一是保留语言，二是保留以饮食文化为核心的民族习俗礼仪。他们说，不说中国话，不吃中国饭，还有我们东干族，还有我们陕西村吗？国家和地方菜系的流失，将会使国家和地域文化受到极大损伤。

饮食文化和地方菜系，每天都在用味觉和"胃觉"提醒我们："你是谁？你从哪里来？"饮食远不止是一种吃喝喜好，更是文化精神的传承、地域性格保存和发扬的大事。所以，推广陕菜就是推广陕西地方文化。不但要让全国各地的陕西人记住家乡的好吃喝，还要让全国各地的人都了解陕西饮食文化，爱上陕西美食，并由此而了解陕西、爱上陕西。

在现代旅游中，"吃"是旅游经济和文化重要的构成和推力。旅游是一种跨文化交流、跨文化体验。吃、住、行、娱、购、游，则是通过实际的体验来感知地域文化风情的重要途径，是一个地区打造自己知名度最为切实的平台。

第二个问题，关于陕菜。

陕西菜系、陕西饮食文化，我感到有这么一些特点：

厚重的历史气息。陕菜是秦地悠久历史文化的浓缩，在陕菜系列中你能尝味到汉唐风、丝路韵（像唐饼、驼蹄羹），体悟到其厚重的历史感。故而历史界有专家称陕菜是"中华美食之源"。

独特的地域色彩。饸面、油泼面、臊子面、锅盔、肉夹馍、羊肉泡馍、蒸饺等千变万化的面食，飞火、石烹、温拌等百花齐放的工艺，都是我们陕菜独有的名片。

宏大的包容气度。由于关中在历史上长期是中国的首善之区，长安又是千年都城所在地，故而陕菜系列中不仅包含秦地也包含着其他各地民间的、宫廷的甚至异域的多种风格菜品。南甜、北咸、东辣、西酸，各种口味在陕菜系列中融汇组合，各美其美，美美与共。有人说陕菜大度、大气、大雅、大俗，确乎如此。

鲜明的乡土个性。陕菜能让你鲜明地感受到秦人性格特色的沉淀。我们常开玩笑说，陕西人的性格是"生、冷、蹭、倔"，比较朴拙强硬。陕西人的饮食，也就酸、辣、咸、香居多，味道较为浓烈。陕西人有一句自我炫耀的话，说陕西人啃的是硬馍，吃的是硬面，就的是硬菜，所以陕西人能说硬话，能干硬活，能拿得出硬货！虽是玩笑，却反映了饮食与性格的内在关系。

这几年，陕菜的提升、推介工作抓得卓有成效。陕西通过创新、整合、提升，大力发展大众化餐饮和绿色餐饮，逐步形成了高、中、低多档餐饮的协调发展，特色餐饮和中外餐饮相互融合，业态及餐饮网点布局相对合理，多元化餐饮市场共存互补的这样一种格局。近两年，西安市获得了世界中餐业联合会授予的"国际美食之都"的称号，这是全国第二座获得这一称号的城市。渭南市也被授予"中国陕菜之都"。全省将继续推动社会全面参与陕菜品牌的打造，力争到"十三五"末，基本完成陕菜品牌四大体系的建设，使之成为一张促进全省经济社会发展的亮丽名片。

西安忆康饮食集团公司对"白鹿原"陕菜饮食品牌的打造，是一个发掘陕菜文化内涵的成功范例。他们通过专业化的市场调研，发掘陕西小吃丰富的资源和巨大的市场竞争力，十来年的时间，在40座城市开设了近200家门店。2018年他们更重点打造了北、上、广、深的样板店。其中上海的样板店荣登上海小吃品类排行榜榜首！以"白鹿原"来命名一个陕菜饮食品牌，反映了他们对饮食文化和历史文化、乡土文化、艺术文化的关系有比较深刻的把握。

作为长篇小说《白鹿原》作者陈忠实先生的生前好友，我曾多次上过白鹿古原，多次到过忠实先生的家乡白鹿原的毛西乡西蒋村，吃过他在自家厨房为我们擀的面。白鹿原历史悠久，汉代称为"灞上"，几千年来在这里演绎了许多风云变幻的历史故事。白鹿原包括狄寨原、炮里原等多个原面，是西安地区最大的黄土原，堪称典型的历史文化和乡土文化的展示平台。白鹿原地处西安市灞桥区和蓝田县的交界处，蓝田是全国久负盛名的"厨师之乡""蓝田勺勺客"百年来一直走红西部。这里丰厚的饮食文化和民间饮食技巧，成为孕育"白鹿原"饮食品牌的肥沃土壤。

陈忠实先生的长篇《白鹿原》获得茅盾文学奖，继而又入选百年来影响最大的百部图书，成为全国家喻户晓的文化现象。这给"白鹿原"陕菜饮食品牌的市场影响力打下了雄厚的基础，为陕菜品牌在全国的传布提供了极大的助力。

应该说，陕菜在打造国内外品牌方面还有许多空间，这里我谈几点建议：

一是专业化、连锁化、规模化空间还很大。食材和工艺标准化不精确，各餐馆菜系质量往往参差不齐，容易影响声誉。应该全力推动菜品标准化、连锁化的转型升级。

二是文化附加值的植入空间还很大。陕西是一个有文化有故事的地方，但是把文化背景和民间故事融入菜系还可大做文章。比如菊花火锅植入了慈禧太后西行长安的故事，就比较有趣。陕西地方历史故事、宫廷故事、民间故事、诗词故事、名人故事、丝路故事、回坊风情故事都非常多，如何将这些融入菜系之中，增加菜品的文化的附加值，很值得探索。

三是如何借助丝路，使陕菜系列延伸、提级，用开放、融汇的思维走向国际。陕西、河西走廊、新疆、中亚的饮食，自古便有着内在联系。从锅盔馍、肉夹馍到新疆馕，再到土耳其烤饼，鲜明地反映了干旱、半干旱地区饮食构成的内在联系。

四是进一步发挥多媒体尤其是各类新媒体的作用，宣传推介陕菜，还需要有创新思维。亿康集团专门成立了饮食文化研究院，广纳各类精英人才，研究提升陕菜的核心技术。尤其重视通过智能网络推广各种陕菜品牌，将中国传统菜系和现代新媒体结合，进一步加强对体验文化和网络媒体的重视。

2018 年 10 月 14 日，西安

以"2S"理论构思西咸新区名片

要谈西咸新区名片，先要明确新区定位。西咸新区不像浦东、渤海、两江这几个新区，皆是以经济、金融为主的"硬实力"型新区，西咸是以建设国际大都会为目标，探索构建新的城市模式的"软实力"试验性新区。它的关键词很多，主要是以社会建设统领城市建设，以田园生态构成新区特点，还有引领大关中、带动大西部、落实国家西部大开发的重大战略，再便是实现西安、咸阳两大帝都的强强联合等。

但新区的名片不能求全、求大、求实，这些特质不能在名片中全部涵盖进去。市场传播有个"2S"理论，即"简明、惊喜"（两个词的英文单词都以"S"打头），或者说简明——准确、惊喜——新颖。名片一定要单一、明朗、通俗、新颖，易于口传。我不主张用古典的对仗句式，最好是口语，从侧向思维出发，以形象比喻暗传意蕴，以宣传效果置换具体实在的意义。如"宜春——一座叫春的城市"比"西安——华夏故都，山水之城"更有传播价值。我主张构思名片的思维，应由表达城市内涵本位置换为宣传效应、接受心理本位。

不要总是力图从宣传城市内涵出发，要更多地从如何便于传播、记忆、独特出发来考虑问题。

新区名片的征集、评选过程很好，三轮征集，间以组织市民参观、专家讨论，这个过程就是进一步定位、多层次提炼、延时空宣传。过程与结果都重要，但过程更重要。建议最后评选结果可分为三组：名片，城市推广语，行业或区域宣传词，充分利用这些征集成果。

2012 年 3 月，西安

用创新观念办好文化产业学院

今年全校工作重心是以评促建，以评促改，以评促管，文化产业学院能否在前面再加上四个字："以特促评"？"以特促评，以评促建"，就是发挥我们的特色优势，以改革带动全面工作，促进评估，促进建设。这方面一定要有新思路、新动作、新成果，全院要形成解放思想、改革创新的风气，不辜负董事长的期待，向学校交一份改革试点的好答卷。

一、两个重点、两个工作体系双线交织

以评促建，全面搞好学院教学、科研、学生管理、安全后勤各项工作，是我们的基础，要摆在第一位全力搞好。力争今年实现一个目标：全面顺利通过评估，保住两个底线：不发生重大安全事故和重大教学事故。

以特促评是我们另一工作重点。经过分院后的一学期实践，我们各项常规工作已经初步步入正轨，腾出手启动改革试点，时机已经成熟。改革与评估并不矛盾，反倒互促互惠。有特色有创造性的工作，才能形成评估亮点，才能促进建设。改革是更好更快更深的建设。

二、两种观念、两种眼光出现两个空间

若是一种观念、一种眼光，学校就是学校，教学就是课堂，教师就是动嘴。若是两种观念、两种眼光，学校还应该是人生的实习工厂，教学还应该变为技能培养的过程，教师还应该是能动手、善动手的师傅。学校对职场来说是上岗前的培训班，职场对学校来说是永远的实习基地。学校就是拟态职场，职场也是终生的学校。我们能不能把二者结合起来，探索那种"课堂—职场"

"老师—师傅"的二维办学方式、矩阵办学方式呢？有两种眼光，就有了两个空间，两个可以驰骋、可以有作为的天地。

三、文化产业拟搞两大系统工程

学院办产业，短处是"三缺"：缺资金，缺政策，缺市场经验；长处是"四有"：有人力资源潜力，有设施资源潜力，有土地资源潜力，有市场资源潜力。

因而总的想法是：以校内现有资源为基础，与有关专业、师生相匹配，低成本、低风险启动，分批次进入，先期开发校园。逐步建立产、学、研三结合，教学、实习、就业三位一体的应用性大学教育模式，从入学开始就着眼于增强学生的就业素质和就业竞争力。

设想搞两大系统工程：

第一，成立雨花文化产业总公司。

与文化产业学院现有的教育系列并行，成立文化产业学院雨花文化产业公司。下面拟设六个子公司，成熟一个成立一个：

1.鱼化湖景区开发公司（与环境景观、艺术设计专业和荷园宾馆匹配）。在现有基础上全面打造鱼化湖景区，并适度向社会开放（起码可先试行假期开放）。包括：环湖生态景观的改造提升；启动点亮工程、音乐背景和游湖项目；建设荷园北沿滨湖玻璃墙回廊，开设咖啡厅、茶社、KTV歌厅、茶艺培训和竞赛活动；整修鱼化湖西墙林荫道，为校园西扩作准备；设计若干环湖摄影和摄像点创意；等等。除项目自身收入，还可拉动荷园的食宿和旅游经营。

2.雨花演艺公司（与影视表演、舞台美术专业、文学系和学校后勤匹配）。依托雨花厅和学术报告厅等设施，适度向社会开放。除承担学校教学和文化活动，可承接校内外演出、周末电影、中小型会议、各类竞赛、选秀、论坛活动等，如组织民办高校校园艺术节，举办陕西省首届夕阳红才艺大赛、青少年才艺大赛等赛事，力争达到每年过半的利用率。

3. 雨花微电影动漫公司（与动漫、艺术设计、影视表演、新闻、文学、编导等专业匹配）。在现有专业师生、设备基础上，承接自创与外包影视动漫产品。由低端起步，向中端提升。

4. 雨花艺术团演出公司（与影视表演、舞台美术和艺术管理专业和人文学院"我和你"艺术团匹配）。在现有学生话剧团基础上，结合新专业的建立，办成乐、舞、话、歌综合的多功能艺术团。结合教学、招生和学校任务，组织校内外巡演，参与社会赛事，逐步扩大影响。近期目标是：上半年到省人艺剧场演出，下半年由鱼化湖走向未名湖。

5. 雨花摄影公司（与影视表演、服装模特、动漫、新闻摄影专业相匹配，在南、北二区设点）。承接校园内外工作照、证件照、毕业照、校园生活系列、文化活动、社会宣传和产品广告的摄影和制作。

6. 西安外事学院安志顺打击乐团演出公司（与音乐表演、艺术管理专业匹配）。该团已签约成立，要进一步落实教学演出任务，以及冠名演出的范围、场次，并付诸实施。

第二，启动特殊人才选拔培养机制。

落实黄藤董事长讲话的要求，在规模化培养各类人才的基础上，要特别注重特才、怪才、奇才的发现和培养，树立以一当十、以质胜量的人才培养观。

尽快设立文化产业学院尖子学生资料库。入学伊始，便从全院学生中遴选出个性鲜明、才艺突出的学生进入才艺库。在整个三四年的学习过程中，分三个层次逐年逐级遴选，由大众而小众，由小众而尖子，由尖子而品牌，重点培养品牌人才。

拟分三个层次：

1. 才艺人才群。注意招收有才艺特长的苗子，进入学院才艺人才库。由相关教师和辅导员联系，三级院、系管理。大约占新生总数的20%，即四十人左右。

2.尖子人才群。经过动态的培养、考查，在才艺人才群中再按25%比例，遴选出十名左右尖子人才。由骨干教师和辅导员联系、二级院管理。要充分理解并重视开发他们的艺术创造潜力。建议这十多人集中居住，以营造全天候艺术氛围，重点培养，加速成长。

3.品牌人才群。在尖子人才中若有特别优秀者（两三人），可作为品牌人才培养对象。要聘专家用以师带徒方式、研究生方式培养。由学校管理，可委托二级院执行。要按其特长制订单独的培养计划，拨付专项经费。要在聘请专家、提供展示平台、宣传打造方面，制订"菜单""偏吃偏喝"。

我们也许在三五十年内难以培养出一个院士，但不是没有可能在三五年内培养出一个明星！

对才艺学生的选拔，建议学校考虑扩大到全校范围。确有成效者，要争取给这些学生发本专业与艺术的双学位证。

四、一个实体，两个工作系统

不另设编制机构，实行一个实体、两个工作思路和执行系统。

第一方案：雨花公司可作为校园文化产业板块，纳入学校已有的文化产业公司统管，但要承担起与教学相结合的任务。在这种情况下，建议学校文化产业公司分管校园文化产业板块的负责人，最好兼任文产院专管产业的副院长。

第二方案：雨花公司交由文产院管理，董事长由校董事会领导担任，总经理由二级院领导担任。各子公司董事长由控股投资者担任，经理由各子公司董事长聘任并报学校同意。经理可在校内或校外聘任，本院教师也可以兼任，并另计报酬。这种情况下，二级院最好增加一个管理雨花公司的副院长。

辐射效应。产、学、研深度结合之后，除了教学内容和方法的调整，如何将应用性人才培养的创新实践贯彻到学生管理、教学管理、行政管理、督导工作，以及教学绩效和整体工作的评价体系中去，需要在实践中探索。比如，教师应进一步双师化，为新专业和新企业储备人力资源。教学应作相应调整，在不违背教学大纲前提下，适当加大实践课比例、适当设置公司所需新专业课程。

五、相关政策、投融资支持及其他问题

1.希望学校能在启动资金、社会融资、股份制规则、设施折股（折价）、计酬方法等各方面给予大力支持。

2.给参与者提供更多发展空间。

两证：参与产业实践并做出成绩的学生，毕业时除毕业证，还可发公司从业资格证，使学生提前具有履职经历。

三渠道：参与产业实践并做出成绩的教师，应在职务、职称和企管三个渠道获得晋升空间。

3.聘请法律顾问（如杜德鱼老师）和市场顾问（如商学院专家），以便于科学运作。

4.其他要考虑和协调的问题：如要坚持学生自愿参与并尊重家长意见；要向学校各部门和各兄弟院借智借力借势，共建共享共荣；要考虑与校园安全、宁静氛围的协调、和谐。

2013 年 6 月，望湖阁

愿渭南的文化星空更加璀璨夺目

去年9月，党的十七届六中全会召开不久，渭南市文化促进会会长林化增先生在西安约我见面，要我为市委组织部、宣传部、文化广电新闻出版局和市文化促进会主办的渭南文化名人宣传评选活动题词并担任主评委。听了林先生对活动的介绍，深感这是一桩有大眼光、大功德的事，是宣传渭南、展示渭南，为渭南积累历史文化资源，全面提升渭南形象的文化工程。我当即为活动题写了"华山千仞刻仓颉字，黄河万里追司马风"的联句，以示祝贺。

由于社会各界的支持和组织者的精心，这项活动进展顺利，在今年年初渭南市召开"两会"期间举行了颁奖文艺晚会。我有幸应邀参加，与市上两会代表和文化界人士欢聚一堂，共同庆贺评选结果的揭晓，见证了渭南文化名人群体的风采。之后，他们又组织编辑出版了《中国·渭南文化名人风采录》，邀我作序。以我的浅陋，何以当此大任？推迟再三而未获应允，出于对渭南悠久历史灿烂文化的敬仰，出于对渭南文化促进会这项活动的感动，只好应命捉笔。

渭南东连山西河南，西通古都长安，南依巍巍秦岭，北接圣地延安，是中华文明和黄河文化重要的发祥地。在这片古老的土地上，字圣仓颉创文字，酒圣杜康酿美酒。司马迁忍辱负重写出了旷代雄文《史记》，为中国史学和文学奠基。白居易更以流传千古的《长恨歌》《琵琶行》等大量诗作和倡导现实主义新乐府运动而享誉世界。历史的长河进入现代，在文化、政治、经济各界，渭南更是精英辈出，如习仲勋、杨虎城等。他们承载着这块土地的厚重，也创造着这块土地的辉煌。这里的每一条河都流淌着创业的故事，每一座山都镌刻着美妙的传说，每一处胜迹都蕴含着天宝物华。

《中国·渭南文化名人风采录》是一部浓缩渭南文化精髓、反映渭南文化发展的书典，是宣传渭南精神、整合人才资源、推进文化兴国战略的举措。这部书以地域名片的形式展示渭南文化名人的风采，以视觉时代的呈示方式展示渭南文化的灿烂成就。五千年历史文化的结晶，是渭南取之不尽、用之不竭的精神财富。只有充分认知渭南丰厚的精神财富，才能真正弘扬、传承渭南文化，担负"文化兴市"的重任，建设渭南美好的明天。

　　文化是一个民族生生不息的血脉和精灵，中华民族的伟大复兴，注定伴随着中华文化的繁荣昌盛。《中国·渭南文化名人风采录》的出版发行，是阳春三月的花信，更多的文化人才将在春风和阳光下展示自己的风姿。渭南文化大繁荣、大发展的风景线正在我们眼前出现。

2012 年 4 月，西安

家风国风两相宜

《丝路家训》本是一档电视节目，已经走红好些日子了。许多人都向我推荐，说西安电视台的几大品牌节目中，《电视问政》和《丝路家训》是最值得一看的两档。

回想这档节目摄制之初，出品人兼主持人郝靖女士曾经诚邀我参与，但我当时"望文生义"，觉得自己对中国传统家训文化实在所知甚少，不能以其昏昏使人昭昭，怎敢出镜妄议？便礼貌地谢绝了。后来西安电视台惠义台长又邀我去看已经出品的几期节目。这一看，看得我脑洞大开、兴趣盎然——原来家训节目竟可以这样来拍、又可以拍成这样的。

节目从家训入手，而不局限于解读家训本身。以大视野大思考，出入于家与国、家与天下，出入于家训与社会道德、民族文化，由家训而家风，而行风，而社会风气，而道德文化，而民族精神，而天下情怀。真的是纵横捭阖、气象宏大。原来，这竟是一个关系所有家庭所有人的节目，是一个谁都爱看、谁都可以谈，而且会有谈兴、会有谈头的节目。本来较为狭窄的题目就这样变得汪洋恣肆。我于是便有了兴趣。

家庭是社会最基本的单元，是文化最末梢的神经。国家国家，国之起点乃家；家国家国，家之尽头乃国。家和则国乃有福，家和则万事可兴。《丝路家训》节目的策划和展开，由家及人，由家及心，由家及国，由家及社稷、民族、历史、天下，其中有无穷无尽的话题，无穷无尽的角度，无穷无尽的人物，无穷无尽的故事，无穷无尽的表述方法和镜头语言。这种围绕家和家训随意展开、出入自如的谈法，正是中国历史上家国观念、家国情怀的一种承继和弘扬。也将古代家训与当今社会道德和社会文明的建设贯通为一体。

这恐怕是节目收视率节节攀升，社会影响日渐增大的最根本原因吧。

《丝路家训》采用文化学者、知名人士和青年学子三相组合的嘉宾结构。学者做历史文化背景的深度解读，使话题有了大的纵深；名人现身说法，坦陈公众人物的家庭风貌，这是人所少知而又人所欲知的，增加了可看性；年轻人则从新的现代坐标上，讲述自身对中国家训、中国文化的接续和理解，便有了一些薪火相传的意味。

有几次，节目还选择了丝路各国在华留学的青年学子作为嘉宾，扣住了《丝路家训》的"丝路"二字，辐射力也就更为广博，有了跨国传播的意识。由中华文化而及于丝路文化，再及于人类文明，显示出古都西安作为丝路起点的那种世界眼光和人类情怀。

现在，《丝路家训》第一阶段的节目已经整理出文字和画面的版本，就要出版面世了。成书时，郝靖又在许多篇什中加上了她自己的文字随感。这些文字简明而有见解、有文采，很让我讶异女主持人思考与文笔之好。继而会意一笑：你道郝靖何许人也，她原本不就是名校中文系的高才生吗？当主持人之后，动口不动手业已多年，这回不过是旧业重操、小试牛刀而已。

电视节目与根据电视节目做成的文图书籍，已是另一种文体和文本，纸质阅读和视频观赏也是两个文化接受渠道，故特别将此书定位为"电视文化书"，想来不致大谬也。

是为序。

2018年8月30日，西安不散居

谈播音员的公职形象[①]

人类的声音是世界各种生命的声音中最优美的，而你们则将人类声音的优美发展到极致。人类优美的声音是通过你们传播出去的。在主持人构成一种热潮的情况下，播音员应该坚守自己的职业角色。主持人和播音员大体上可以划归为一个职业范畴，但却有两种不同的内涵。播音员，特别是新闻播音员，是一种公职形象、一种群体形象。他代表国家、政府，更多的情况下，他代表群体、代表社会；而主持人基本上是以个人形象出现的传达社会声音的个性化角色。他们是两种社会角色。在播出稿件时，主持人和播音员内在的人称是不一样的，主持人是"我"；而播音员是群体的"我们"，作为一种公职形象，他是自觉地代表"我们"说话的。因此，播音员对自己职业的期望值不应该放在个人的知名度上，而应该放在公职、公务形象的覆盖力、代表性和影响面上。作为一种以个性化面目出现的公务形象，主持人当然也代表"我们"，但他是以"我"的人称叙说"我们的故事"，而播音员则直接以"我们"的群体人称来说"我们"的话，说我们时代、国家、政府和人民的话，这是重要的人称区别、角色区别，也决定了两者在立足点、视角和内涵上的区别。

播音员的工作要改进、要搞活，但公职形象、公务形象这一基本的社会角色不应该抛弃，否则，先不说内容，仅仅从播音形式讲，就容易产生导向上的问题。如果我们的播音员都是那种很纯情的、很青春的声音，我们广播电台的总体声音形象，乃至广播宣传的主体格局都将会产生变异。由一个凝

[①]本文系在省电台听评新闻播音作品研讨会上的发言摘要。

重的、成熟的、稳健的公职形象变异为一个——比如说"琼瑶"形象，"席慕蓉"形象，广大听众不会认可用这种声音来代表国家和社会的。新闻播音员实际上承担着塑造人民广播电台主体形象的重担，是电台甚至是社会声音的主角。电台也有其他的声音形象，也需要"琼瑶""席慕蓉"，但那只能是一种辅助的、调剂性的声音形象，是胡椒面，是味精。正儿八经的原汁原汤、主食主菜，是新闻播音所塑造的主体声音形象。

播音员在播音思维上应该有发展有创新。这是时代发展的要求，也是广大听众的价值坐标、审美坐标的变化引发的一种接受呼唤。新闻改革中很重要的一项内容就是传播手段、传播形式的改革，其中就包括播音的改革。播音员知识面、生活面要宽、要当"杂家"，还要具有更多的文化感。文化感在稿件处理中的作用，不只表现在具体的语调、语速及一些复杂句式的处理上，更表现在宏观上，表现在对一篇稿件在整个新闻节目中的地位、意义、格局的认识上；也表现在深度上，表现在对具体稿件内在含义的开掘和表达上。比如有的播音员由于个人爱好或总体文化水平所致，在播新闻时，对排在后面的社会新闻投入多，有激情有色彩，比播放在头条的政治、经济新闻的投入还多，就容易给听众造成误导，使听众对社会新闻的关注远远超过了对重要新闻的关注。比如谁在一个墓地里过了二十年还活着的趣闻，尽管编辑将这条社会新闻安排在最末一条，但由于播音员自身的兴趣，导致它成了心理上的头条，使得听众在这一天最关注的新闻就是这个，而不是头条五星红旗在奥林匹克升起。这就是误导。所以播音员的文化感实际上就是宏观上、深度上处理、把握稿件的能力和水平，这常常既是一种文化素质，也是一种政治素质。

关于新闻播音员的声音形象问题，我有以下几点看法：

一、新闻播音员应该在日积月累的播音过程中逐步形成自己潜在的声音形象。听众会在长期听广播中造成对某些熟悉的播音员由时间的声音向空间的画面转化，这是必然的。

二、要慎用自己的声音形象。因为新闻播音员播的是新闻，要把握适当的"度"，不宜以自己个体的声音形象冲淡了所传达的公务和公职内容，这是一个大前提，跟主持人不一样，跟文艺播音也不一样。如果个性色彩"过度"，主体声音形象就会干扰客体内容的传播，极容易造成失误。要逐步形成自己相对稳定的声音形象和声音色彩，同时又要能迅疾地对不同内容的稿件做声音的转换。播音员应该根据不同的内容转换自己的声音气质，因为即使五分钟的新闻里也可能既有大江东去，也有小桥流水，所以声音语言的处理必须能根据内容进行迅疾的转换。新闻播音（不包括评论通讯播音）应该把有意识的导向隐藏，隐匿在较为中性的语调中间，用一种比较平实的声音传播信息，寓导向于事实的叙述之中。经意的导向和"不经意"语调的组合，这是现代社会播音的一个重要特点。

我们的播音员都是非常钻业务、动脑子的，非常专业的，整个社会文明在转型时代有许多新的课题摆到我们面前，相信播音员同志们一定会在新的时代做出很多出色的成绩。

报刊是传递民族精神的通道

最近，读法国雕塑大师罗丹唯一的一部文字著作《法国大教堂》，其中有一段话说："有了哥特艺术，法国精神充分发挥出它的力量。后来，法国精神贫乏了，但却按照意大利的文艺复兴加以调整，也许过分了"。罗丹在这里表述了一个重要的思想，即一个国家的民族精神"贫乏了"，异国的民族精神便会渗透进来，对本国的精神进行"过分"地"调整"。他在书中写到了意大利的文艺复兴如何过分地影响了"法国精神"的张扬，而到了19世纪，法兰西第三次艺术高潮出现，又如何使本民族的精神传统得到发扬光大，艺术上也显示出自己的独特性。

去年以来，我们国家引进了十部异域的大片，其中美国的《真实的谎言》这部影片，且不论其艺术性的高低得失，有一点却给人深刻印象，这便是从各个角度宣扬"美国精神"，确切地说，是宣扬美国白人的优越和强劲。这种宣扬由于是通过真切的艺术画面进行的，使很多观众，特别是对美国和世界历史不很熟悉的青少年观众，对美国精神产生深深的倾慕甚至幻想。

许多类似的例证，触动我想到宣扬民族优秀传统的重要性，想到当前报刊（也包括书籍和其他传媒）在这方面的缺欠和不足。我们的报刊以主要力量和主要篇幅宣传国家的改革开放和现代化建设，宣传民族精神的现代转型。与此相联系，介绍各国的民族精神和优秀文化，是正确的、必要的。但是，在此同时，不能忽略或轻视对中华民族精神和中华优秀文化的宣传。在开放的、现代化的宣传中，也应该渗透着民族优秀传统和现代化进程的结合，探讨民族优秀传统如何在现代化事业中发挥作用，使中华民族精神在新时代进一步发扬光大。

就我有限的涉猎范围看，目前的报刊宣传在这方面的确有所忽视，有所轻视，有的甚至还出现了贬低、颠倒民族传统的现象。拿报刊的文艺作品来说，有两个现象就很可注意。一是所谓"新历史主义"创作，有的作者常常从历史唯心主义出发，只拿历史题材、历史问题作各种翻案文章。有的文章和作品置历史是非功过于不顾，将镇压农民起义的君王写成生命豪强、人格坚忍的英雄，有的又将对历史起了推动作用的农民起义领导者，写成痞味、匪气十足的刁民。有的文章和作品则专注于夸大地展示民族历史和传统精神中的阴暗面，使青少年读者产生中国传统文化满目丑陋的错觉。而有些报刊对文物旅游的宣传，又常常热衷于假文物、假景点的介绍宣传，以假乱真，以假代真，模糊了读者对真实文物、文化景观的认识。有的甚至热衷于宣传文物和旅游景点中的文化糟粕，譬如丰都鬼城、西门庆故居、《金瓶梅》青楼的复原等。编者也许是从趣味性、发行量出发，但对读者心灵的污染却贻害无穷。

对传统的无知或误知，其实是对国情的无知或误知。不了解或误解中国的过去，如何认识和理解中国的今天，设计和建设中国的明天？民族历史传统是历代人民群众创造的物质文明和精神文明的结晶，不储存传统的心灵是没有坐标的心灵，没有光彩的心灵，没有免疫力的心灵，各种杂质和病毒便容易乘虚而入，各种世俗功利、浮躁心态和有害情绪便容易蔓延。

切望我们的报刊，特别是青少年报刊，能够长期地、系列地、准确地，又同时通俗地、多彩多姿地传播民族历史知识、弘扬中华精神传统，使我们民族入世有为的创造精神、坚忍不屈的奋争精神、厚德载物的融聚精神、崇尚道德的人格精神以及忧患意识、责任意识、开拓进取意识等美德，能通过报刊一代一代薪火传递。

1997 年 3 月，谷斋

补遗

"补遗"中的文章,是"云儒文汇"遗漏的篇目。

庚子之春三章

一、春写《道德经》跋

庚子殇春，病毒肆虐。华夏大地，人皆居家不出，以佑生命。吾乃沉淀意神，执一心念，每日沐手焚香，恭书老子《道德经》，神游天、地、人三界。

前后凡二十余日，八十一章遂告完成。步出个体之共情传染，进入心理之自愈机制。不觉间窗外已是春色绚烂，阳光普惠，好一派生机！

乃悟老子所云"天长地久"至为不虚。天地所以能长且久者，以其不自生故能长生也。

天佑我中华。

二、春日转暖

挺喜欢冬天，冬季用寒冷激励我们奔向温暖。当然更喜欢春天，因为万物在春天重生。春节，便是由寒冷到温暖、由萧疏到繁荣的转捩点。

站在春天的门槛上，对生命会生出许多期许。

春气动，草萌芽，蒸腾弥漫的春气，拂面浸心的春风，普惠万物的春阳，诱发我们向往青山绿水，向往鸟啭虫鸣，向往自然和社会迎来的新繁茂。

农历腊月廿三小年这天，友人求字，我在四张斗方宣纸上各写一字相赠，并发到微信朋友圈，祝福大家也勉励自己。四个字是：静、思、勤、和。

静是心态。让自己更加静下来，远避喧闹，远离浮躁，静以敛心，静以致远，静水深流。虽无缘大音希声，小音更要少发声，小声大动静，最好。

思是神态。在精神世界让自己更多思，更看重三思而后行，以减少行为风险，节约行为成本。年逾古稀，浪费不起一寸光阴、一天生命了。

勤是行态。少时要勤，老来也要勤，愈老愈要勤快。以勤补拙，以勤生能，用勤快去抢夺生命，积攒光阴。

和是世态。世界和平，社会和谐，民生和惠，心境和宁。人和，社会和，内心也就和谐宁静。世态之和是一种生存环境、文化氛围。人和树一样有赖于好土壤，也和树一样要反哺土壤，使土壤更肥沃、社会更温馨。

宁和致强，春天，你好！

三、老树春芽[①]

今年八十岁了，这么老个老头还上台领什么奖，挤占年轻人的名额，实在惭愧有加！我要向各位获奖者道声祝贺，向暂时没有得奖、锲而不舍努力一定会得奖的青年作者致以歉意，向会议的组织者、参与者道声辛苦。

我再说三句话，寄语陕西青年文学奖。

第一句，文学天然属于青年，青年最文学。

第二句，文学马拉松的最后胜利者，一定在下一代。

第三句，文学的创作、发表、出版，以及各类文学活动的舞台，主角当然永远是我们的年轻人。

谢谢！

以上各则写于 2018—2020 年

[①]本则文字是在接受陕西第一届青年文学奖贡献奖时的致辞。

文明冲突的一些当代趋势[①]

世界文明、人类文明实际上是悬浮在人类精神宇空中的太阳。各国各民族各地域的文明，各种信仰孕育的文明，则是经过不同云霓折射的阳光，于是便有了各不相同的斑斓色彩。色彩不一样，但最终追求的都是人类精神的阳光，都是为了向善向美地改善自己的生存状态和精神状态。人类是在不同云彩的折光下，探索、追求、奋斗，最终沐浴在文明之光的辉煌中。不同的光谱色谱，使各种文明之间的差异和冲突永恒存在着；对人类终极文明境界的追求和趋近，又使不同文明之间的对话永远可能。

人类文明有一个基本的特征，这便是孔子说的和而不同。为什么不同？因为人类文明是多民族、多地域、多集体和无数个体创造的总集合。创造文明的主体不同，原生价值、本体价值坐标不同，创造的成果也就不可能相同。不同是永远的、恒在的。

不同的文明为什么又要和谐呢？孔子说："君子和而不同，小人同而不和。"和不是同，不能要求把各种文明的不同都变成同一。强迫所有的文明都一样，其实是用强者的文明话语强制性地统一弱者的文明话语，这样反而会导致冲突。和是什么？和是尊重不同文明的创造主体和创造成果，将各种不同而有可能协调的部分协调到一起，那些不可能协调的地方也相互尊重，求和存异。通过和平、和谐、和惠、和宁，形成不同文明相互尊重、协调、融汇的共同体，也就是那种和而不同、求和存异的共同体。这个文明共

[①] 本文系在原点论坛的演讲。

同体是一个浩瀚的大海，因为生存着亿万种不同的生命，才有了永不枯竭的活力。

冲突的表现是多层面的。有恶性的表现，例如流血冲突、军事冲突；有亚恶性或者亚良性的表现，比如政治社会的冲突，激化后的宗教冲突，等等。也有良性的冲突，比如在不同历史文化背景下的各种文化，在共处中容纳着的差异和冲突。

相异，是指异角，不同的视角；异质，不同的质地；异向，不同的向度；异态思维，不同的思维方式。东方和西方，中国和外国，文化既有相似性，也有相异性。这种相异在大多数情况下是良性的相异，是一种良性循环。只有处理不好的时候才会被激化，上升为亚良性冲突、亚恶性冲突，甚至恶性冲突。历史上不同价值观的国家、地域和宗教之间不是发生过多次流血战争吗？

解决冲突最基本、最有效的方式就是对话。对话是冲突双方的倾听、交流，是为了情势的缓解乃至解决。在对话中寻求话语共同点、心理共同点、感情共同点乃至利益共同点，事情便可能出现转机，出现趋近和解决的希望。不同方位、不同深度的对话，有可能将冲突限制在良性与亚良性层面而不致恶化。朝鲜半岛的南北冲突，曾经恶化到战火一触即发的地步，但经过这些年的努力和各方会谈，形势有了一点变化。海峡两岸，在国民党马英九担任台湾地区领导人时，承认"九二共识"，与大陆开展各层面的对话，是一种向好的形势。这两年民进党蔡英文当局不承认"九二共识"，两岸对话中断，形势便急转直下。不对话，不沟通，隔膜生矣。隔膜常常是隔断和对立的前奏。

对话是倾听、沟通和理解，也少不了妥协。妥协是政治社会生活和人生的大智慧。其中包涵着一个人、一位领导者乃至整个国民的素质、境界、胸怀，也有着人生的、思维的大智慧。在对话中深入反观自身核心价值体系以增强自信自立，审视自身文明可能有的盲点和缺失；在对话中用异质文明因子对自身作嵌入性冲击，以获得文明更新的动力；在对话中倾听并理解对方意见的真情和真谛，以寻找趋近的可能性，或寻找取胜的切入口。解决不同的冲突，需要有不同的对话方法、不同的话语体系，甚至不同的对话环境。有些领导人开展对话，有时会选择家乡、庄园，还有休憩地的私人交流，闲庭信步。这是举重若轻，营造亲切的气氛，将严峻的政治对话个人化、情调化，为倾听、沟通造境造势。

纯粹的文化学术冲突，完全可以通过百家争鸣、平等讨论来解决。宗教和民族冲突，在尊重、理解对方信仰和民情风俗的基础上也是可以得到化解的。唐代就有过由灭佛到礼佛的例证。化解冲突、求和存异，使唐代出现了崇儒、尊道、礼佛这样一种多种信仰和谐共处的大气象。

有一些社会性冲突，双方换位思考，多从总体的和长远的利益出发，多从理解和兼顾对方并寻找双方共同点出发，常常可以得到解决。包括铁血战火，在现代也愈来愈倾向于通过政治途径解决，也就是通过谈判和对话解决。开战是冲突的爆发，停战则是对话的奏效，其中当然包含着妥协。妥协从来就是对话和解决冲突的一个重要智慧。

总的来说，不同是人类文明的永恒现实，和谐是人类文明的共同愿望，对话也便成为成熟社会的最佳选择。人类文明就这样在冲突—对话—和谐，与再冲突—再对话—再和谐的规律中起伏前行。这是我谈的第一个问题。

第二个问题：人类文明和每种民族、地域文明，都是动态发展的，都是一条流动的长河。文明在动态中发展，呈现出时间和空间上多重叠加式的变化。我们说到传统形态的文明冲突，主要是指国家、民族、地域文化的不同、宗教信仰的不同，包括民俗民艺的不同，亦即不同生存方式之间引发的不同程度的冲突。进入现代社会，特别是进入智能社会，这些传统的冲突形态依然存在，但是又有许多新的文明冲突涌现出来。二者在时间、空间上形成多重的叠加。

当下文明冲突有很多新的表现，我暂且试着先举出四个方面。

第一个方面，速度对人类时空观的改变。时间改变空间，可能引发文明新的冲突。高速公路、高速铁路、高速航空，尤其是极速网络和智慧云，使天堑变通途，天涯成咫尺，地球正在成为村落，不同国家和民族正在成为近邻，极大改变了人类的时空观念。同时，它还促进了人类和平友好共居体、国家和民族命运共同体的构建，也给大空间经济区、大城市群和现代大旅游、大农业、大分工合作的产生提供了空间。

但也因为人类群体生存在时空上的靠近，利益摩擦加剧的可能性大大增加。

新的时空关系一方面有利于人类在更密切的交往中共同发展，另一方面又因生存的拥挤、需求的超载，加剧了人类冲突的风险，这就诞生了新型全球化与逆全球化，多边共进的多边主义和单边优先的单边主义的冲突。例如中国的"一带一路"、新型全球化和美国的美国优先、逆全球化的冲突。马克思说人是社会关系的总和，恩格斯说世界是按多个力的平行四边形的对角线的合力的方向前进的，人际、群际、族际和国际的关系变化了，力的平行四边形的对角线走向变化了，文明冲突与对话的方式也不能不变化。

第二个方面，代际文明冲突呈现新趋势，主力舆论群体和相应的主力消费群体已经日趋年轻化与平民化。据统计，小于三十九岁的网民已占到百分之七十九。他们与传统舆论人群和消费人群的差异，正随着岁月的延展日见扩大。有资料表明，甚至"90后"和"00后"，只相差十年，意见差异也已经开始显现。这是从纵向看。

横向看，传统的城乡人群、城乡文明矛盾中的相当一部分，正在转化为城市社区中传统市民与新居民的矛盾。在这个矛盾运动过程中，由一代农民工转化生成的新市民阶层正在势不可挡地形成，而留守农村乡土的群体也正在社会主义新农村跨越式的创建中，逐渐转化为新农民群体，这个新农民群体中，还有一部分由城入乡、投资现代农村发展的现代"新农民"。新市民和新农民两个群体的利益诉求，会引发新的冲突，更会因为发展的需要，在文明和社会实践两个层面趋近、交集，在对话和合作中携手共进。

第三个方面，就是人类作为一个整体与大自然的冲突。不妨通俗地表述为社会生命与自然生命、社会人与外社会人的冲突。这是消费侧与供给侧的不平衡和冲突。人类作为一个总体，要生存，要消费，要发展。满足人类这个总体愿景是合理的。日益增多的人口和日益增长的需求，与自然资源承载能力之间形成尖锐的供需矛盾。大自然（包括矿物、植物、动物、大地和天空）相对无声，虽然不能用人类的语言来参与这场冲突，但大自然从个体到整体，都是一个生命的自洽体系。人类如果破坏了它生命系统的良性循环，它就要无声地甚至自戕式地报复人类。它会用自己生命的枯萎、枯竭，用自己生命链的断裂、崩塌，拒绝满足人类恶性膨胀的过度需求。一旦大自然这个供给侧出了问题，宣告不能再像原先那样承载人类的需求，作为消费侧的人类将何以为继呢？西方以人与环境两个对立面的相互关系为立足点，创造了生态哲学、生态体系。中国则以人与环境均为不同形态的生命为立足点，从"天人合一""阴阳相生"的观念出发创造了"生生哲学"与"生生美学"。这里的"生生"是动宾结构，即天地生成了人与万物旺盛的生命。人与环境都是天地生成的生命形态,而不是人与环境、人与生存背景的关系。这就从根本上扭转了人与自然的对立,而走向人与自然的生生和谐。马克思曾指出,共产主义作为完成了的自然主义,等于人道主义;而作为完成了的人道主义,等于自然主义。在中国哲学中,我们也可以表述为人道与生道,人道与天道的"冲突—对话—和谐"。

第四个方面,就是人类作为一个生命整体与新的智能时代发生的文明冲突,也不妨通俗地说成是自然人与智能人、生命人与外生命人的冲突。例如智能人时代到来后与原有社会在社会管理规则、法制体系、伦理关系、价值观念、致思方式,以及相应的生活方式等领域的冲突。我曾将这个新冲突时代命名为"智本主义"时代,以与人类历史发展的"神本主义""人本主义"相对应。未必准确,只是一家之见。

这里说到的后两个新的文明冲突,由于不是人类内部民族、国家、群体的冲突,而是人类作为一个整体和"外人类"的冲突,所以不容易撕裂人类,倒是在与"外人类"的冲突中激发了人类的内聚力,构成人类团结和谐的内在动力。

那么,当代社会中人与自然的冲突,人与智能人的冲突,人类跨时空快速交往与传统交往方式的冲突,导致了怎样一些新的文明现象呢?也就是说,由工业社会到信息社会再到智能社会,文化冲突和文明对话有了哪些新的形态和路径呢?我即兴讲几点自己感觉到的。

比如说,由在传送带旁强制的枯燥的传统制造劳作,到智能生产时代,智能制造更重视也更能发挥人的个性化创造空间,人的劳动变得更人性也更有创意乐趣。而很多高科技尤其是智能技术越发展,越能使人类离开那些枯燥重复的低端制造。我们的医疗越来越智能、越精准,人类远离医院的原有治疗方式的可能性就越大，张扬人性感情的空间也就越大，这是一种新的心态。

与此相联系的就是，你原来从事的生产和工作，是在一个集团、一个企业，或者一个机构的管理下进行。而现在有了另外一种方式，就是自助式生产，通过智能自己设计、自己制造、自己购买、自己享用，整个生产、消费过程都有很大的自由度，有更多的个性空间和创造乐趣。这是对原有的集群化、规模化生产的一种转型、一种瓦解。

还有就是，当下社会除了仍然保留了原来的等级性、行业性秩序这种纵向结构外，又补充了横向的或纵横交错的网络结构和社群结构。当下社会的人群，一方面在单位、在企业、在纵向管理系统中生存，另一方面又通过智能网络和五光十色的跨越纵向体系的社团和准社团（多如牛毛的微信群也是一种准社群），进入了不计其数的横向社区体系。我们每个人都生活在纵向体系和横向网络这两种结构的交错之中。这两种结构之间，当然也会产生新的文明冲突。

最后，各种新的社会文化现象，还会凝结为思维的冲突和改变，新旧之间在思维冲突中更新换代。传统的非此即彼的二元选择和多向的、多维的现代选择，既构成文化冲突，又构成文化张力。这是新的东西，它不再是二元对立，也不永远是一分为二，而是一分为三，一分为多，网状叠加，多维共存。

在中国哲学里，老子说一生二、二生三、三生万物，他把"三"作为从一到万物的一个转捩点。正如《辞海》对"参"的解释："参"同"叁"（三）。《左传·隐公元年》记"先王之制，大都不过参国之一"，"三"在古代就是"参"，是指在一与二两个对立元素之间，不能没有第三元素、第三范畴。"三"或"参"即是"参议""参考""参照""参数""参验"，这也就是多维参照、多方对话，是处在二元对立中的一个对话空间、沟通纽带和协商余地。中国文化讲究"执两用中",执其两端,取用其中。也就是说,每个事物都存在一分为三的左、中、右状态。这是个动态存在,随着左、右两边力量的不断变化,"执两用中"的这个"中"也在不断变化,也在动态发展。

宋代哲学家方以智秉承禅宗思想提出,人的最高境界是用三只眼睛看世界:第一只眼睛看前面的景;第二只眼睛看背后的景象;第三只眼睛是天眼,站在一个非常高的位置,俯瞰这个世界,看众多事物在一个大全景中的种种关系,这才能够构成一个人对世界比较完整的认识。天眼常常不落于有或无的简单结论,不见得是非有即无或非无即有。你前面的眼看到一个人,这是有;后面的眼却没有看到人,这是无;天眼由于站位高,是在飞行器上来取景,是在一个宏大的关系中来观察的,既看到前面有人,也看到后面无人,说有说无都不全面。它可以既有既无,或有或无,若有若无,等等。那才是大千世界之万象呀。

2018年5月20日,西安

亚洲文明的多流共源和多元互鉴

——2019年5月"亚洲文明对话大会·亚洲文明多样性分论坛"接受新华社采访

亚洲文明是多流共源的。东亚、南亚、西亚的文明最早都生长、发育于中国黄河、印度河和巴比伦的两河流域这三大水系的冲积土层上,共源于农耕文明,形成了农耕文明基础上的社会形态和价值追求。

这三大文化区虽共源却多流,各以中华文化、印度文化和阿拉伯伊斯兰文化为基础,虽不同却和谐。大体上都是在人与自然同步共振的关系中,来思考人类生存和社会管理的问题。中华文化、东亚文化将其表述为"天人合一",印度文化表述为"梵我同一",伊斯兰文化也把人的善恶与天的善恶看成对应或感应的关系。文化上的这种多流共源,使亚洲各国在今天的交流合作中有了一个共同的、深远的历史文化基础。它有利于各国战略伙伴关系和命运共同体的建立,也从历史哲学的高度印证了多边主义的活力。

共源并不意味着亚洲文明是单一的,它一直是在不断的交流中多元互补的。比如佛教文化,是印度贵霜王朝时开始形成的。贵霜王朝最早是从中亚的大月氏南迁过去的。到隋唐时代,佛教又开始东传中国,在中国发育成熟,又转传到东亚其他国家。在传播过程中,每到一地都会挟带上当地的文化因子。佛教在中国就经历了一个长期的入世改造阶段。佛教在亚洲的这种回形传播过程,是亚洲文明在流动中互鉴互补的最好例证。

亚洲各国各地自古以来密切的文化交流,给当下"一带一路"、文明互鉴提供了深厚的历史基础和文化基因。当下亚洲各国的文明互鉴，"一带一路"倡议的友好合作，有了"中华文化走出去，中亚、东亚、南亚文明走进来"这样一个千百年的历史纵深，我们便有了自信，有了底气。

2019 年 5 月 16 日，北京

非物质文化遗产保护的多重文化意义

——黄河流域八省区非遗保护论坛演讲

在"非物质文化遗产保护"这个概念表述中，有三个关键词："非物质""文化遗产""保护"。非物质文化遗产，虽然是文化的、非物质的，但其实包含着物态、形态、神态三个层面，以神态为主。物态层面，比如木版年画的木版制作，皮影原材料的制作，丝弦乐器的制作，还有戏曲服装的制作，各种食材的制作，等等，都属于物态层面。形态层面，上述物态材料，加上创作人的艺术传达和表现，组合为民间的戏曲、美术、音乐、歌舞、礼仪风俗、饮食文化等各种文化样式，这些样式已经是一种文化的形态了。神态则是含蕴在这些文化形态中的精神内容，构成了非遗文化的核与魂。

从这个角度看非物质文化遗产在传承、保护传统文化方面的意义，我将其大致归纳为存史传史、存美传美、存德传德、存智传智、存魂传魂这五个方面。也就是保护、传承中华历史文化，保护、传承中华审美文化，保护、传承中华道德文化，保护、传承中华智思文化，保护、传承中华神魂文化。简明地表达，就是保护、传承中华文化的真、善、美、智、魂。

存史，保护、传承中华历史文化

中华文化，包括民间文化，历来主张诗言志，戏教化，乐善民心。这也是贯穿在非遗作品中的宗旨和内核。关于诗言志，北大教授、国家文史馆馆长袁行霈先生解释，不是一般理解的诗言理智、思志，而是诗言情志、心智，是以诗抒发自己的感受和情绪，以传达其中的志趣、志向。戏剧的高台教化，要以仁善人物和故事来教化人心，否则便是海淫海盗。乐舞的善民心，要以艺术的礼乐和声增益社会，否则便叫"恶音"。故而各类非遗项目长期以来承担了民间乡土文化教材的任务，是百姓自编自演、自我教育的文化普及读本。这类教科书远早于文字典籍，正像民间传说早于文学作品一样。许多历史事件、历史人物、历史智慧、历史经验，都由传统民间文艺传达出来。"非遗"是形象的历史演义。

"二十五史"的许多人物故事，远在文字演义成书之前就分段落、分亮点，出现在相关的评话或讲本中。敦煌卷子、变文，以及中国最早的戏剧《弥勒会见记》，连台剧《目连救母》，非常清晰地记录了佛教和其他外来文化传入中华本土的足迹。这一点此处不多讲了。

存美，保护、传承中华审美文化

在这方面，非物质文化遗产何止于保护、传承中华文化，甚至可以说奠定了中华民间文化和审美心理。

比如——

一，保存、传承了离形得似的写意美学。中国艺术一个重要的特点就是写意精神，它允许离开形似，追求神似，以求深似。不是不重真，是重真却不拘泥于真，不拘泥于仅仅真实再现。它最重视的不是一般的可见的生活真实，而是真心、真情和真诚这些内在真实的东西。它往往追求虚拟的真实，比如戏曲的虚拟化、程式化表演。中国古典戏剧被称为"空台艺术"，少有布景和灯光，主要靠演员将特定的时空环境演出来、唱出来。鲁智深《醉打山门》，有山门没有？没有。有十八罗汉没有？没有。只有鲁智深边打边唱边舞边宣泄自己内心的不平和反抗情绪。《三岔口》有路、有酒店没有？没有。有桌子板凳没有？没有。也是靠写意的表演做到情境的再现。戏曲中的一些程式、绝活也是离形而得似的，比如戏曲里"硬僵尸"这个绝活，为了表现忠烈好汉视死如归的死亡，身子从高台上平摔于地面，十分惊心动魄。这是一个技巧性绝活，更是内心活动和人物性格极致性的爆发。

用写意超越写实，靠意写达到实写；用摹意超越摹象，以象摹提升意摹，这就是中国艺术审美特质。

二，保存、传承了反向正悟的结构美学。这也是中国艺术的一个特点，常常在反向对冲中爆发出强大的艺术力量，比如以柔衬刚、以雌写雄，也就是道德经里说的"知雄守雌"。穆桂英女将挂帅，佘太君百岁挂帅，通过女性、老人的刚勇来写民族的刚勇，就更有力量。有时还常以狰狞之魂写美丽之人，例如李慧娘，她是鬼魅，但有着受难的身世和美丽的心灵，这时候，冥界即是人界，冥间也是世间了。有的时候又以醉态写清醒，《击鼓骂曹》祢衡骂曹操，其实是三分醉态七分清醒，清醒才是他更内在的真态。醉不过是借酒壮胆，在一种非常态的张狂中恣意批判曹操。还有以丑写美。钟馗、包拯、门神，无不大丑，大丑为什么反倒大美？因为精神的美善与形象的丑陋在对冲中产生了巨大的艺术冲击力。他们以美善的精神让坏人恐惧，又以极度的丑陋加剧对方的恐惧。

三，保存、传承了在不变中求变、在重复中创新的程式美学。中国艺术的程式化、行当化是什么呢？是信息分类、信息固化、信息重复和信息叠加的整个过程。这种重复和叠加是在特定的模式和行当中进行的。民间戏曲歌舞中的脸谱、曲牌、唱腔、服饰和各种程式化表演动作都如此。以不变、重复实施传承，以变化、创新谋求发展。

看起来程式与行当好像是在重复前人固有的创造，但是我们是否想到：

第一，重复而能够流传，证明这个被重复的东西是优质的，是人类创新成果经受住了岁月反复的淘汰、选择留下来的结晶。程式的重复，类似被多次引用的文章，是别人不得不重复的精华之处。它历经千百年到今天依然有社会影响和市场魅力，这正是一种高质量的标记，是审美的高标。第二，同时也要认识到，在这种程式化、行当化的重复传承中，创新也在不断进行，它会悄无声息地把新的好东西融汇到原有的程式、行当之中去。不只是脸谱、曲牌、唱腔，乃至道德的仁义礼智信、忠孝节义，也都是归纳分类、固化简化、重复叠加这种程式化传承思维的文化成果。

四，保存传承了天、地、人互寓的神话美学。这一点在"非遗"作品中有大量体现，像《天仙配》中七仙女和董永的传说，田螺姑娘的传说，《白蛇传》的传说，穆天子西行时与西王母的爱情传说，等等。在中国民间艺术里面，花鸟石木其实都是人，风云山水其实也是人。不论它们是否有人之形态，都会传达出人之性态和神态。如岁寒三友，如梅兰竹菊，如各类肖形的太湖石，以及姿态各异的盆景，无不是人的寓象。

存德，保存、传承中华道德文化

道德是一定历史时段的产物，但道德的内涵又有抽象继承的功能。漫长的时光和岁月，会淘汰具体历史事件、历史人物的是非功过，留存下历史深处的道德精神而传于后世。像杨家将，现在看起来有点愚忠，但他们一家为民族献身的精神，实际上超越了时代，成为民族文化人格的突出表现，那就是英勇善战、担当社稷的精神。文天祥现在看来好像也是愚忠于宋朝，而他内里的精神却超越了时代，升华为不改初衷、视死如归的精神。这便有了传世的意义。我们说存德，首先就是传承中华道德中以天下为己任的担当精神，这已经升华到人格层面了。

一，"非遗"保护、传承了中华道德文化的责任担当精神。

二，"非遗"保护、传承了中华道德文化以仁济世的普惠精神。我最近参加了西安与茂名的一次双城论坛。广东茂名这个城市的名称，源于一位悬壶济世的中医，叫潘茂名。当地有许多民间故事和传说，传颂着他的仁善，他成为茂名这座城市好心文化、好人文化的一个人格形象，最后变成茂名这座城市的正式称谓。

三，"非遗"保护、传承了中华道德文化重信守诺的诚信精神。你看《赵氏孤儿》这出传统戏，春秋时晋国的大臣公孙杵臼，承诺保护好皇帝的儿子，便宁可把自己的儿子献出来顶替皇子，也要完成诺言。还有《杀庙》中那个受命追杀秦香莲的韩琦，一方面他要完成上司追杀秦香莲的命令，得守诺；另一方面，秦香莲的哭诉使他明白了真相，道德良心阻止他这样做，最后他采取自裁的方式，在信诺与良知的两难中解脱。这在民间艺术"二人转"中很早就有传唱。

四，"非遗"保护、传承了中华道德文化中深虑家国的忧患意识。端午节时，中国人心中又会响起屈原在江汉大地悲怆的吟唱。忧国忧民是人文知识分子的风骨，屈夫子吟唱的是中华千古忧患之歌。诗人和他的作品所显示的人格精神，早已升华为整个民族的人格神，演化为整个民族祭奠的节日——端午节。各种岁时节庆、生命庆典、祭祀礼仪以及主题性节庆这些非物质文化遗产中，都潜藏着屈子行吟深虑家国的意识。

五，"非遗"还保护、传承了中华道德文化中天长地久的爱恋情怀。像牛郎和织女，这是世界上在地外空间银河系最早"成家"的一对，他们永远不能团聚，却永远定期相会。像李隆基和杨玉环，这是在人间长爱、长思却不得不分离而长恨不已的一对。大地不能长爱，便"上穷碧落下黄泉"终日追寻。在白居易的长诗《长恨歌》之前，民间就有了"太真外传"的传说。

存智，保护、传承中华智思文化

西方哲学重理性，中国哲学重感悟，一个重理、求理，一个重情、渡情。中国哲学在感悟重情这一点上，与非遗文化相通，那就是喜欢将理性思维通过图像化、寓意化、故事化、程式化、人格化、跨界化等途径体现、表达出来。这有着鲜明的东方思维特色。

非遗的存智功能，表现在——

一，图腾符号思维。它往往反映、奠定了中国人由图像而字符，逐级抽象的智思方式。比如关于文字来源的一些传说，"心"字，最开始是一个类似心脏的图像，逐级简化、抽象，提升为现在这个"心"字的符号。后来这个"心"形符号含义拓展了，不仅指生理器官，而且指人的整个内部世界：心境、心情、心灵，思想和思考。于是这个生理象形图像就由能指、所指，提升为意指，泛化为指代人整个内部世界的一个符号。

"德"字，最早那个双立人加顶部的十字，形指市井街道，有一只眼睛（"四"）在看着街道——意指眼里常有市井小民才有德。而仅仅眼中有民还不够，因此下面又加了个心字，不但眼到还要心到，眼里、心里都有平民，才算有德。

还有"风"字，也有一个由自然之风的实写到社会人文之风的意指过程。开始，风是刮风下雨的自然现象，后来开始抽象、拓展为风景、风光，这便走出实写，进入自然和人文的交汇地带，然后又拓展为风情、风俗，再拓展为风骚、风格、文学艺术、流派脉络，再提升为风骨，人格力量！整个是一个逐步由形指到意指的过程。"非遗"作品中的这种图腾符号思维是中国独有的。

二，跨界融汇思维。中国的非物质文化遗产如戏曲、皮影、歌舞，大都是乐、舞、画、文综合的艺术，从内容到形式都常常通过跨界融合而汇于一体。它反映了我们民族的思维包括艺术思维，具有极强的发散性，是一种在发散中的创新思维。中国人认为宇宙和天、地、人是气脉相通的，因此它的文化和哲思表达也是天、地、人相通的，这是中华思维的一个重要特色。

三，道器结合思维。从"非遗"作品可以明显看出技巧、艺术和道德、哲思的结合，它们是匠艺与匠心的结合。它们使审美、道德和思维的全民教育训练，可见可感，有味有趣，便于在民众中普及。中国戏曲有"非奇不传"一说，即非奇不写传奇，传奇传奇，传播奇人奇事也。同时也可以理解为非奇技、绝技难于传承下去的意思。所以"非遗"传人常常既是艺术大家，也是匠艺大师。

四，美善中和思维。中和之美、中和之德，是中华道德和审美思维的又一个重要特点。上面说的戏曲有"非奇不传"之说，接着下面一句就是"非和弗美"，如果不和谐就不美善。中和美善是贯穿于非物质文化遗产中的精神脉络。和，社会是和谐的，民生是和惠的，心灵是和宁的——这是许多戏曲都有大团圆结局的一个原因。像王宝钏、薛平贵故事最后的"大登殿"，就是一种空间坐标上的大团圆、大和谐，有过矛盾冲突的各方人物都和衷共济、会聚一堂。而古戏中常见的因果报应，则是在时间坐标上的一种平衡与中和。阳间犯了罪，阴间会受阎王爷的酷刑；这辈子犯了罪、欠了债，下辈子、下几辈子会在时间长链中遭到报应。从"非和弗美"的观念中，可以看出道家、佛家、儒家的深刻影响。

五，天人合一思维。在非遗作品中，天人合一的中国思维表现得很明显，譬如陕北民间画中的《创世生命树》，在一棵生命树上把天地、植物、动物和人类的进化像一层层果实那样表现出来。陕北剪纸中，直接剪出母羊肚子里的羊羔，这是对生命的期冀和敬畏。民间象征生殖、生命崇拜的鱼莲艺术更是一个体系，在剪纸、木版画、布袋画中，都有鱼、莲与娃娃的组合。蓬勃的生命是天人共有的追求。

存魂，保护、传承中华神魂文化

在古往今来的非遗作品中，我们无处不见中国精神、中华魂。神话、传说是非遗的重要内容之一，它们是怎么传承和扬励中华精神的呢？我介绍哈佛大学一位教授的分析，他从中国一些上古神话中，看到了我们不同于西方的民族精神如何在昂扬奋争中迸发光彩。

他说，在西方，火是普罗米修斯偷到人间来的；在中国，则是燧人氏钻木取火，自己用智慧从大自然取用的，这是一种创造性的思路。在西方，末日的洪水来了，人们乘挪亚方舟逃亡；而在中国，却有大禹从洪涛中挺身而出去治水，几代人奋斗不竭，堵、疏、治结合，终于化水害为水利。在西方，如果遇到一座大山，他们会选择迁居，挪出大山；而在中国，却是愚公移山，世世代代、子子孙孙锲而不舍地挖平大山。在西方，太阳是不能挑战的权威，但在中国，则有夸父敢于追日，敢于与太阳赛跑，渴死倒地而初心不改。夸父倒下之后又出现了一个后羿，因天上悬着十个太阳，人间炎热成灾，他越过九十九座山、九十九条河、九十九道峡谷，奋力将九个太阳射下来，留下一个给人间以温暖。在中国，一个叫精卫的少女被大海淹死了，她化作一只鸟，衔着石头，一点一点去填平大海，持之以恒，抗争不屈。中国神话刑天舞干戚，说一个勇士因为挑战天帝被砍了头，他不甘心死去，拿着盾牌斧子继续战斗。陶渊明后来有诗赞叹："刑天舞干戚，猛志固常在"，这就是"非遗"的神话传说传达的中华民族的精神！

最后我想说一点，"非遗"项目虽然是文物保护对象，但是也要尽可能地融入现代生活和精神之中。非遗一方面要入史入档，要妥善保护原生态的东西；另一方面也要有为现代生活、现代人服务的功能，这就需要尽可能地向社会民众呈现、传播，以普惠当下。

我提几点想法：

一是要面向全社会广泛普及非遗知识，从"非遗"作品中学习历史知识、思维智慧、民族精神，使大家除了从艺术文化上能够欣赏，还能从内容上超越当时当地的特定背景，汲取蕴涵于其中的文化品格和道德精神。有了对"非遗"内在精神提炼和提升的能力，就有可能将历史文化与现代生活适度融通起来。

二是要拓展"非遗"项目向社会呈现的空间和途径。"非遗"作品在当下社会的呈现、传播，当然可以也应该适度运用现代手段和方式，譬如声、光、电的烘托和各种现代传播包括网络传播的运用。要加强"非遗"呈示传播过程中通俗有趣的故事化解读、阐释，使之更亲近民众。

三是"非遗"保护、传播、传承全民有责，要特别着眼于青年人。"非遗"普及传承的对象要年轻化，要一代一代培养非遗产品的知情人、知心人和知音人。观赏者和接受者的代际更迭是"非遗"生命力延续的关键。另外，

"非遗"也可以适度地融入文旅结合的市场化运作。

这都是值得我们认真思考的。

2020 年 6 月 29 日，改定于西安不散居

文化产业的特性和趋势

——关于文化产业的一次讲演

（一）

为什么我们现在这么强调文化产业？而且国家把旅游总局和文化部合并起来加强文化产业？是因为我们这方面形势非常严峻。所以我第一个问题要讲的就是：文化产业和相关服务业的发展形势逼人，但空间很大，潜力很大，增量看好，前景看好。

据统计，发达国家的服务业，以文旅、文产为主，包括为老百姓为社会生活服务的所有服务业，应该占到国民经济总量的百分之六十。服务业每年的增长量也应该占到整个国家国民生产总值增长量的百分之六十。两个百分之六十。这是发达国家的一个标志。服务业当然不全是文化产业，但是文旅、文产一般占到了服务业的百分之六十，这是第三个百分之六十。但是中国2018年文旅产业只占到国民生产总值的百分之八，差得很远，不是差一点。而且这个百分之八，主要是由劳动密集型的企业构成，不是以智能、以高科技为主。劳动密集型企业技术层次、智能内涵较少，蚂蚁多、龙头少，小产业多、大产业少。拿西安来说，文化产业里还埋藏着许多房地产的能量和利润。

日本有百分之三十五，它宣称自己是文化大国。韩国百分之三十二，也宣传它是文化大国。美国达到了百分之五十几，接近理想数据。中国只有百分之八，所以我们面临的形势非常严峻。

文化产业上不去，会造成什么后果呢？第一个，软形象更软，软形象无力。我们的文化成果和价值观，很难通过有力的渠道和手段来确立并被世界认可进而影响全球。这样，一个国家或者一个地区的知名度跟美誉度就会受影响。我记得咱们商洛原来的老书记魏增军同志非常自豪地对我说过：肖老师，我在商洛干了这么多年，有功有过，可能历史都留不下来。但是在我的任期里定的一句话将会留下来，这就是"秦岭最美是商洛"。这句对商洛的定位，会随着传唱、教育、宣传，成为商洛的文化品牌，流传下去。什么叫文化？文化就是给已经存在的事物定义。给它一个名称，给它一个非常美好的修辞和定义，使之传承下去。这就是文化的力量。

所以文化产业上不去，你经济再好，你的软形象不行，话语权、美誉度很难上去。文化产业和文化美誉度上不去，其他的价值观就会长驱直入，一个国家一个民族的文化安全极难保障。没有文化力量，便没有了文化疆域的安全，会造成各种文化资源的流失。当我们文化产业力道不够的时候，中国的资源，像熊猫、花木兰就被美国好莱坞搬上了银幕。资源是创造力，但只是潜在的创造力，当你不能通过文化产业将你的资源转化为产品的时候，创造力很难落地，很难发力。

中国现在是一个动漫制造大国，生产的却大多是日、韩的动漫。日剧、韩剧是日本、韩国民族价值观的宣示。我们在生产着别人的价值观，这是非常严峻的现实。

文化产业不强大，还容易造成文化话语权的流失。比方说，2008年的北京奥运会我们都觉得搞得很好，很有中国特色。记得张艺谋导演用了古典舞、青铜器、活字印刷等中国古典文化元素，但是接下来的伦敦奥运会却比较简单，只有一群青年，少男少女跳现代的智能舞蹈。由于我们在全世界文化话语权还不够大，西方许多媒体都说中国的开幕式不如英国的，说中国开幕式反映了这个民族现代意识差，总是在回眸历史，没有朝前看。而英国的奥运开幕式虽然简单，表达的却是向往未来。这种观点的流行，是因为我们的声音太小呀。最近的香港局势，内里也有一个原因：我们在香港声音太小，被别人的声音淹没，文化话语权严重缺失。

所以文化产业的实力涉及国家文化安全的大问题。我们现在将文旅融合起来，向文化产业输液输钙，让它强起来，壮起来，其实是保卫我们民族文化疆域的大问题。

这是我讲的第一个问题。

（二）

第二个问题，我想讲讲文化产品有什么特性。我们要从事这个工作，首先应该把握文化产品不同于物质产品的特点，才好运作。

文化产品一个非常重要的特性是价值的超越性。文化产品跟物质产品不一样，它的意义价值常常超越它的使用价值。也就是说，文化产品的价值有时和所投入的必要劳动时间不成比例。马克思说过，商品的价值（单价）和生产它的社会必要劳动时间是成正比的。比如这个纸杯，用机器生产三秒钟一个，定价一块钱，生产那个瓷杯平均两小时一个，定价肯定高，二十块钱。但文化产品不是这样。中国工笔画的价格不见得比写意画高，工笔画得画好几天，写意画只要十分钟，但八大山人的十分钟值上亿元。文化产品不以必要劳动时间计价，而以艺术质量计价。文学艺术还有别的文化创意产品，跟你的努力程度有时完全不成比例。有才能的文人，比如李白的诗、王勃的散文《滕王阁序》可以一挥而就，流传千古，价值连城。有的人终其一生苦吟诗文，可能连发表的水平也达不到。这就是文化产品价值的超越性。为什么有些人写了几十部小说却没得奖，而商洛的陈彦写的第三部作品就获得了茅盾文学奖？就是因为价值超越型的文化产品、文化精品，跟你投入的劳动时间、跟你的努力程度、跟你熬夜的天数不成比例。

文化产品的第二个特点就是受益的普泛性。物质产品只有购买者才能受益，精神文化产品的受益者常常溢出购买者之外，社会普泛受益。比如我孙女，十八九岁了，经常穿时尚的服装，用新潮语言。看起来是她享用了自己购买的产品，实际上积以时日，我由摇头、陌生、隔膜渐渐到习惯，甚至一定程度上接受，无形中我这个非购买者也享用了时尚文化产品，一分钱不掏也从中有所受益了。这就是受益的普泛性。

常常还有这种情况，父母专门掏钱给儿女购买文化产品，影响不了儿女，倒是同代人之间那些非购买的精神产品、审美坐标、文化风气很深入地影响着这些孩子。老师不怎么教他，父母也不怎么教他。他就这么变了，他没钱，没有买什么他也变了。一种时尚，一种风气，常常不是购买来的，而是在普泛性影响和感染下形成的。

文化产品还有一个非常重要的特点，即它在消费、消耗过程中的增值性。物质产品在消耗过程中功能和价值是在逐步衰减的。这个纸杯我用了以后，就消耗了，扔了。文化产品恰恰相反，它是在消耗中增值的。商於古道现在已经没有人走了，没有了实用价值，但它含蕴的历史文化内容，却在绵长的时间中增值。现代"一带一路"的兴盛，更让我们领受到了商於古道连接中国西部和中部的深层功能——它在岁月的流逝中竟然增值了。兵马俑再过一千年、两千年比现在更有价值，它永远会在消耗中增值。我们假设一下，即便兵马俑坑被毁，作为遗址，它依然还在不断增值。咸阳宫、未央宫、大明宫不是这样吗？

所以，我们不要只看见文化产业开发初期，一次性投资很大，舍不得，我们要算百年、千年、万年的大帐、长账，它会在长远的时段中不断增值、发酵，回收投资和效益的。

（三）

第三个问题，我们文化市场现在面临的最主要问题是要尽快实现两个转化。

第一个，文化市场的主体要转化。过去，陕西一谈文化产业，主要是在说文化资源，说文化存量，就是说我们有什么。有周秦汉唐，有商於古道、商山四皓，什么什么的。这都对着，不错。但是这只是文化资源，就是说我们的文化产业主体，还停留在资源主体阶段，停留在以资源为主体来思考文化产业方方面面的问题。我有什么我就干什么，这谁都会想到。

现代市场经济的发展，已经使文化资源主体的观念过时了。你能够搞的、能够搞好的，不见得是你原来拥有的。不见得是有资源才能搞，没有资源，拓展、创造资源，甚至可以搞得比仅仅在资源上做文章还赚钱。你说迪士尼有资源吗？所有的资源都是制造出来的，人造的，但是赚了大钱。我到迪拜，阿联酋就在沙漠边沿，什么文化资源都没有，他们凭空建造了那座无比美丽的城市，许多无比美丽的建筑和旅游配套业态，让人造的城市转化为新的资源，吸收世界各地游客，赚了大钱。海上的游轮游有资源吗？在海上什么都没有，除了滔天大浪还是滔天大浪。但是他们在巨轮上提供了各种服务设施，吃、住、行、娱、购、游一个不少，还有餐厅、商店、保健医院、幼儿园、图书室、教堂、文娱演出、电影院、日光浴、水浴，等等。船拉上你在海洋中跑十天半个月，你玩不够，体验不够。它不停地拉动你的生命体验和消费欲望，也大把赚你的钱！

所以，一定要转变以资源为主体或者以资源为唯一主体的文化产业观念，不见得有什么才搞什么，要树立以市场为主体的文化产业观念。首先考虑市场要什么，再考虑我有什么，能发掘、提升什么，能新建什么"空中楼阁""虚幻体验"，然后拣市场最需要的先搞，抓紧搞。最有市场、最能赚钱的先走一步，积累资金，再逐步拉动你后续的文化发掘、文化传承基础工程。

这是所有搞文化产业的人都面临着的一个思维转变。把屁股由坐在固有资源上，转变为坐在市场需求上；将事业人、事业思维转变为企业人、企业思维。这个转变实际上是人的转变，每一个搞文化产业的人都应该从传统的计划经济的文化事业的从业者，逐层次地转变为现代市场经济的文化企业的从业者。说句不好听的话，文产企业家就是要出售文化，出售社会服务，同时为社会赚钱，让百姓致富。一定要这样。

当下这个转变形势非常严峻，特别在陕西。我参加过一些全国性会议。江浙一带，人家那些点子不打一处来。点子为什么能来呢？就是这个立足点和观念变了，他们对市场了如指掌，又有资金积累。我给大家举个例子，浙江一位民营企业家，搞了一场两小时的唐诗交响乐，因为李白写过一首《梦游天姥吟留别》，天姥山在浙江。音乐作者是陕西的崔炳元。李白给他们留了一首诗，就出了一个晚会，以李白、杜甫为代表的唐代诗人给长安留了几千上万首诗，我们都没有搞出唐诗音乐晚会。人家以少胜多，不但卖了票，赚了钱，关键是把唐诗和李白这个大品牌抢到他们那儿去了。文化不高的人，还认为李白在浙江呢。唐都的人好冤枉啊！

你不弄人家弄，这还真符合市场规律。我们只能称赞、学习。所以这个转化非常重要。最近西安做得挺不错，摔碗酒，不倒翁公主姐姐，南门入城式，都有了全国影响。公主和城门是有历史资源的。摔碗酒呢？并没有资源，只是一个创意，这个创意符合人性需求。人需要在微醉中狂放一下，便火起来了。我是个老人，平时被爷爷的身份、老师的身份、文化人的身份，还有各种头衔约束着，不见得能完全放开。其实我有时也需要放纵一下自己，现在有这么个摔碗酒，我也可以假装像绿林好汉那样大碗喝酒，大喊一声，把碗一摔，扬长而去。摔碗酒有什么固有资源？没有资源。西安人最早有了这个创意，就抢占了市场，红火起来了。

智慧也是资源，这种资源在我们脑子里，等待着我们尽快去开发利用！

这是第三个问题。两个转化：资源主体向市场主体转化，事业人向企业人转化。

（四）

第四个问题，讲讲当下大众文化市场的发展潜力和趋势。

我们不能走十几年前人家走过的路，跟在后面跑。要迎头赶上，从最新的信息智慧平台中去获取我们的创新思路。当下文化市场有许多新趋势，今天先讲四点，希望大家搞文化产业时注意。

第一，我们现在进入了影响力经济时代。影响力经济时代对文化产业有了崭新的要求。你一开始研发产品，就要抢占传播平台，抢占话题和记忆空间。要在实态和拟态空间两个层面下手。先造势，先热身，抢消费者的眼球，占领他们的关注空间和记忆空间。

宣传得人人都知道了，你不弄也不行了，这就叫责任。你能说到做到，就有了信誉。信誉是市场经济的灵魂，有了它，资金会更快到位，事情会更快推进。所以一定要从实态与拟态两个空间下手，两手都要快，都要硬。用虚拟经济造影响力抓知识产权，先占领欣赏者的心灵和市场，用虚拟空间诱发市场消费的欲望，带动更大更多实体文化产业的发展。

第二，现代市场进入了一个体验经济时代。比如旅游，由参观、学习、观赏进入身临其境的自主性体验，这是当下正在发生的变化。

情景演出《长恨歌》现在是陕西乃至中国文旅演出中的一个话语版本。文旅演出有几种类型，《长恨歌》是一个，《云南映象》是一个，《平遥古城》是一个，等等。《长恨歌》最大的不可超越的优点是唯一性。因为唐玄宗跟杨贵妃只在华清池留下了动人的爱情故事。这种不可替代的唯一性，让别处无法比拟，是大量票房的基础，但它在把观赏性经济做成体验性经济方面还可以更上一层楼。

我一度当过他们的顾问，曾经出过一些点子。这个演出，有音乐、舞蹈，有旁白，有色彩，为什么没有气味？要眼、耳、鼻、舌、声五位一体、同步传输才更好。可以考虑配合情节发展，释放各种气味，比如春天和爱情场面，观众能闻到幽幽的香味；安史之乱时，不但能看见烟火还能闻到硝烟的气味。这就更有身临其境的体验了。还有，为什么走出演出场地以后，临潼街上没有《长恨歌》元素呢？为什么不发掘贵妃菜系、贵妃服装、贵妃头饰呢？当然是改造创新后的现代版。当年唐玄宗赏给贵妃的那几样菜，是可以大做文章的！

就是说，《长恨歌》这个实景舞台要走出墙外，唐代李杨爱情的气氛要弥漫到临潼街道甚至百姓的生活状态中去。在临潼，整个的吃、住、行、娱、购、游，都弥漫着唐代和李杨爱情的元素，这就叫体验经济。

从理论上来讲，就是由一般想象和艺术想象的"乌托邦"，转化提升到旅游文化产业所营造的"异托邦"中来。我理解，《长恨歌》是什么？就是"长爱歌"，长恨就是长爱，恨其不能长爱才有长恨。异托邦不是乌托邦，不完全是想象，它有场景，可以进入，既可以将自己的想象更可以将自己的行为编织进去。游客可以观可以赏，也可以吃可以购。可以看古人怎么谈恋爱，也可以自己谈恋爱……引导你由乌托邦的想象境界进入异托邦的体验旅游，这才是体验经济时代的产业。

现在我们的景点多半还停留在观赏理解层面，导游带着你边走边讲解，边观赏边灌输。记得我给延安提出过，如何让圣地旅游少一点朝圣味多一点生活气，也是从注重平民游客的体验感出发的。这是体验经济时代出现的新需求。

第三，我们的文化市场更深地进入了娱乐经济时代。

陕西人性格中好像有点"一根筋"，执着、坚毅，这是优点，搞一个事一定要搞成，不搞成绝不罢休。但是陕西人整个似乎缺乏一点幽默之风。十三个王朝在你这里，宫廷是正统文化最浓厚之处，是无法幽默的。这也许是赵本山出现于庙堂之外的东北的一个原因吧。其实陕西人的民间幽默之风不比外地差。人一喝开酒，心一放松，风趣幽默便层出不穷。我们要着意提炼民间幽默资源，为娱乐经济助力。

在娱乐经济时代，人们对文化产品，关注"意思"远远超过关注"意义"。首先看这个产品有没有意思，然后再论有没有意义。先看你能不能笑起来、玩起来、秀起来，再看内容有没有出格，能不能再灌输、提升一点意义。这是游客心理一个大变化。

注重"我"往往超过注重"我们"。文化产品的创作，主体的话语或人物不是群体，而是个体的人。娱乐经济时代，要求"我"这个个体从言行、心态、细节和语言都具有独特性、新异性、个别性。所以内容产业和表现手段一定要创新，找到真正属于自己的"句子"，找到开启乐感的钥匙。"我"，就是个性化，我的产品不同于你们的产品，我的创作渠道不是你们的创作渠道。但是无数个"我"的集合就代表着一个新的微时代即"我们"的到来。王朔的语言很市井、路子很野，动辄带脏字，但社会接受他这种"我"的表述方式之后，王朔便慢慢成为一种文化现象。

这就要有求异思维，要歪打正着。我主张走这个路子——"意思"超过"意义"，故事超过景点，人物超过情节，"我"超过"我们"。景点是什么？是资源，但是你没有故事，没有文化附加物，作为文旅产品就不吸引人。而故事里面最重要的就是人，有人的故事才精彩，有故事的风景才人性化、社会化。

娱乐化、体验化时代使我们旅游由观赏进入体验，由隔岸观鱼到进入水中与鱼一道嬉水。

第四，娱乐经济时代要发挥品牌和明星的带动作用。品牌是带动项目的火车头，明星是项目的人格符号。

其实明星们也是有苦衷的。他们心很累，包括每次出场穿什么衣服、穿什么鞋都需要经过严格设计，经纪人要在他们身上制造出各种新闻话题，吸引大众眼球，产生轰动效应。王菲来西安演出我在场，穿一袭黑纱裙，很美很白皙，但是脚下蹬了双耐克鞋，极不协调。为什么？因为耐克鞋厂是她西安演唱会的赞助单位之一。明星出场，等于一个广告柱，一衣一饰一装一鞋，无不在为投资方做广告。

玛丽莲·梦露说过一句特别痛切的话，"只有彻底了解明星制，才能够懂得奴隶制！"为什么有些明星隐退了，出家了，跳楼了？原因各不相同，有一点也许是相同的，就是外力对她们内心的强制和压抑，使其不堪承受。

现在，我们对上面讲的四部分归纳一下：一定要在资源主体基础上，向文化产品主体提升，再向文化品牌主体提升，再向文化资本主体提升，再向文化金融主体提升，再向文旅创意、文旅话语权提升。这里一共有五个提升。

文化资源不能由原发地垄断。融资，也不要眼睛光盯着本县本地，只要项目好，完全可以用别处的资源来做我们的产品，用别处的钱来养我们的市场。美国可以把我们的资源熊猫拿去做成《功夫熊猫》赚大钱，我们为什么不能把别国、别地的文化资源拿来做项目呢？只要你做得好，都可以。资源是共享的。有人说，现在资本主义已经过渡到更高阶段的金融主义了，艺术金融业务已经铺开了。不少高校已经开办了艺术金融学的研究生专业，从艺术金融学角度，我们可以以本地文化资源参股或抵押贷款，拓宽发展路子。

向艺术金融平台过渡之后，其实还没有到头，还要向文化产业的创意和话语权的更高层次过渡。你要让自己做成功了的项目，变为大家认可、仿效的一个标准、一个模板，你在业内就有了发言权。在陕西，像大唐芙蓉园、大唐不夜城、像《长恨歌》；还有张艺谋的"印象"系列，都开始进入创意模板层面，不但有了话语权，也取得了模板地位，有了知识产权。

在市场经济时代，一旦由资源主体转化为市场主体之后，那个空间是非常大的，像品牌主体、金融主体、话语权主体、标准主体，都会有极大的拓展、提升空间。大雁塔是文物，它是不能动的，但是可以拓展、改造它周边的空间，搞南北两个大广场，搞文化街、美食街，搞现代商城和街心公园，使大雁塔面目一新，成为旅游重要的集散地。后来到国际文旅会上拿了奖，成为一个营造类型：这就是不动文物本身，而从营造文物的周边空间环境入手，再造一个新的文物景。将资源盘活为项目，项目提升为品牌，品牌认可为标准和思路，大雁塔广场、大唐芙蓉园和大唐不夜城是非常成功的例证。

还可以举个例子。哈尔滨有个太阳岛，原本只有本地人知道。有一年一首写太阳岛的歌被选作一部电影的插曲，走红了，获了奖，于是全国都知道了哈尔滨有个美丽的太阳岛。后来哈尔滨把那个区命名为太阳岛区，一首歌搞出了一个区！然后又在太阳岛举行"哈尔滨之夏"全国音乐会，一搞就搞了三四十年，一首歌唱红了一项全国性的文化活动。然后国际音乐组织将哈尔滨命名为中国唯一的世界音乐之城，一首歌带起了一座大城市。你看，因为文化产品一首歌，让一个岛、一个区、一座城市，最后都有了世界影响！

可见，现代文化产业最重要的生产力不是资源力，而是创意力、品牌力。有了好创意，一定要逐级提升拓展。文化加创意，加项目，加消费，加城建规划，加房地产，加资本运作，加旅游线路的打造，加超越地域辐射力的命名、定位和宣传……只要我们有全维的思路和系统的运作，谁能说这不是一本万利的事呢？

2020年4月上旬，根据演讲改定

源 头 之 美

——渭水之源高峰论坛主旨演讲

各位朋友下午好，我从西安来。对于甘肃、对于渭源的情况不是很熟悉，要我讲话，内心很惶恐。作为渭水的儿女，世代领受母亲河的恩泽，昨天溯渭水而上，来到了渭水的源头，不能没有自己的一些感受，在这里向各位做一点急就章式的先期汇报。

感 恩 源 头

来到渭源，沿山溯河而上寻探源头，心里不由会涌出强烈的感恩之情。这种感恩之情是所有下游人，或者空间地域的下游人，或者时间岁月的下游人，对于上游、上游人和前辈人都会有也应该有的敬仰和敬畏之情。是上游给下游以水和绿，繁衍了我们世世代代的生命，润泽了我们世世代代的生活，也积淀了我们深广的精神。这点我感受太强烈了。就我所知，渭河中下游陕西境内的几百公里，近年来，国家和省上筹集了几百个亿的资金，修缮改造建设渭河，动静非常大。我个人走过了宝鸡、咸阳、西安、渭南，一直到渭南的潼关，渭水流入黄河，整个关中的渭水段，现在修缮得非常好，真正成了一流的水利、水景双惠之河。两边都有了堤坝，都有了公路，可以通行汽车，都有了葡萄串似的湖泊与景点，每一个沿河城市的公园都在渭水边上。那里的渭河已经是水利带、交通带和风景带。我就想，所有这些给我们关中人带来的幸福和美丽，不是都源于渭源，都源于我们鸟鼠山吗？来到这里，怎能没有感恩之心、敬畏之情呢？

渭源不仅润泽了渭水，它润泽的是整个渭河文明和黄河文明。而黄河文明是整个中华文明的水之源、生命之源、文化和精神之源。

渭源和渭河是一个非常完整的文化样态，这个文化样态对人类生存所需要的主要元素都有所涵养，有所呈现。我曾经说过这样一个观点：秦岭和渭河作为阴阳两仪的最佳双打组合，是中国的"四库全书"，是中国的水库、绿库、史库、文库。后来还主编了一套书，就叫"秦岭，中国的四库全书"。秦岭最西端，跨甘肃、青海两省，那里与渭源作为山河之源，手拉手站在西部关陇大地上。

第一它是中国的水库，巴颜喀喇山是黄河的一级水库，黄河水流出青藏高原后，有洮河的注入，但如果没有第一大支流渭河的注入，黄河是不是能够流到渤海，会是一个谜。所以渭河是中华民族的一个水库。

它还是一个绿库，千里秦岭的植被不但非常绿，而且非常厚，不亚于南方的雄山大川，它给这块土地整个穿上了绿色的大氅。

渭河和秦岭又是中国历史的史库，从大禹导渭开始，有老子升天传说，有周礼，有秦长城，有汉末的诸葛亮六出祁山和姜维九伐中原。到唐代，大家知道整个唐朝是李世民的关陇旧部支撑的，关中西部和陇右这一带，是唐朝的老根基，所以它算得上是上半部中国史的史库。

最后，它又是文库。这个地方不但有老子出关和升天所形成的道教的那种符号性的存在，而且中国西部诗歌从古至今在这一带都有频繁活动，而且有众多优秀的作品，尤其是周代和汉唐，《诗经》和王昌龄、岑参、高适、李白、王维等人的作品，构成了中国诗歌长河中的华彩乐章。

所以我觉得渭源这个地方，是中华文化的一个重要流脉，水库和绿库是人类生存的自然要素，史库和文库是人类生存的精神文化要素，这条河都给予我们了。你能不敬畏它？

源 之 美

下面我来讲一讲我个人体会到的渭源之美。在现代市场经济条件下，一切美丽不仅仅可供观赏，一切美丽其实都是资源，一切美丽的资源都可以通过市场转化为美丽产业和美丽经济。美丽经济、美丽产业最著名的例子就是迪拜，迪拜整个就是靠美丽系列产品打造成的世界奢购之城，它少有自然景观，大都靠人类制造的美丽产品打造。

那么渭源的源之美，源头之美，我感觉到起码有三个方面值得很好地去梳理它、发掘它，把它叫响，作为品牌打出去，并从其中发掘出经济腾飞的一些潜在要素。

第一个源头之美，就是孕育生命、汇流共进的精神。源头孕育生命，源头的特点就是由涓滴到浩瀚，涓滴细流不停地叠加汇合，最后变成浩瀚的长河。这种孕育生命、汇流共进的精神，也就是我们谈到的"探源渭水八百里，寻根文明八千年"。八百里风景，八千年文明，就是这样在一寸一寸土地上，日积月累的时光中叠加而成的。这是它第一个源头之美。

第二个源头之美，我把它表述为：惠泽下游、无私奉献之美。因为上游从来不如下游发达、繁华，目前的生存条件和经济状况也不如下游那么好。如果今天我们再往里走，还有好几十公里，便走到了鸟鼠山，渭源的尽头，可能全是荒野，只能搭帐篷住。但正是因为有了上游这股小水，无私地源源不断地惠泽下游，下游的人民才有好日子，在千百年的积累中才能成为中华文明最早发源，最早成熟的一个流域、一个板块。没有渭水文明，也就没有中华文明一直流传至今的这种浩瀚气象。所以惠泽下游，这是一种精神。惠泽他人，奉献他人，因给予他人幸福而幸福，因对他人有所帮助而幸福，这就是渭源精神，这就是源头精神。

第三个源头精神是贴着大地、不息奔流的精神。水唯善下能成海，水所以丰盈，是因为它永远朝低处流，低下身子，低下姿态，吸收一切同道者、有志者牵手前进。《道德经》说：谷盈泽竭，谷虚泽丰。山谷填满了山里的水反而枯竭了，只有山谷低虚之处，水才盈满。所以，水永远贴着大地、不息奔流。这个意象告诉我们，一个人、一个地区、一个群体、一个民族，一定要贴着大地不息地行走。这是它的第三个精神。

我平时学习写一点书法，常写的一幅字，就是"千岩万壑不辞劳，远看方知出处高。溪涧岂能留得住，终归大海作波涛"，主要是给年轻人励志的。此诗的作者是一位皇帝和一位僧侣。相传唐宣宗小时候，不受其父武宗所爱，武宗令其入寺为僧。一日游方，与黄檗禅师同行，观山听瀑，黄檗曰："我咏得一联，为'千岩万壑不辞劳，远看方知出处高'，溪水从千山万壑中流出来，一看便觉气象非凡，而下韵两句一时接不上……"宣宗张嘴即曰："当为续之'溪涧岂能留得住，终归大海作波涛'。"溪涧岂能留得住，小水溪里头怎么能留得住我呢？"终归大海作波涛"，我终究是要流到大海里去，成为万顷波涛的呀。后来宣宗果然继承大统，而其气象早就蕴藏在这首诗中了。这样一首托物言志的诗，描绘的是冲决一切、气势磅礴的山泉，寄寓的是冲出山涧、终归大海的志向和理想。

这是对渭源和渭源人最好的写照。你看这里人们的气象，这块土地的气象：青山绿水，蓝天白云，从堪舆学的角度看，大禹陵的风水是那么好，两边的绿山像一把太师椅、像皇帝的龙座一样，稳妥、安定、大气。这里的水，是每一滴都要流向大海，掀起层层波涛的。这种意象可以激励所有的渭源人：

每一个水源的尽头，每一道山峪的尽头，我们的父老乡亲都有自己向着东方、向着大海的目标，都有自己浩瀚宏阔的未来。

由此河源之美，我建议可以在寒暑假组织大中学生来这里搞溯渭思源活动，组织关中、陕西、甘肃，从潼关到渭源，所有的大学生、中学生，包括小学生和家长，包括蓝眼睛、黑眼睛、灰眼睛的外国留学生，来这里搞夏令营，溯渭水而上，寻根究源，安营扎寨。在这里搞篝火野营、拓展训练、房车宾馆，然后徒步去几十公里外的鸟鼠山探源。搞这种体验性的旅游活动，让大家通过自己的生命体验，感受到源头之美，感受到源头之水对于生命的激活，对生命活力那种不断的灌输、涵养过程。这是我谈的第一方面，源之美。

风 之 美

第二方面，风之美。梳理一下渭源的风情美。你来到渭源会特别感到自然、人文风气之美，它是一种富集的旅游资源。

风光之美。山，鸟鼠山、首阳山、老子升天的遮阳山，还有莲峰山。水，我们的渭水。山河之美，风光之美。

风俗和风情之美。民间风俗和民间艺术，这两天你们做了很多很好的展示，我后面要讲一些思路、问题。

风雅之美，这个地方，外省都知道，字画市场长久不衰，甘谷、渭源、定西一直有着比较稳定的书画市场。像老百姓说的，不论书画水平高不高，一定要有点书香门第的气息、耕读传家的气息。风雅之美，我特别想说说在渭源出生的大学者汤用彤。在中国现代学人中，他与陈寅恪、胡适、吴宓、冯友兰、钱钟书齐名。汤用彤先生生在渭源，他的儿子汤一介也是哲学大家，最近去世了。他的儿媳乐黛云是当代中国中西比较文化研究第一人，这个风雅资源要深度开掘。陕西汉阴县是民国学人沈士远、沈尹默、沈兼士"沈氏三兄弟"童年生活过的地方，他们后来在北京和南方发展，汉阴县这几年把"三沈"在汉阴旧居修缮了，建了博物馆，大力弘扬沈氏家训，成为全国推广项目。北大校长亲临那儿，因为沈兼士最早主持过北大的工作，对于北大的发展起过重要作用，校史里面不能缺这一块。"三沈"品牌打造得非常好。

我们一定要抓住本地的风雅之气、风雅之士大做文章。与渭源有关系的文化人物当然更多，上溯历史，从大禹、伯夷叔齐、老聃，到王昌龄、岑参，这些人都是可以从一个方面做文章的。每个人选一个角度。

还有一种风之美是风喻之美。风喻之美就是在这个地方有水有绿色有纯净的空气，绿色文明、绿色生存状态是渭源县老百姓自古以来的一种风气。这种绿色生存状态，不仅是现在说的绿水青山就是金山银山，绿水青山能够变成财富，这是一个经济学概念。除了这个之外，更重要的是培养了中华民族自古以来的绿色生存观，就是天人合一的，天地人三才合一、一道贯通的这种生存观。这就是无为而不为的，退一步天地宽的，知白守黑的，以白计黑的，这样一种永不过时的，能自觉控制平抑自己内心的生存观，这种生存观在中国历史上产生的财富，包括经济财富，比直接经济产品产生的财富要多得多。就是说，一个人、一个民族的生存观选择对了，可以节约无穷的生命资源和经济资源。比如按老庄的哲学，我们就不会大鱼大肉地铺张浪费。整个民族的"光盘行动"早几千年就开始的话，那要节约多少资源？所以风喻之美，就是启迪、培育一个民族恬淡的、天人合一的生存观。

当然还有风骨之美。风骨就是精神，性格力量和道德力量。艰苦刚毅，润泽奉献，像山河一样坚定、融汇，像大地一样辽阔、宽广。这都是我们的风骨。

今天我看了祭祀演出，还要说说风姿之美。渭源县的孩子、姑娘、小伙还有老年人，他们这个脸型、轮廓、肤色在这里的阳光、空气、净水长期浸润下，产生了一种天籁之美、风姿之美，也有沧桑之美。

这一切，风光、风俗、风情、风雅、风喻、风姿、风骨，都可以梳理出来变成独有的旅游资源和经济资源。

这方面我提两个建议，这里的风光、风俗、风情、风雅之美，大都是农耕文明之美。这是农耕文明生存积淀和升华的一种美。因此我觉得，县上未尝不可以尝试着搞一个以中草药为中心的农业文明特色小镇，叫国风小镇或别的什么小镇。小镇要集中做好中草药的文章，要种植、耕、制作、销售一条龙，智能的、订单式的销售，乃至在医药物流基础上的患者和国医人流的全套供给侧建构，如医院康复系列产品。然后我们还可以把中国的各种国艺、国风渗进特色小镇，如茶道、书道、棋道、琴道、香道、舞道、拳道功夫和中国礼仪糅到小镇的日常生活中去，这将来都是可供游览体验的。当然一定要以经济为基础，就是抓住中草药的采集中心、集散中心、加工中心、营销中心展开，把整个国风、国学、国艺融进去，成为一个国风、乡风浓郁的小镇。这可能对游客比较有吸引力，交易量也会比较大。

还可以搞一个小镇，我看就叫土得掉渣的"洋芋蛋特色小镇"。这个洋芋蛋啊，上可以上得了国宴，下可以进得了农家乐，进到山沟沟里每家每户的厨房。它雅俗共赏，城里人、乡里人、年轻人、老年人、男男女女都爱吃，听说哪位领导的名片背后写的就是洋芋歌，我一定要找到存起来。

洋芋有两个名称，两个名称都有极大的信息量。它叫土豆，土中之豆，天然与土壤与大地联系在一起。这个土得掉渣的名号，使它成为农业文明的标志。它又叫洋芋，而且的确是从洋人那儿来的，是从丝路过来的。洋芋洋芋,洋在哪儿?洋在丝路。东方人和西方人都爱吃。洋芋跟牛肉一样,跟面条一样,没有国别国界,是国际通用语言,是丝路食品中的一个公约数。有了洋芋,我们在丝路上见面就有了话题,有了笑脸,就有了接着谈经贸的桥梁,所以我觉得可以搞个"洋芋蛋特色小镇"。建洋芋的博览馆,展示它的历史沿革和洋芋农艺的发展,洋芋的各种做法,洋芋的各种工艺,在小镇上展示洋芋饮食系列。还可以建立智能的营销网络,接受订单,直接打包快递。听说渭源是省上洋芋大县,要赶快抢这个品牌。

文 之 美

源之美、风之美之外,还有更内在的历史文化之美。从渭源的历史文化之美中可以提炼出四种精神:和合共生的鸟鼠之寓,以疏导堵的大禹之智,坚执不阿的首阳之节,天人相融的老子之道。这四种精神,不但对渭源县的干部百姓要大讲特讲,还要在对外宣传中以此打造渭源的精神形象。渭源在全国是个蕞尔小县,却能给中华民族提供四种优质精神和优质智慧,这是了不得的事情。我们要从这里打造出自己的文化品牌来。

第一个精神,和合共生的鸟鼠之寓。鸟与鼠,不同的两种生物,却能在那个洞穴里和睦共生,互相帮助。听说鸟到了冬天会伸出翅膀,庇护、温暖老鼠,老鼠也会衔来好吃的与鸟共享。这种和谐共生的描述多么有温度!在不同个体中找到共生共建共筹的可能性,而且全力以赴实现这种可能性。在对立中找到同一,在相异中找到相同,最后成为命运共同体,这就是鸟鼠之寓。

第二个精神,以疏导堵的大禹之智。大禹的父亲鲧治水用的是堵,结果全盘皆输。大禹反其父之道行之,以疏代堵,成功了。大禹精神,就是疏导精神,谆谆善诱、谆谆善疏、谆谆善导的精神。这不仅是治水的智慧,也是处人、理家、治国理政的智慧。中华民族历代伟人治国理政的经验，就是要疏不要堵。民若水也，能载舟也能覆舟。疏导而不堵截，是一种大智慧。

第三个精神，坚执不阿的首阳之节。著名哲学家、北大教授冯友兰先生有一个著名论点，就是精神道德可以抽象继承。譬如忠、孝、节、义中许多具体要求和内容可能已经过时，但是人要忠诚，要孝顺，在原则问题上要有气节，待人要守承诺、讲义气，这是可以跨越历史时空继承、发扬、提升的。伯夷、叔齐反对打仗涂炭生灵，扣马而谏武王，武王不听，依然用兵伐纣，他们便躲到首阳山里，从此不食周粟。我们存而不论武王该不该伐纣，他们那种坚守自己价值坐标，不改初心的精神是值得继承的。一个人，一旦有了自己的价值认同，有了自己的人生目标，就不改初衷，不改初心，这是应该肯定的。

第四个精神，天人相融的老子之道。老子在渭源升天，这个升天很有寓意。这是传说，不见得他升了天，有很多说法，还有老子化胡说，化为胡人去了印度，化身为释迦牟尼。不管怎么传说，老子在这里升天构成了一个重要的寓意，就是天、地、人三者贯通。老子这个"人"，骑青牛在"大地"上西行，他从函谷关、楼观台走来，然后在渭源的遮阳山升"天"——老子以他的道，贯通天、地、人三才，这不就是个"王"字吗？贯通天地人三才，可"王"（雄视）天下也。从渭源的这些传说里面，可以提炼出、结晶出多少美好的精神！

渭源县，在甘肃、在全国都不算大县，但是一个小地方能够给我们民族提供这么多美善的精神，渭源难道不美吗？不伟大吗？

最后，我想讲一点旅游产业的转化问题。首先我觉得，对于渭源县来说，在关注旅游供给侧的改革时，尤其要关注旅游文化供给侧的改革。供给侧改革我们都关注物质的设施的供给侧，管理的供给侧，常常容易忽视文化供给侧。现在一谈供给侧就问有星级宾馆吗？高速路通了吗？然后就是，服务怎么样啊？这都对，但软件的供给侧是否到位我们问得很少。应该更关注的，其实是旅游文化供给侧改革。就是要真正把属于内容产业的这一部分，认真梳理、提升拓展，用一种市场观念来认识文化。比方说智能时代、4.0 旅游产业时代，正在要求旅游产业大力开展个性化、分众化、小众化，甚至于随机化的服务，我们做得怎么样？这就进入了文化层面。随机化，游客本来不想在这儿停，但这里风光留人，临时决定住下，你得立即有相应的路线策划和配套服务跟上去。还有标识系统，我感觉县上整个标识系统建设差，色彩标识、音响标识、图案标识、文字标识，有的缺位，有的很粗放。旅游者来了看不到听不到标识指引，两眼一抹黑。一定要非常清晰、吸引人。一切色彩、一切音响、一切图文标识其实都是城市的表情、城乡百姓的表情，都是旅游广告，都是吸引力，都是魅力。包括大禹陵用什么音乐和色调，遮阳山、首阳山用什么音乐和色调，都要专门设计创作，相对固定，使其逐渐品牌化。这是第一个转化。

其次，我希望能够做到三个不求全。

第一个，景点建设和宣传一定要抓住新颖性和陌生感，不要求全。现在很多景点的解说词都是大而全，总是从渭源的资源和渭源人的思维出发，"一定要把我的这些家当一点不落地亮出来"，而不是市场思维，游客需要看什么？喜欢听什么？怎样吃喝才能卖得好？解说词自说自话，求全求平，影响了吸引力。

第二，一定要抓住细节、亮点和场景的再现，不要搞宏大叙事。不要说那些大路货的话、套话，"历史车轮滚滚向前"之类的话。要抓住细节、场面和故事，你可以这样开始："2600多年前的一天，像今天一样下着小雨，老子骑着青牛终于来到了遮阳山下……"这也是一种讲法。解说员、解说词一定要从唯主体意识转化为唯客体、唯市场意识才行，一方面是你有什么可说，资源禀赋有哪些，更重要的是游客想听什么，市场需求是什么，这才决定你说哪些，怎么说。后者更重要。

第三，要抓住体验性、参与性，不搞行政区隔。现代旅游经济是线路经济，不能每个地方都是旅游目的地，大多是旅游过境地。这就要打破行政区隔，联手策划线路。要安于当过境地，做好过境游一样会赚钱。确定这样一个方位之后，你可以对自己的旅游资源进行很多新的发掘。比方说大禹陵去鸟鼠山这一段可以不修路，专门留下来搞拓展拉练野营，搞探秘渭河源的野外竞赛这一类体验性、参与性项目。

第三点，要树立品牌思维。旅游是什么？说句不雅的话，旅游就是售卖青山绿水，售卖自然和文化景观。资源再好不做成产品，放不到货架上，白搭。做成了产品却成不了品牌，买的人少，卖不上价，也白搭。现在要转变规模思维，不要只追求品种多，要树立品质思维，抓住一两个产品做好做成品牌，就可以带动一方。现在是品质经济时代，产品首先得有质量，然后又有可品之处——有点味道，有点文化品位。有了品位才可能成为牌子、品牌。文化产品是增值性的长效产品，物质产品只是消耗性的定时定效产品。品牌是物质产品向文化产品的提升，也是两者的交融。

最后还有一点，全域性旅游需要全民性的教育，就是要使得渭源县的三十多万人都是旅游的脸面，都是旅游业的店小二和导游。应该进行全民性旅游教育，一个陌生人来到渭源，随便拦住一个小朋友，小朋友就能给他讲大禹、老子、鸟鼠山，他就会改变对这个县城的印象，感到这是一个特别有文化的县。所以一定要做这种全民性的教育，让每一个人都成为渭源的旅游广告，渭源的形象大使。

　　这次活动很不容易，搞得也很好。节庆文化是什么？节庆文化是让固化的历史活起来，活在当下，活化为当下进行时的一种方式。节庆将历史与现实结合起来，将固化的文化与活化的文化结合起来。今天有可能有几千上万人去大禹陵祭祀，大禹导渭这个固化了的历史便活化于他们心中，活化为当下的存在，远古人的传说变成了当下人的生活。有意味的是，今天主要是年轻人，老年人也都是带着儿孙来的。这就是传承。节庆活动，能把历史和当下结合为一体，把上一代和下一代融汇为一体，强化我们对这块土地文化意义的感受。这是一种多么好的爱国主义、历史文化的教育！这种教育所产生的效益，远不止在今天的门票收入中体现出来，可能在几十年以后渭源人的道德提升、文化改良中体现出来，长久地推动渭源越来越好地发展。

　　谢谢大家！

2020年4月，根据2016年夏在渭源的讲演整理

大 西 北

——"美"字的原生地

中国的大西北,是汉字中"美"这个字的原生地。古人解释"美",曰"羊大为美",由"羊"和"大"两个字组成。大西北是中国版图上一块最大的家园,整整三百一十万平方公里,占到国土面积的近三分之一。在一望无际的原野上,你能看到一团团白云似的羊群在绿草地上缓缓飘荡。以此故,"羊大为美"自古以来成为我们民族对于"美"最质朴的解读。羊大即富,羊大有福,羊大为美,由物质而精神而审美,一路升华过来。

千百年来, 亿万西北人便在这块孕育着美的土地上繁衍生息。现在,大西北是更美了,来这里你可以看到别处看不到的那种辽阔和壮丽,感受到别处感受不到的那种沉厚和定力。阳光更温暖了,天空更透明了,在河水清凌凌地流淌中,原野将绿地毯在自己的胸脯上铺开来,迎接着你的光临。心神一下子便开阔起来,那种极有穿透力的纯真和静谧,从丹田升起,冲决各种污浊、各种喧闹、各种心理屏障和当下流行的各种现代病、城市病,冲决一层层窒息着我们的文化膜,用无比天真、质朴、原生的生命来濡染你、浸润你。你会回到人类的原初,生命的原初,美的原初。你会发现自己在这里强大起来,丰满起来,舒展起来。

一切都不一样了!

可不,大西北这片土地,其实历史上就是不定期给中原输钙输力的地方。他们敞怀接受中原文明的精彩,也以自己的生命原力、自己的强悍和质朴,给被文化弱化了的中原补以强悍,输以活力。

我曾经说,西部是山之根、河之源、族之祖、玉之乡、歌之海,也是神话之主脉。

山之根:帕米尔山结是中国乃至亚洲主要大山脉根系纠结之处。

河之源:中国主要的大河源头大都在青藏高原,这里是高耸天际的中华水库。

族之祖:我们民族迁徙最早的一个流向,就是古羌族人自青藏高原东经陕甘,南下川滇。

玉之乡:和阗玉、昆仑玉、蓝田玉,使大西北成为中国无可争议的玉乡,而玉从来是中国文化中最为美好的精神标志。

歌之海:当中原各地的民歌大都融入戏曲而转化为舞台演出,西部几十个民族的民歌,依然无拘无束、野腔野调地飘荡在原野上、马背上,你一旦融入西部歌海,灵魂便不由得也无拘无束、野腔野调地飞翔起来。

神话之主脉:中华神话有两大流脉,一个源自东部的海——蓬莱神话,一个源于西部的山——昆仑神话。西北是中华神话的主脉,是创世史诗和民间传说的主脉。

请原谅,一说起美丽的大西北,我的话便多了起来。她让我眼角湿润,心房有怦怦的响动。素常那些被泼烦日子冲淡的乡愁,那些被峥嵘岁月淹没得很深很深的记忆,会在泪光的聚焦中,由心跳伴奏着泛漫出来。那种感动让你难以承受。现代人的无根感和回归感同时被激活,生命力就在这撞击中高扬!

在大西北蜿蜒交错的古丝路上,自古以来商旅络绎不绝,留下了张骞们、法显们、玄奘们、杜环们杂沓的脚印。世世代代走西口的汉子在边塞诗的吟哦中踽踽西行。西域和中亚各族、各国的那些生意人和旅行者，则在声声驼铃中来到内地。他们的身影在漫长的岁月之中一批批地消失了，给我们留下来万千倍于商品的财富，那就是永不朽蚀的精神——丝路精神。

到了"一带一路"倡议响彻全球的今天，横亘大西北的这条陆上丝路，已经由历史烟尘中的草原之路、戈壁之路、骏马之路、玉石之路，转型提升为在公路、铁路、空路、网路中飞速前进的现代丝路，成为连接亚、欧、非三大洲的大通道，沿途各国快速发展的大动脉。

理所当然地，丝路旅游也一年一年火起来。连我这个年届八旬的老人，最近几年也竟然三次坐汽车跑了丝路沿线亚欧三十多国、九十多城、五万公里，至今还意犹未尽，你就知道中国大西北和丝绸之路的魅力有多大了。

有许多图书、影视、歌舞，形象感人地对大西北作了详尽而诱人的展现。不过再好的书和影视也不能代替每个人的亲见亲闻、亲历亲感。希望你还是尽快接受大西北盛情的邀请，用自己的目光和自己的心去阅读大西北！

2019 年 3 月 10 日，西安不散居

深掘脚下这片土地

——序《交大西迁校址千年地缘文化考》

最近我又去了一趟西安交通大学的兴庆校区。几十年来，这里的一切都那么熟悉，而此刻这里的一切又都略显陌生。樱花刚谢，余香犹存，在林荫道上一步一步走过，我问自己，你真的了解这所学校、这个校园吗？真的懂得脚下这片土地吗？

其实从每个校园走过，你的脚印都会重叠万千从这里走出去的学子和终年生活在这里的教工的脚印。但很难有一所学校，在那些杂沓的脚印深处，还积淀着六十年、一百二十年乃至两千年来贤者文士、师长学子的脚印。

我当然知道，此刻自己的脚印正叠印着这所学校创始人盛宣怀以及先行者唐文治、彭康的脚印。但朝樱花道尽头看去，朝高楼和蓝天尽头看去，你怎么能想到，我们的脚步还追随着西汉太学——那所我国最早的学校、最早的博士和学子们的脚步，追随着提倡西汉独尊儒术的董仲舒在下马陵的脚步，追随着汉壁画天象图二十四星宿的余韵，追随着司马相如《上林赋》描绘的汉代勇士的操演呢？

在这个校园里，我们还追随着李白在兴庆宫写"云想衣裳花想容"的才情，追随着唐玄宗与杨贵妃联袂歌舞"霓裳羽衣"的身影，当然，也有安禄山"胡旋"的狂傲。在这里，你能看到东亚各国遣唐使的足迹，其中有多年跨海任职于斯的日本人阿倍仲麻吕，还能看到唐代画家吴道子和韩干的壁画丹青。而为人所熟知的白居易，就是那位写过《长恨歌》和《琵琶行》的中唐诗人白居易，竟在这个校园里整整住了三年，写过传颂千古的《养竹记》——竹本固，固以树德……竹性直，直以立身……竹心空，空以体道……竹贞节，贞以立志。他对竹子的称颂，不正是对今天莘莘学子的殷望吗？

你能听到两千年历史在岁月尽头的回响，你能看到汉、隋、唐、元、明、清的人物和生活图景在土地深处再现。古代丝绸之路许多国家和地区的文明，也在校园的历史长卷中徐徐展开。

我在国外讲学时，曾经通俗简明地表述过古代中华文明的大结构，那是一种"两区""两河""两圈"和"两路"的双重互补结构。

"两区"：从中华全域看，有农耕文化、游牧文化两大区域。自古以来我国便有着这两种生存方式和生存观。它们相反相成、互激互励，成为中华文化重要的内生动力。我们不能忽略另一半中国。

"两河"：从农耕文明看，中国又有黄河、长江两河文明异时异地的传递。黄河文明支撑了中国古代史的上半部，长江文明稍后崛起，支撑起中国古代史的下半部。"两河文明"在唐宋之间接力传递，有效地解决了中国社会稳定发展和中华文明永续不断的问题。

"两圈"：从世界范畴看，中华文明也是一种两个圈层的互补结构。千百年来多少人去海外打拼，建立起无数华人社区，使中华文化与世界文明的融汇越来越深广。这很像一个鸡蛋，本土的中华原生文明是"蛋黄"，融汇于异域的中华再生文明是"蛋清"。海外中华文明传播弘扬了本土文化，它在与异国异地文明的融汇中，又不断生成中华文明新的因子。它极具接轨世界的活力，是中华文明最早融入世界的一部分。

"两路"：陆上、海上丝绸之路。以先行者张骞与郑和为标志的这两条路，拓展了中国以外向发展促内生发展的新空间。经济上看它是一条含金量极大的钻石宝链，文化上看它又是一道飞越地球的七彩霓虹，促进沿线各国在和而不同中共同进步。

应该说我们每块国土，大致都感应着这种双重互补文化结构的某些局部，但像西安交通大学这样多方面全息着中华文化结构的恐怕不多。一个具体的文化单元有如此辐射力，太珍贵了。

从这个文化坐标来看，可以说交大从成立时的徐汇校区，到西迁后的兴庆校区，再到二度西迁的创新港校区，其实贯穿着两个层面的精神。一是社会实践理性层面，那是国家民族责任感的贯穿，即南洋公学时期的实业救国，徐汇校区时期的精英护国，兴庆校区时期的西迁报国，以及正在起步的创新港时期的创新强国。这是爱国奉献精神的贯穿。另一个层面，便是文化理性精神的贯穿。一百二十三年前南洋公学建立，中国有了自己创办的最早的现代模式大学。这是在社会转型（如洋务运动）大背景下，世界现代教育模式引进中国的先声，是世界现代教育文化通过海上丝路，促进中华文化海外融汇圈向本土生成圈辐射的一个成功案例。它和其后清华大学、北京大学等一大批现代大学的建立，显示出中华文明内、外两圈层交互作用的活力。

因此，1956年交大由上海西迁到西安，由东部西迁到西部，由沿海西迁到内陆，完全可以视为是在中华两河文明、两路文明基础上，一次新的融汇再生，也就是相对发达的长江文明、海桥文明，向黄河文明、陆桥文明的一次文化西迁。看起来，它是由发达地区向欠发达地区的迁移，实际上含蕴更为深刻的含义——它还是现代教育、科技研究向中华传统文脉的深度进入和根性回归，同时又是海上丝路与陆上丝路在新历史背景下的一次衔接。西安是古代陆上丝路的起点，不但辐射着中国的腹地，也辐射着中亚、中东直至欧洲、北非。因而，交大西迁既回归了本土和根脉，也从另一个方位上回归了现代和世界。

  我们脚下的每一片土地都有着无穷的宝藏，它等待我们去深垦细耘，等待我们去重新发现、重新感味、重新认识。

2019 年 4 月 29 日，西安不散居

长安，一个令人类骄傲的名字

——序《长安古代艺术通典》

长安，一个令中国闪光、世界瞩目、人类骄傲的名字。她是一座城市，也指一个地域，更凝聚着一种文化。

古长安的艺术和古长安一样，有着说不尽的精彩，是一本读不完的大书。

自古以来我们素有盛世修史、盛世修典、盛世修学的传统。这是一种历史责任，也是一种文化自觉，中华民族赖以承传的那些典籍正是这样积累而成的。

由太白文艺出版社倾力推出的《长安古代艺术通典》，以孙婧为主编，动员、组织业内多位学术精英合作完成，完全可以进入此类典籍的序列。在这部皇皇大著背后，我们看到的是一次巨无霸式的学术行动。

码在我案头的《长安古代艺术通典》整整十一卷，十三册，是目前国内集中研究长安古代艺术的第一套书，带有填补空白的意义。它为这个领域以后的研究提供了较为全面翔实的资料，具有珍贵的文献价值。在编撰方法上，追求严谨的科学论证与明白顺畅的表述相表里，文字与图片相结合。编创思路也为今后的研究者提供了参照系。

长安文化是中国文化内存极大的芯片，是中华文化名列前茅的标志。古代长安文化在诸多方面为中华文化开了源、奠了基。在一定意义上，可以说研究古长安的艺术就是研究古中国的艺术，打开古长安艺术之门就是打开中国文化之门。

长安有史的辉煌，也应有艺的绚烂和学的沉厚。

长安作为中国古都之首、世界古都的东方碑石，在社会、政治、经济、文化各方面，都有着较为完备的形态。无论结构的完整和典型，发育的完善和成熟，历史积累的深沉和厚实，或是在国家和全球历史进程中举足轻重的地位，在民族和世界文化版图中巨大的辐射作用，都值得我们分门别类辑揽资料、深入研究，使之进一步系统化、学理化。正是长安和长安文化艺术历朝历代辉煌的实践，给编写这部通典提供了坚实的实践基础和学理基础。

对长安文化及艺术的研究其实古已有之，千百年来时断时续，延续至今——

像围绕半坡仰韶文化开展的陶器彩画、巫舞乐律研究；

像围绕人文初祖轩辕黄帝开展的中华文化发生学研究；

像围绕《诗经》开展的中国文学发生学研究；

像围绕周代乐制礼教开展的中国管理文化学研究；

像围绕汉唐研究发展起来的汉学和唐学，譬如以"留得正气凌霄汉，著成信史照尘寰"的司马迁在《史记》中开创的文史不分家的研究传统，尤其是唐诗和佛教艺术研究的丰厚成果；

像对北宋哲学家张载"关学"关于天、地、人与文化的动态关系的研究（秦地民间有"家遵东鲁百代训，世守西铭一卷书"的家训，将张载和孔子并提）；

还有近年来兴起的"秦俑学""法门寺学"研究中关于艺术文化的内容，等等。

这些研究以海量的工作和出色的成果，初步形成了自己的学术领域和人才群落。《长安古代艺术通典》是这条学术长链的最新成果。

长安文化的重要特点，是它对整个民族文化的全息性和辐射力。说长安文化是中国文化的一个标高，是世界文化重要的东方窗口，应不为过。化育于这块土壤上的长安艺术，也便有了自己引领一方的特色和优势。

翻检《通典》，我印象深刻之处有这么几点：

一是集中呈现了长安艺术各个门类在各个时代的最高成就，较为充分地显示了长安艺术在中国古代艺术史上举足轻重的地位。

二是注意在挖掘、整合长安艺术资源的基础上，传承、弘扬中华文化精神和民族审美特色。这有利于营养和激活当代艺术创作的思维和实践。

三是既描绘了中华古国各民族的艺术风景，也展示了各民族艺术交流尤其是古丝路上国际艺术交流的风貌。古长安艺术从来重开放包容，它向中国西部民族艺术和丝路各国艺术的延展和融接，为当代长安艺术的发展、创新提供了许多新机遇和内动力。

四是体现了编著者学科意识的自觉。研究长安古代艺术，除了辑揽梳理资料，还应该定位、立论，以宏阔的理论思考将丰富的资料向学科层面提升。这在各分册的"综论"中体现得很明显。每册"综论"对内容做了统摄性述评，又有简约的学科定位和理论先导，对某一类长安古代艺术的要旨、精义、体系及其在学术版图中的地位，都不乏精到的论述，是很好的开篇文章。它有助于将资料融进一个宏观的理论视野。

五是显现了学术包容气度。《通典》在收编各类资料时，不存偏见，尊重原创性和原生性，保存了有关长安古代艺术的各种视角和思路、各类资料和观点，并做了系统化梳理。文化的全维视野和科学的宽容气度，是搞一个贯通古今的大课题必要的学术态度。

对一门新学科的建构来说，稽古佑文、汇总资料只是肇始阶段的工作。多少先贤以毕生精力开宗立派，成功者盖寡，因而我们也要有长期作战的准备，不断拓展、深掘这一课题，陆续推出新成果，这就需要聚集一批当代达摩和当代愚公，执着面壁，不息移山。

在此前与长安古代艺术相关的研究中，我常常会感到，史料梳理和文物考证虽不少，对文化内涵做探幽发微的开掘还可以更深；从已有的典籍资料着手研究的不少，更多进入坊间、乡间生活的活态文化留存，剖析其中鲜活的社会文化心理，还可以更多；除了重视梳理、总结周秦汉唐盛世的成就经验，也不妨对古代长安艺术在发展中的局限和弯道适当反思；等等。

一切文化在结晶为物态和形态成果的同时，都会沉淀为集体人格和民族精神，沉淀为特定时代和历史的情绪状态，亦即神态成果。建议读者朋友们在阅读这部《通典》时，要特别着意和善于穿越浩如烟海的资料，去领悟、体味流贯于长安古代艺术之中那种活的生命气象和精神气质。在《通典》书写到的各类炫目的艺术现象深处，是古代长安人鲜活灵动的生活方式和审美方式，是应和并酬对于时代的精神价值、集体人格和情绪状态。

如若从各种艺术史料的深处，能体味、感知和古长安相应的中国的、东方的整体文化，我想，也许这更是编著者的初衷。只有这样，才能够承继、扬砺古代长安的人格精神和审美情趣，以助力于今天的艺术创作和文化事业，助力其向一个新的高峰迈进！

2019 年 11 月 29 日，西安不散居

让秦岭耸立心中

——谈《中国秦岭》

《中国秦岭》这部书,让亘古以来矗立于大地的秦岭,进入我们的心灵。读这本书,你的心融进了秦岭,秦岭也会在你心里耸立起来。

这本书的特点,我个人感受到三点。

一是具有立体视角。在内容上它写了对秦岭整体的看法,写了简史,写了山水林田路,写了飞禽走兽鱼,写了地质地貌,写了朝代更替、社会变迁。而且这些角度、这些素材是穿插推进、交错展开的。从自然地理到人文地理,再到精神地理,这是秦岭能够在读者心中站起来的原因。

表述形式上,它是图文并茂的。我对摄影不太懂,但是我被照片中秦岭的气势、秦岭的风度、秦岭的丰富多彩、千姿百态所震撼,所陶醉。这些照片好似绿色的旋律,给人以美感,又含纳着一种《道德经》般的哲思,从中可以读清人与自然的种种关系,是哲思与审美的二重唱。由于它有文字,可读,所以是可思考的;由于它有图像,可视,所以是可感觉的,是可共鸣、可学习、可探索的;而由于它有林业第一线的实际工作者参与写作,又是可用的,可以在实践中转化为产业。这种编写方式,结出了阶段性的成果,更为以后大秦岭的研究预留了极大的空间。

二是具有创新思维。从空间上看,有了新的拓展。作者能够走出秦岭看秦岭,走出陕西看秦岭。书中对大秦岭涵盖面的划分,可能会引起一点争论,但是有争论好,既能推动我们研究的深入,又给大秦岭做了广告。我同意大秦岭从甘肃经陕西到河南的划法。将"江河淮汉"这个中国中原水文化的统称,都纳入到秦岭水系之中。长江、黄河的最长支流汉江、渭河,以及淮河这些最负盛名的文化水系,是中华文化的大动脉,都有水源于秦岭的千山万壑之中。

从时间上看,有了新的延伸。作者能走出历史看秦岭,从21世纪,从当下与未来来看秦岭。一千年前,是生于秦岭脚下的哲人张载说出了"民胞物与""为天地立心"的名言,成为中国古典生态精神的绝唱。我们今天说秦岭"泽被天下",这个"泽"也不光指泽被大地、泽被山林,更是指发源于此的中华文化之江河水脉泽被了我们整个民族的精神。

从内涵上看,有了深度掘进。作者从自然生态出发,掘进到社会生态、精神生态层面来透视秦岭,在秦岭自然生态、社会生态、精神生态的三合一中展开论述。我一直认为这三个生态是辩证统一的。有了山才有了水,才有了树,才有了矿。陕西有了秦岭才有了黄土高原,才有了土地。鄂尔多斯刮下来的沙尘,是被秦岭挡住,润泽以水而积淀为土地的。有了山、有了树、有了水,有了大地,才有了动物,有了人。蓝田猿人比北京猿人更早地从大山里面走了出来。哪座山?秦岭啊。这才有了人类,有了各种形态的生活和社会。所以,研究秦岭一定要从三个生态的交织互动中来把握。总书记说秦岭是中国的地理标志,我是作立体的理解的。秦岭既是自然地理标志,又是人文地理标志、精神地理标志。

三是写作姿态下沉。《中国秦岭》的作者们是一个智慧杂交、视觉多维的群体。他们为什么能走到一起呢?不是因为行政命令,而是一个原因:爱。都是秦岭的子民,都爱秦岭。有的从职业角度爱,有的从学术角度爱,但都流贯着对父山母土的爱、对祖脉根系的爱。这是一种贴地而行的学术写作姿态，有冷静的学术智性，更有人性的、血亲的温度。

以上三点——立体视角、创新思维、子民姿态，显示出这本书的价值。

如若再版，建议进一步加强人文地理标志和精神地理标志的写作，不是简单地分划几个模块，而要将自然、人文、精神扭结在一起，构成一个三足鼎立的动态系统来写。

另外，最好能够立专章论述长安城与秦岭的关系。唐宋八大家之一的柳宗元，在1200多年前以"国都在名山之下，名山随国威而远扬"的名言，点出了秦岭山与长安城内在的感应和共赢关系。一座世界名城和一脉世界名山如此交织纠缠、互动互惠，在几千年中共同着命运，这在世界自然地理和人文地理中，是极为罕有、极为珍贵的个例。我们要充分发掘其中的价值，千万不能辜负了它们。

2020 年 7 月 28 日，西安

西安与茂名的缘分

这次广东茂名市的朋友从南海之滨来到秦岭脚下推介他们的城市，给长安城带来了满城的荔香，也带来了盛唐第一美女杨贵妃的美丽，带来了最有家国情怀的冼夫人的勇敢，更带来了极有仁心的医者潘茂名先生的善德。茂名人以潘茂名悬壶济世的大善厚德，命名自己的城市，你可以感受到这座南国之城独有的精神气质。

说起茂名与西安的缘分，那是"老鼠拉锨把——越讲大头越在后头"。我们一般会从杜牧的"一骑红尘妃子笑，无人知是荔枝来"这两句诗说起。唐贵妃杨玉环喜欢吃荔枝，也许因此她那"温泉水滑洗凝脂"的皮肤，便和凝脂般的荔枝可一比。本来她的家乡蜀国就有荔枝，为什么要从迢迢千里之外更远的岭南飞马驰送呢？因为茂名荔枝更好更甜。有《唐国史补》的记载为证："贵妃好荔枝，南海所生尤胜蜀者，故每岁飞驰以进。"唐诗歌吟这事的还真不少。比如杜甫，"忆昔南海史，奔腾进荔枝"，"炎方每续朱缨献，玉座应悲白露团"。

于是便由荔枝引出了一条著名的古道——荔枝道。这简直就是中国最早的快递专道，沿途换马接力，三天就把新鲜荔枝从岭南送到了长安。于是"长安回望绣成堆，山顶千门次第开"。

又由荔枝道引出了一条沟通南方和北方丝绸之路的古道，这就是从长安出发翻越秦岭的子午古道，再往南翻越大巴山的荔枝古道，再往南，由川、黔、桂、粤翻越五岭的川盐古道。这条古道连接长安以南好几个省，沟通黄河、长江、珠江三大水系，成为中国古代贯通南方丝路和北方丝路的一个重要的经济通道。古道像一条丝带，给双城之缘打了一个蝴蝶结。

到了现代，走驮队的古道又变成了跑汽车的县道、省道、国道，最后变成了贯通北方、南方的骨干大通道——包茂高速。还要陆续修建西渝、川桂、粤桂高铁，这条荔枝古道将会成为高速、高铁和航空的立体通道，贯通陆上丝路和海上丝路，茂名将会成为内陆的西部离南海最近的出海口，成为跨区域发展的明星之城。

说到西安、茂名两座城市的文化，缘分也不浅，可比之处很多。且用一些形象的词语来表达吧。

"狠透铁"与"生猛"：趓趓老秦有一股子传承千年的"拧劲儿"，民间把这股劲叫作"狠透铁"。认定目标就不改初衷，一干就抓铁有痕，好一股狠劲儿、拧劲儿、猛劲儿、硬劲儿，简直能把铁锨咬透。茂名所在的岭南文化则讲究"生猛"，不干则已，一干就要"生猛"，非做到极致不可，生龙活虎，像是翻江倒海的猛龙。

"秦川牛"和"揾食"：西安人祖祖辈辈像秦川牛一样埋头苦干，躬下身子实干，建设了自己的家园，养育了十三个王朝。西安人的胸怀是功成不必在我，而践行时则追求功成一定有我。岭南人呢？他们把干活、做事叫"揾食"，埋头苦干，是为了当下的饭碗、温饱；奋力拼搏，更是为了未来活得更好、更出彩！"秦川牛"和"揾食"，这两种实干精神，是可以联袂推出的。

"昭陵骏"和"闯海"：昭陵六骏是唐太宗李世民开疆拓土巩固中华版图的一个象征，是盛唐风骨的载体。唐之前，汉武帝、张骞也是骑在骏马背上凿空西域、开辟丝路，使中国走向世界，也使世界认识了中国。世代西安人发扬"昭陵骏"精神，开拓创新，开放包容。今天这里有了中欧班列"长安号"，有了名列世界前四十的国际航空枢纽，以及发达的空港经济。而在岭南文化中，有一个关键词叫"闯海"。近千年来，粤闽一带世世代代有几千万中华儿女跨海闯世界。他们在异域历尽艰险，营建唐人街，使中国和世界的经济文化相互融通、携手发展。到今天，这种"闯海"精神有效地助力着改革开放和经济发展，助力着全球一体化的伟业。"闯海"精神就是海上丝路精神，就是中国走向世界的精神，这个精神和"昭陵骏"在内陆的开拓开放，在陆上丝路为全球一体化奋斗，不是完全可以呼应，可以牵手吗？

  这些都是西安和茂名两座城的缘分。我们两个城市，纬度差得较远，经度却大致相当，都在东经109度左右。每天我们几乎在同一时间沐浴阳光，又几乎在同一时间观赏月色，我们离得好像很远，其实还真是挺近的！

2020年5月25日，大唐芙蓉园

"误入藕花深处"

——写给沣东丝路荷苑

艳阳金风，波光潋滟，正是荷花日思夜想的生长季节，应友人邀约，我这个与花事素来无缘的人，竟有幸"误入藕花深处"（李清照）。只见千亩荷塘从眼前铺开，尽是碧叶粉蕾新花。虽无杨万里说的"池荷跳雨"，"接天莲叶""映日荷花"，却让人的心境一下子舒展起来！

莲荷在 3500 年以前应该就出现了，考古学家们在殷商墓冢中发现了莲子，今天竟然还能发芽。两三千年前，荷花已经有了文字记载，《诗经》里写荷花的诗有三首，都收在《风》之中。例如"郑风"一首，"山有扶苏，隰有荷华"；"陈风"一首，"彼泽之陂，有蒲与荷"。这些诗，主要流传在中原一带。可能莲荷天然喜欢和平民一道生活在村居，故而《诗经·颂》虽然九成多流传于秦地，"风"在秦地却不多，写秦地荷花的也便凤毛麟角了。

汉唐以后，长安和秦地关于荷与莲的诗文渐渐增加，像汉代司马相如的《上林赋》和张衡的《西京赋》，唐代宋之问的"芙蓉秦地沼，卢桔汉家园"。杜甫在《秋兴八首》中更具体写道"花萼夹城通御气，芙蓉小院入边愁"，花萼相辉楼和大唐芙蓉园至今仍是西安的著名荷苑。我认为写得最好的当数王维，且看《山居秋暝》："竹喧归浣女，莲动下渔舟。"洗衣女回来了，你却看不到，只听见竹林里一阵喧闹；渔舟归家了，你也看不到，只有莲荷在涌动。

莲荷种植生产，在终南山麓那是有水之处便可看见的。而纯然用作观赏性的荷池，据说西安已有十多处，我去过其中五处，乃丰庆宫、兴庆宫、王莽乡、莲湖还有浐灞，现在加上沣东荷苑，就是六处，六六大顺！六处的荷池可说是一处有一处的风姿，一处是一处的气质。

与我最有缘分的是丰庆宫、兴庆宫这两个唐代荷苑。我就住在丰庆公园的隔壁，每天都要在它的荷池畔流连。我夫人在西安交通大学教书，我也在交大有点兼职，几十年在兴庆和丰庆的两个荷苑之间往来。那是我们人生的一条荷花径，留下了半生的足迹。兴庆宫的花萼相辉楼一位中医世家建了个中医博物馆，牌匾和馆名都是我题写的。于是在荷花池畔不但有着半生的足迹，也有了最新的墨迹。

友人要我说说荷花的文化意义，三句两句怎说得完？拣体会最深的说上几点吧。

莲荷有蓬勃的生命力、繁盛的生殖力。它喜欢日照、静水、清风，喜欢大地深处的淤泥。它将这些能够营养、促发生命的要素，都吸收融汇到自己的机体里，一个劲儿地蓬蓬勃勃生长。莲荷花期很长，150天左右，花带很宽，从热带到暖温带，都有它绽放的身影。生殖力之强更堪称花魁状元，一株多蓬，一蓬多籽。淤泥中的根茎，也多节多孔，每节有须，皆可繁殖新生。人类作为大生命体系的一员，实在应该有莲荷如此强劲的生命勇气和生命乐观精神。中国民间以它为蓝本，创造了庞大的"莲族艺术"系列，其首要的寓意就是多子多福，繁衍兴盛。儿女甫一相亲，亲友便送来有关莲荷的吉物和吉言，祈福新人连（莲）生贵子。及至贵子呱呱坠地，相关莲族的吉物吉言，更是争先恐后纷至沓来。

莲荷有着"出淤泥而不染，濯清涟而不妖"（周敦颐《爱莲说》）的自洁功能。它扎根在淤泥之中，能够通过自洁功能汲取淤泥中的养分，排除、过滤其中的不洁和毒素。你看那长于淤泥的出水芙蓉是何等圣洁，有如翠玉和玛瑙相挽的舞步，晶莹剔透的水滴珍珠般在蜡质的叶面上滑行。就连扎在淤泥中的莲藕，也长得像孩子的胳膊那样白嫩白嫩。真是百毒不侵，千瘴滤尽，腐朽化为神奇！莲荷生命中这种强大的自洁功能，使它不论在什么土地、什么环境中都能洁身自好，不但自己不受污染，而且能够清洁水和空气。莲荷濯清涟而不妖，洁净若玉，若君子亭亭玉立，却拒绝妖艳，从不铺张奢靡、搔首弄姿。莲何谓？廉也，廉洁也。行之廉，根本是心之廉；守身如玉，根本是守心如玉啊。

莲荷还有前赴后继、鞠躬尽瘁的奉献精神。它的根、茎、叶、花皆可食用、药用、观赏、编织用，一一如数奉献给了人类。它为自己身体的每个部位都找到了服务人类的途径。入冬以后它衰败了，化为一片残荷，却芳心犹在。来年春天一到，又加倍地蓬勃新生，加倍地将自己奉献给人类。面对如此百折不挠、前赴后继、鞠躬尽瘁的奉献精神，我们怎能不心动？

莲荷对人类、对中国、对民间更有着丰富的审美意义。它给我们提供了多姿多彩的自然美、人性美、艺术美的资源。在天地、水土和风景带的审美关系中，它和谐组合、画龙点睛了多少画面。这位玉立水面的美人，是爱情和各种美好品德的证言和信物，是高洁、坚贞、清纯一众美德的寓象。"并蒂莲"是民间对爱情最高的赞颂。《诗经·邶风》唱道"山有榛，隰有苓，云谁之思？西方美人！"这是说山上有乔木，池中有荷花，那么云在想谁呢？在想西方的美人啊！此诗本出中原，这个"西方美人"当然不是西方女性，而是我们西部女性，说不定就是我们长安的美人啊。西岳华山五峰簇拥，恰似一朵莲花，以华山为背景的传说和戏剧《宝莲灯》写了三圣母和刘彦昌动人的爱情，也写了沉香劈山救母的亲情。莲荷孕育了古往今来多少艺术文化之美，它浸漫在千百年来的诗词歌赋、传说戏文、风俗节庆之中，成为中华民族的非物质文化遗产和潜在的文化记忆、审美心理。

在整个大千世界中，莲荷其实不过是一粒微尘，只有我们走近它，走进它，打开它，聚焦它，显微它，放大它的时候，才发现这粒微尘竟是一个完整而丰富的生命系统，是一个微缩了的大千世界。它有自己的生存规律，有自己的生命需求，也有潜藏的精神指向。我们爱它，更应该敬重它。北宋哲学家张载，今年恰好诞生一千年了，他提出"民胞物与"，就是说，天下民众是我们的同胞，所有物界都是我们的同伴。他的"横渠四句"，第一句便是"为天地立心"，天地本来有心，问题是我们是否树立了、尊重了这天地之心。人类在这个世界上享用了最多的资源，在生存链上处在至高无上的顶端，人类责无旁贷要对这个世界负最大的责任。我们应该担起对荷花对小鸟对青山秀水的最后责任，促进天、地、人三才的和谐相处和良性循环。各位，是不是这样呢？

我看见满苑的荷花在夏风中颔首称是。

2020年6月25日，沣东荷苑

说三道四话西市

欣闻大唐西市文旅小镇入选国家发改委"国家级特色小镇高质量发展典型示范案例"（全国只有二十个），愧为小镇名誉镇长经年，未做什么工作，此刻忍不住说三道四，送上几点思考与建议。

一、要抓住主业

西市的主业是什么？文化！它最大价值在于历史文化含量，抓住文化，逐步实现旅游和商贸转化，西市的发展就有了源头活水和基础动力。

要力争成为丝路国际电影节和丝路国际艺术节的主场和亮点会场。尽早规划在二、三期建设中，将西市建设成我国首选的丝路和其他汉唐题材影视实景拍摄基地。《长安十二时辰》中的故事就发生在西市，拍摄电视剧时投资了三个亿，回收了三十个亿，却没在我们这里拍。

还不妨建立开放性、流动性的民间丝路文化学校，培养人才，展示丝路沿线各地吃、住、行、娱、购、游的多彩风情，以及以体验、参与为特色的文化艺术创作，向周边社区拓展、弥漫。

二、要强化特色

西市的特色是什么？是古典农耕文明格局中繁荣的商贸集市。西市是中国古代商贸经济和社会生活的活化石，对我们纠正成见，更全面地了解、发掘中国古代农业社会中的商贸活动，有特殊的意义。

我们要发扬这个传统，千方百计以商贸为基础发展提升西市小镇。珠宝文玩店不宜太多，要贴近民心，增加老百姓刚需消费品，如吃、穿、用等方面的商品。

还可考虑将桃园南路东、西两边的丰庆公园与大唐西市联体打造，发掘丰庆宫隋唐遗址的历史元素，使之转化为游览景点。在桃园南路建立西安首座跨街宽体过街廊桥，将西市与公园连成整体。宽体廊桥上可设置咖啡吧、小展厅，扩大城市空间利用率。

三、要突出丝路

西市的商贸活动因丝路而起，因丝路而盛，因丝路而国际化，直至成为最早、最大的古代国际商贸市场。大唐西市是中国古代国际贸易最早的平台和窗口，是中国走向世界、世界进入中国的重要通道。突出它的这个特点，西市的发展就能从长安到西安、从古代到当代两波国际化大都会的建设衔接起来，在碰撞中出火花。

为什么不在这里打造中国北方丝绸贸易、集散中心呢？通过航空货运和"长安号"向世界发货，打造世界丝绸品牌的国内旗舰店，同时在西市创建西部最大的国际高档丝绸"大巴扎"。

还可以在丝路沿线世界文化遗产各个节点逐步组建大唐西市分公司。做大做强之后，争取升格为国家减税、免税丝绸贸易中心。

四、要营造风情

文旅小镇，"镇味"要浓，"市味"要浓。集镇的味道要浓厚，就要以家常市井生活取胜，不要贪大求酷，楼群林立。有了"镇味""市味"，才有人气，才有生活的鲜活感。

2020 年 7 月 12 日，西安大唐西市

民祭史圣之赞

——在司马迁祠墓前的致辞

对司马迁的祭祀保留民祭方式，是它的特点，也是它的深度和锐度。

对先圣先贤的缅怀是中华民族的优良传统，尤其是对著名历史人物，在官方、民间一直都保留着隆重的祭祀传统，包括伏羲、炎黄乃至孔孟。但是为什么对司马迁这样的千秋史圣，祭祀一直维持在民间祭祀层面，而没有上升到官祭、朝廷祭祀呢？

我国的"大祭"，一个是炎黄，属于国之祭、族之祭；一个是孔子，属于文之祭，是对文脉的一种追踪，后来也上升到了官之祭。还有一个就是祭祀司马迁，它既是文祭，又是心祭，是对一种伟大的中华人格的缅怀。

在以上三个祭祀中，司马迁的祭祀一直保留在民祭层面，千百年中都是司马家族以及司马家族衍生的同、冯二族聚族而祭。这是它的一个特点，也是它内在的深度、力度和锐度。似乎在表明，史圣司马迁不需借助于外在的力量，无须官方提倡和地方组织，他自身的人格力量和精神境界，便可以凝聚后人，让自己偶像般根植在每个人的心里。

因而我希望能够保留司马迁民祭的传统，保留民祭背后的那股精神凝聚力、文化凝聚力。

司马迁之死可以说是士之殇。士之殇必会引发国之殇。一个国家若不重视知识分子，国运就会受到影响。司马迁写《史记》，可以说是士之光，他焕发了人格光彩。一个能焕发知识分子光彩、发挥知识分子作用的国家，国必强。司马迁营养、激发了我们民族的历史精神、人格精神，我们今天用这种特殊的方式来祭祀他，是士之煌。

士殇国无光，士煌国必强。历史无数次证明了这一点！

我们都是士人，站在司马迁祠墓之前，我们应该认真思考民族精神建设和人格铸造的问题。中华民族有很多优点，但是也有很多弊病，譬如喜欢歌颂成功者、辉煌者。成功和辉煌当然值得歌颂。像司马迁这样敢提不同看法的人，敢在史书里记录大人物缺点的人，敢在受到惨痛挫伤后矢志不移的人，现在是日见其少了，我们对这一类命运坎坷、灵魂痛苦的圣者，缅怀、纪念得很是不够。

其实司马迁的耿介和人生教训，给予我们的历史经验和人格营养，远不比秦皇、汉武、唐宗、宋祖少，我们实在要认真地消化、恒久地吸收。我们今天在这里祭祀史圣司马迁，应该借此而反思历史，反思我们的文化人格，在祭祀和追思中，使民族精神和文化人格更健康、更健全、更坚强，更能居安思危，更能忍辱负重，这才是史圣之祭的根本。

2008 年 4 月清明节，韩城

《不散居文存》自序

"不散居"是 2001 年我六十岁刚过时,搬到西安西郊丰园小区之后给居室起的斋号,至今已经快二十年了。

这个地方原来是西安老机场的跑道,是唐丰庆宫的遗址,离明城墙之外唐代长安城城墙只一箭之地,环境好,交通方便,又有历史渊源。自度可以于此终老此生了,便让儿子也在附近买了房,搬到了与我相距"一碗汤"的大唐西市,两代人准备在这里安居乐业,我也开始了自己人生的最后一段里程。在文友们的启发下,此居室被命名为"不散居",其中含有与家庭、事业以及这座城市、这个地方不离不弃的意思。

自此,我开始每天都安排自己的日程——一周一个卡片,七个格子七天,对每天上午、中午、晚上"三晌"要干的活儿,都有详细的安排,以便使自己在老境之中,依然能够充实地度过每一天。有意义、有计划、有目的的忙碌,是生命充实的体现,也是充实生命最有效的方法。我过去为公家办事,时间由单位安排,现在则完全是自主安排。所幸身体还争气,还能跑,能读,能想,能写,还有探究自然、社会、人生、艺术和心灵的强烈冲动——不期然而然,便把这里当成了人生和事业最后的冲刺阶段。

我在不散居阅读,写作,思考,会朋友,在这里编辑了我的十五卷本文集"云儒文汇",也从这里一次次出发,一次一次归家,跑了好多趟丝绸之路,在几十个国家、几万里路上,追寻、阅读、感受、剖析这条路,撰写、出版了五部有关丝路的著作。现在,我又在这个不散居编出了这部《不散居文存》。

的确，我晚年的大部分文稿都是在这里写成，或是在这里改定、编定的。

在编"云儒文汇"的时候，常常泛起愧悔之情。我这一辈子写就的文字，涉及的门类和角度的确不少，但涉猎方面太多，太过杂乱，这实在不是好事。虽也有一点开新拓途之作，浅尝辄止者实不在少数，这便使我很难在一个或两个课题上做系统的深层的开掘，最终形成属于自己的学术领域。也许，以我的流动人生和评论职业，要做出大的学术建树本来也难，那就只能如此了。而由于经历过曲折时代，有过新闻从业经历，所以也写了一些可以不写又不得不写的文章。这些，我都收入了"文汇"之中，以留下一个真实的可供反思的自己、一个真实的可供反思的时代。

这样，便有了在"云儒文汇"十五卷之外，再编一部更精到的文化与文艺论集的想法。在这次编辑过程中，我剔除了各类作家作品评论、社会评论，于四百万字中选出五十三万字，以"文存"之名，在陕西省文史研究馆的"崇文丛书"中出版。我知道，陕西省文史研究馆是很高的学术平台，想到这区区五十多万字，将要在这个平台上面世，接受社会和各位学坛宿耆的检验，不免惴惴不安，希望不要贻笑大方才好。

从这本书所收纳的论文中，可以大致看出我作为一位文化研究者、写作者的足迹、思迹、心迹、文迹，那就是从文艺评论，到文艺研究，到文化研究，再到西部文化研究，最后落脚在古今丝绸之路研究上，这样一个做学问的轨迹。

而以我个人八十岁的年纪、五十多年的写作生涯，我的研究写作很自然地大致全息了中华人民共和国成立以来，特别是改革开放四十年来，我们国家文化思潮和文艺思潮动态发展的历史进程。又由于身在文艺界，比较贴近创作实践，我研究的目光，不能不紧贴着文化创造和艺术创作的实际，选题与论点也就多是在文化艺术实践中涌现出来而自己又感到有新意的那些观点。

我喜欢在宏观的格局、多维的坐标与历史时代的总体进程中，经由反复的梳理、比较，寻找出一些疑点、难点、亮点或兴趣点，开始做自己的功课，这是我的思考和写作方式。为了使作品中的观点鲜明、易记，便于社会传播，便于大众接受，我在理论表达时删繁就简，尽量采用独特的个人化的口气、词语和表述风格，其间常常融入个人的感悟，融入我对一个问题的渐次进入的思考过程，以期可以诱发读者感同身受。这些与学院派不同的地方，可能是我的特点，也可能恰好是我的弱点。

嗟乎，人生一路走来，行色匆匆，景色匆匆，忽忽已然八秩，已然由耄进耋，到了应该"停车坐爱枫林晚"的时候。而我自感还有一些未完的计划、未了却的心愿。我知道，几十年一生的惯性使我无法在八十这个人生刻度上停下来，一定还会在青灯黄卷、笔塚墨池之中，孜孜矻矻，以度残生，实在对自己无可奈何。

记得有次我展宣写一副对联："青菜萝卜糙米饭，瓦壶天水菊花茶"，孰料写到菊花茶的"花"字时，笔管开裂，笔头乍然断落，竟在宣纸上绽出一朵墨菊花来。当下失了色，怕是暗示着什么不祥或不测。旋即拾起笔头，在联后写下了一段小跋，想冲冲晦气。跋曰：

回首生平，聊以自慰的是，为国为家为己辛劳半生，虽无大作为，亦别无奢求，唯糙米饭，菊花茶足矣。今不意笔头断落纸上，墨花四开，乃悟此花实为肖姓，终生浸于墨中，读墨字，写墨书，开墨花，写尽自家毫无绚丽的生命。笔亦肖姓也，本以江南板桥竹根为管，西北荒原狼毛为毫，伴我后半生，得于心，应于手，默契于灵境，可谓鞠躬尽瘁，为文字捐躯……

是的，我想只要我不离开不散居，《不散居文存》的箧存量，就会日有所增，它的厚度也就会日有所长的。

2019 年 10 月 7 日，不散居南窗

《八万里丝路云和月》俄文版前言

真高兴《八万里丝路云和月》能够出俄文版。它可以向俄罗斯的读者展示一个中国作家眼中的古代和现代的丝路风情，从另外一个方位，用另外一种眼光，在另外一种文化坐标上与我的俄罗斯读者交流。

这本书涉及不少俄罗斯的城市乡村。我们的车队从中国出发，经由中亚五国，到达俄罗斯的西伯利亚、欧洲和高加索地区。并从莫斯科和圣彼得堡这个中心区进入北欧三国。这是一个中国作家在俄罗斯大地和整个丝路沿线的掠影。

也许更重要、更让我高兴的是，我们这一代在花样年华时就种下的俄罗斯情结，在这次行走与书写中，青春时代的情结得以再现和满足了。

20世纪50年代我们正年轻时，中苏友好，苏俄文化的气氛在中国很是浓郁，从学校学俄语、女士的布拉吉连衣裙到俄罗斯深厚的文学、精美的电影，都受到我们那一代青年的热捧。许多人像熟悉自己的家乡一样熟悉俄罗斯这块土地。从列夫·托尔斯泰、屠格涅夫、冈察洛夫、普希金、果戈理、车尔尼雪夫斯基，到高尔基、法捷耶夫、帕斯捷尔纳克，我都曾烂熟于心。他们在我年轻的心里种下了许多真善美的种子。我曾经多少次神游过这块北方的土地，而"一带一路"的"丝路万里行"活动，让我终于踏上了这块熟悉而陌生的国度，当年的神游转为脚踏实地的大地丈量。我每每走不出压抑了多年的激动。

这本书收集了我多次坐汽车跑丝路的见闻、感受、思考。我们还在途中，这些文章已经在中国的电子网络传播，在一些报刊连载。后来又分"张骞之路"《丝路云履》、"玄奘之路"《丝路云谭》、"中东欧之旅"《丝路云笺》三册，在中国几家出版社先后出版，获得了以中国一位老作家的名字命名的"冰心散文奖"。之后又出版了由杨惠英教授翻译的国内外两个版本的英文版。

这次承蒙陕西师范大学出版总社悉心联系操办，由陕西师范大学俄语系主任、俄语中心中方主任孟霞教授和俄方主任娜塔莉·察廖娃教授二位专家，将这些文字翻译成俄语并在俄罗斯科学院科学出版集团出版，让我有机会向俄罗斯的读者朋友展示八万里丝路上的风光和感受。真感谢他们，他们都是文化交流的使者，都是当代文化丝路上的张骞和马可·波罗。我向他们送上出自内心的感激。

《八万里丝路云和月》这个书名源于中国宋代英雄岳飞的诗句"三十功名尘与土，八千里路云和月"。诗句道尽了他自己以及所有人在漫长的岁月之路上行走的风景、拼搏的风景，这也正是古今丝绸之路上的风景。

2020 年 7 月 14 日，西安不散居

李白的三重人生

——评新编历史剧《李白长安行》

由阿莹编剧、西安易俗社演出的新编秦腔历史剧《李白长安行》最近不胫而走,引发热议。这个戏里的李白,是个"不一样的李太白",细一想,又感到"还是李太白",而且竟然"更加李太白"!

这部新戏文化含量高,文学性强,又能雅俗共赏。它以当代人的诗性理想,将李白与长安相关的一些传说及诗词故事,熔铸进古丝路文明互鉴的宏大主题中,在戏曲审美价值和现实意义之间找到了很好的融通渠道,其间有不少值得我们思考和阐释的话题。这可能就是一部戏有深度的表现吧。

李白是个很难写的人物,因而专写李白的大戏不是很多,这次是李白第一次作为大戏主角登上秦腔舞台。剧作者将一个十分独特的人物,置于与其个性相异相悖的宏大叙事架构中来展开,更是给自己出了个难题。现在所以能够较为准确、深刻地写出李白这个人物,我感到主要有赖于编导表达了诗人精神世界的复调色彩和多元化倾向。

中国古代的知识分子、士人阶层,有的更倾向于儒,例如杜甫;有的则更倾向于道,例如李白。但他们的精神性格绝不是单色的,而是复调的,有着一种圆雕般的立体感。他们各有自己精神的主调,又都在不同的角度、不同的层次上反映了中国文化儒道互补的复调结构。戏中的李白正是这样一个人物。

历史和文学作品中的李白、传说中的李白,留给我们最深刻的印象是诗酒情怀。他好诗，才溢古今，好酒，性情恣肆，在诗酒中将自己的精神品格和现实感受推向极致，提升到审美境界。豪放和才情成为这个人物众所周知的气质。

但其实，李白虽然是一个天才的诗人、嗜酒的文人，却又不甘于浸泡在诗酒人生中枉度岁月。他对自己的才能相当自负："天生我才必有用，千金散尽还复来"；对建功立业有着强烈的渴望："长风破浪会有时，直挂云帆济沧海"；对于实现自己的人生理想，也充满着自信。这构成了另一个李白。

从这个角度，即人生价值观的角度来看，李白的功名之欲、入世之心，那种积极的进取意识，与儒家的价值体系是相一致的。达则兼济天下，穷则独善其身，这是自孔孟以来，儒者奉行的人生哲学与处世之道，李白其实也是这样。他希望自己能够辅佐帝王平治天下，建功立业。可以看出，李白人生价值的核心乃是入世有为的"儒士精神"。这个儒志同时又兼具着道心、侠骨、仙风等多重色彩。

儒、侠、仙合一，狂、狷、逸聚身的李白，在长安的三年中，试探着由山林走进庙堂，开始了他由诗酒人生向庙堂人生的转化——他以这样"另一个李白"的形象出现，实在是一次精彩亮相。

李白这种多维的、复调的性格，在剧中是逐层深入塑造出来的。一开始展现在我们面前的是玄宗、贵妃、李白、贺知章、薛仁以及群臣之间的诗酒心仪，诗酒相惜。李白以他的才华得到了贺知章、王维的推荐，而他又因诗情文才结识了新科进士薛仁。上朝后，与唐玄宗、杨贵妃更是一见倾心。这是一种惺惺惜惺惺的诗酒人生。玄宗、贵妃能乐善舞，掌管天下却不乏诗性情怀。他们构成了一种同向的互文关系。

随着宫闱乐女花燕的出现，事情开始发生变化。两个青梅竹马的年轻人——薛仁和花燕——被宫廷活生生地分离，这激荡起李白的侠义精神，激扬于诗酒人生之上。他挺身而出要管这件事，而且一管到底。

后来，诗人发现了薛仁、花燕爱情背后更大的社会内容，就是边关禁止史籍兵书外流，妨碍文明互鉴的问题。事关古丝路文化经济交流，此乃国家大事，李白又有在西域的人生经历，熟悉那里的风土人情，与那里的人有着深厚的友谊，于国于民于情于心，都使他义无反顾地由侠骨柔肠，突进到治国理政、为社稷担当的层面，和奸佞之臣展开了针锋相对的斗争，并且帮助朝廷翻译、草拟大唐与康居国的往来公文。他强劲地介入社会，显示出内圣而外王的儒家人格追求，为古丝路的文化交流作出了贡献。这在古代诗人和文士中是罕见的。剧作者抓住这条线做了突出的处理，便超越了具体题材，而在历史文化和民心相通层面，融接了古今，一部古典剧、一个古典名士也便有了当代意义和感情温度。

在李白人格精神的第二个阶段，诗人与玄宗的互文关系，由同向转化为对立再回归同向。他看到了奸臣当道、忠臣无为、朝廷受蒙蔽的一面。他的酒醒了，义无反顾，也不屑一顾。他进入了儒家入世有为的境界，由诗酒人生转向庙堂人生。复调人格中的儒志，便这样得到了有力的突现。

最后，当朝廷采纳了李白、贺知章的建议，解除了边关禁书的不当禁令，丝路文化交流又畅通时，玄宗夸赞、赏赐了李白，也给薛仁封了官，谪仙人似乎即将开始他辅佐圣上的新的人生了。这时，诗人却出人意料地提出要谢别圣上，归隐山林，去浪迹天涯。剧情出现了一个陡转。这一转折看似意外，实在意中，是李白性格的必然，也是他人格境界的升华。与朝廷的交集中，他虽然在维护薛、花爱情和力主丝路文明交流上有所行动，却也有着更大的失落和更深的失望——那是对于皇权的失望，是自己乃至庙堂文士普遍的失落。

他在这个过程中认清了，诗酒人生乃至雅士、文化在皇权眼中只不过是酒后茶余的帮闲。他不屑于在朝廷仰人鼻息，他希望保持自己的独立思考、自由精神，他希望与圣上成为文朋诗友，甚至于希望像诸葛亮、吕尚、谢安那样成为庙堂之上的先生，立功立德立言以报效社稷。当知道这一切毫无可能时，跌入深深失望之中的诗人，只能**拂袖**而去，在道骨仙风中去追求生命本体的真实。

三年长安行，终于回归真性情。李白由庙堂人生最终又转向了山林人生。这是李白人格的一次高层次回归。儒志是对仙风的一次提升，道骨又是对儒志的二度超越。在第五幕的大段唱腔中，李白倚醉放歌，酣畅淋漓地倾诉自己的内心痛苦，打开了人物的感情世界，也满足了观众的审美期待。

李白在剧中的这一精神历程，在中国古代文人中具有相当的典型性。在他们狂狷的人生形态内，常常怀着为天地立心、为生民立命之大志。即便退而独善其身，也依然眷顾着社稷民生。李白就在他的游仙诗中不止一次写到对现世的眷恋如何惊醒了自己的游仙之梦。他虽升空而去，却忍不住俯瞰大地的凄凉：豺狼横行、血流遍野而心忧如焚（《古风》第十九首），也写到他在仙境对尘世帝王轻蔑的一瞥（《来日大难》），所以我有了观剧的第三个感觉：这真是"更加李白！"

编导为主人公人格精神的演进，营造了合理的性格逻辑和情境逻辑。李白、玄宗、贵妃、贺知章、薛仁共有的诗酒气质营造了人物交织的可能性；爱情与权威的对立，又营造了李白与朝廷冲突的必然性；解决冲突时，玄宗原就主张文明互鉴，只是受了蒙蔽，而李白的人生又正好与西域古国有着特殊的联系，这又营造了解决冲突的合理性。当然，如果能够更充分开掘李白与玄宗在彼时彼地的内心冲突，更充分揭示文化交流的内在依据，并展示唐代对外开放的整体情境，或当更为完美。

相通的或然，冲突的必然，结局的当然——《李白长安行》就这样让我们感到它的合情合理和融会贯通。

2019 年 7 月 5 日，西安不散居

中国当代寓象山水的成功探索

——张介宇《胡杨礼赞》长卷的成功探索

在中国画中，从来就有实象再现体系和寓象表现体系的不同探索。而寓象表现系列的中国画中，有的侧重于情绪寓象，有的又侧重于人格寓象。张介宇先生的胡杨组画，在总体构思上属于中国山水画中的寓象谱系，具体表达时又取用了中国山水画的实象手法。多年来，他在二者之中自由行走而卓有成效。

李可染先生有云，"山川就是祖国"，而在介宇笔下，胡杨就是人。在他的绘画谱系中，胡杨是人格精神与感情波澜的一种形象体现，也是一种寓象的暗传。

介宇在创作中如何将实象转化为寓象呢？有好几个层面。首先是选准寓体，选择能够最准确最深刻寄寓他审美意蕴的对象。胡杨艰难而又强韧的生存，锲而不舍、折而不倒的生命，乃至凝聚这一切的胡杨的形体、面相，正是西部人、中国人精神的最好寓体。我们看到，胡杨、西部人、中国人，西部精神、中国精神、人类生命精神，便这样组构成介宇胡杨谱系作品中最佳的寓象系列。

选准寓体之后，画家致力于多层次发掘寓象的形体意味和精神内涵。他发掘了寄寓在胡杨生命形体中那种深沉的苍凉之美、悲怆之美，发掘了胡杨在极度艰难生存中那种向上的搏斗精神，发掘了胡杨拼死活着、倒下不死、死后发芽的惊心动魄的壮丽生命景象……

所有这些，无一不是生命的自叙，无一不是人格的纪念碑。

与发掘寓象的精神内涵并行，画家点点滴滴、一丝不苟地将神和意落实到形和象上。介宇运用自己多年画山水、画胡杨探索、积累下来的构思、构图、笔墨、色彩，以十八般武艺将寓体的形神表达在视觉审美上推向极致。

他取用宏大的格局、鸟瞰的视觉，将整片原野、整片胡杨林在你面前做弧状的展开。他用规模化的表达，以长达七十米的巨大绵延胡杨树林那千姿百态的生存状态，激发起强烈的视角震撼和身临其境的体验效果。国画长卷的审美表达空间和表达能力被发挥到极致。

虽然长度罕见、规模宏大，画家在具体布局和绘制时，却又追求精微的画风、采用精细的表达。以无数个局部的精微去构建胡杨的总体寓象；以千树万枝、千笔万划去塑造一个共有的寓象；以多方位的审美叠加，将这一寓象的形和意推向极致，产生审美震撼。在艺术构思和艺术表达中形成的这种两极震荡效应，构成了创作过程中重要的动力机制，活跃着画作的造型、笔墨和色彩。从中我们无不可以听到画家的人生慨叹，听到他对于生命交响乐般的倾诉。

介宇的寓象山水《胡杨礼赞》和中国古代的寓象山水一脉相承，却又有出新之处。古代寓象画多表达个体生命的追求，他表达的则是群体的、民族的生命呼号。古代寓象画传达的常常是生命之孤独，他传达的却是生命在群体共生中的繁华。古代寓象画多追求静寂之感，他的画却有着生命的喧闹。这是时代精神、时代气象，也是画家内心的声音和气象。

在几十年的欣赏经验中，很少有一幅画让我伫立如此之久，想得如此之多。那真是鲁迅先生说的"心事浩茫连广宇，于无声处听惊雷"！读画时，我看到了青年、中年、老年的岁月流逝；看到了春天、夏天、秋天、冬天的光阴更替；看到了来路的接棒和前路的传递，生者与死者的对话，以及死亡之后向着永恒的升华。

你会想到生命超出想象的韧强，想到人类历史在曲线中的展开，想到宇宙、星河于纹丝不动中的缓缓移动。也不由得会想到我的西部，我那苦难而刚强的西部。想到多难的祖国，在无数次枯荣、无数次兴亡中，一次又一次站立在人类历史的宇空下，站立在这颗星球的大地上。当然也会想到八十年来自己几度浮沉、几度涅槃的平凡人生。

你被震慑了，静穆无语。脸上平湖秋月，胸中却惊涛骇浪。你如此强烈地感受到了个体生命的渺小，只有自信依然强大。你感到了无处不在的敬畏，却又坦然面对这片土地上的生命轮回。

这一切，都只是为着一幅画，为着画上那一片历尽磨难却在天地间生生不息的胡杨林！

2019 年 7 月 7 日，西安不散居

吴三大之大

吴三大不是吴培基先生的本名，是书友们对他略带调侃却又很有深度的一种评价，在社会上流布开来，终至替代了他的本名。这种评价作为一种称谓，与他终生伴随。

那么，三大先生何以三大？吴三大之三大，大在何处？

首先是他的"大笔墨"。他求正求大。三大习书，从颜体入手，融通碑帖，浑朴厚重，宽博大气。且特善榜书，追求一种庄重正大的书风。他不像有些书家，在一个小格局中探索出新，当然更不像那些为市场的喧哗而做各种取宠之态的人。他追求的是庄重正大之美。

他求美，追求中国书法的造型之美、笔墨之美、结体之美。与小家碧玉绝对不是一路，他是庙堂之美、大丈夫之美。这是中国书法美的主流美，颜、柳、赵、苏以下，无不如此。

他求厚重。吃墨深，下笔重，字字浓墨重笔。他多方面发挥线条的作用，在书法中以线条切割白色的方块，"以线计黑"，"以线计白"。同时又探索墨块对方格填充、切割所构成的美，"以墨计白"，"以墨计黑"，探索线、块结合，遂成一种异趣，实现了新颖的美学构成。

正大之美是中国美学的主流，也是古城书风的主流，是长安文化气度和文化人格的体现。于是吴先生终于成为古城标志性的书法形象。

第二个"大"，是他的"大性格"。三大先生的性格是地道的长安文化和秦人秉性的结合。他不拘小节，大气纵横，豪放，率真，坦诚，时时处于一种微醺状态，略约显出一点狂狷。这一切都有如他神驰飞扬的笔墨。他身上有一种侠气，侠义并重，古道热肠，呼朋引类，为朋友能两肋插刀。酒神恣肆，侠义并重，构成了吴三大的大性格。这种气质风貌与他的艺术风格高度统一。

第三个"大"，是"大风景"。吴先生的艺术和人格在古城拉出了一道"大风景"。他有一种天下情怀，他不是那种只在亭子间搞艺术创新的人，不是那种只在宣纸笔墨之中埋头而不抬头搞艺术的人，他是那种以艺通天下，以艺济苍生的书法艺术家。他一贯乐善好施，经常参与社会公益活动。那时候他是那么样的高兴着。吴先生在群众之中，在大家的簇拥、赞许下泼墨走笔，是那么的放松，那么的愉快。这其中有在艺术创作中自由奔放的愉快，更有自己的人生和人格在民众中得到了实现的愉快。

结实的艺术功底，执着的创新探求，豪放的人格魅力，和以社会民众为中心的创作实践，都是大胸襟、大情怀，这使得吴先生的书与人均成为时代大走势和三秦大书风的一个标志，成为当下书法原野上的一道大风景，这也是他的书法能够在老百姓心中留存、回响的原因吧。

2019 年 12 月 16 日，西安

贠恩凤：歌百姓忧乐，咏社会正气

五一节刚过，我们来参加《黄土高原上的银铃——人民艺术家贠恩凤》这本书的出版座谈会。这本书记录了一个艺术劳动者七十年的辛勤、血汗乃至血泪，所以我觉得在劳动者的节日开这个会非常合适。贠恩凤老师也是全国五一劳动奖章的获得者。

今天又是五四青年节。我跟贠恩凤是同年出生的，她在年头，我在年尾。我们在一起经常开玩笑谁是谁的哥，谁是谁的姐。我想在五四青年节开这个会也很有意义，因为贠恩凤老师的艺术生命永远是年轻的，她像年轻人一样，歌声六七十年来依然在回响着，所以今天这个会我觉得时间是非常合适的。我想说三句话。

第一，我觉得一个时代需要她的歌声，一块土地也需要她的歌声。老百姓需要自己喜欢的歌声，必然会选择一些能将自己内心世界的各种感情、情绪发扬出来的艺术家。时代选择了贠恩凤，贠恩凤又选择了这个时代。她愿意来当这个时代的音乐代言人，百灵鸟似的代言人。

第二，贠恩凤跟老百姓的关系，已经可以达到"融为一体"的程度。昨天中央电视台拍画家刘文西的片子，到我那儿要我谈谈老画家。刘文西有一句话，他生命的一半是黄土地给的，他艺术的全部是黄土地给的、老百姓给的。我觉得这个话、这个体会放到恩凤身上也非常合适。

在恩凤身上我觉得实现了两个非常难得的良性的循环。一个是作为一个老年人，她一辈子心仪的事业尽管非常繁重，但是她不感到繁重，只感到快乐。她的事业、责任和她的幸福感形成了良性的循环。她没有一个春节在家里过，冰天雪地到处去演出。今年元旦我们一起在黄陵时，她说春节还要下去，我劝她要注意身体，她笑笑。繁重的艺术劳动，有很多艰险、风险，但对于她来说，这就是幸福。一个人能够把自己从事的工作跟自己的幸福感融合得这么好，实现这样良性的循环，我觉得这是贠恩凤，还有孙韶先生老两口不老的原因。他们总是在辛劳着，同时在快乐着。

再一个循环就是她实现了艺术创作和生发艺术的土壤、土地的循环。老百姓给恩凤骨子里注入了一种积极的精神和气度，而恩凤总是用歌唱去激扬老百姓血液中的沸腾，唱出老百姓心里的声音。两相唱和，一个营养一个，实现了非常良性的艺术创作和艺术欣赏的循环，这是非常难得的。一个艺术家，她全部的劳动最后都得到了这块土地的认可，得到了这块土地上百姓的喜爱，你说这是多么幸福的实现！恩凤身上这两个良性循环，是我要好好学习的。

昨晚我想给她送一幅表示祝贺的书法作品，落款我本来想写"祝恩凤为人民歌唱多少年"，我停下了笔。歌唱多少年呢？现在已经歌唱了六十年，我不敢写九十年，因为说不定她要唱到一百年。所以最后我没有写多少年，就是祝她永远为老百姓歌唱。歌唱使她永远年轻。

第三，我要感谢陕西师范大学出版总社和王新民先生，我们的出版社，我们的写作者，为这样的艺术家树碑立传，镌刻一块碑石，是完全值得的。

恩凤、刘文西、赵季平、贾平凹，还有我们省许多的艺术家，都会走进历史。我们的写作者为他们立传，就是为历史写传，就是为老百姓写传，这是非常有意义的事情。

现在，我把这幅书法送给孙韶和恩凤："歌百姓忧乐，咏社会正气。"

2018 年 5 月 4 日讲，次日整理

幽远家国情

——序权海帆《立心立命开太平——张载传》

我国宋代杰出的唯物主义哲学家、思想家、教育家、"关学"创立者张载，生于1020年，2020年是他诞辰一千周年。这时候，权海帆的新著《立心立命开太平——张载传》由陕西师范大学出版总社推出，是对张载最好的纪念，有着特别的意义。

张载，字子厚，世称"横渠先生"，祖籍河南大梁（今河南开封），生于长安（今陕西西安），童年随父于四川涪州（今重庆涪陵）度过，十五岁时父亲亡故，全家移居秦地眉县横渠镇，公元1077年辞世。童年的张载志气不群，青年时代更是奋发自励，经籍兵书无所不读。

那是一个内忧外患、战乱频仍、危机四伏的时代。贪官劣绅掠夺土地的胃口日巨，贫无立锥之地的百姓日众；北面辽国、西面西夏不时侵入宋境，攻城略地。忧国忧民的张载时年仅二十一岁，为了抵御西夏军的侵扰，筹划组织乡民武装而无成，遂撰《边议九条》，亲赴边寨，谒见以陕西经略安抚副使之职主持西北战事的范仲淹，意欲投笔从戎，立功报国。范仲淹知其志存高远，日后必成大器，遂以《中庸》一书相赠，教导云："儒者自有名教可乐，何事于兵？"

张载身负使命回到横渠，精心研读《中庸》，很不满足，又遍读佛、道诸书，尽究其说，对其中不涉世事的空疏之说并不认同，便返而求诸"六经"。在对"六经"的研读中，他一反往昔学者脱离宇宙本体，只讲伦理、政治与人事的倾向，努力把历代的一些自然科学成就，融入儒家哲学，以有益于治道、明礼、敦俗。如其《芭蕉》一诗所云："芭蕉心尽展新枝，新卷新心暗已随。愿学新心养新德，旋随新叶起新知。"从繁复的儒学经籍中"学新心""养新德""起新知"，这便孕育了奠定关学基础的《横渠易说》一书。其后所著《正蒙》，更是构成了其学说经世致用、道济天下的宏博内容。

"关学"是关注宇宙与人生关系的学问，更是关注社会现实问题的学问。张载关于"天人合一""民胞物与"的思想，至今仍光彩焕发，极富现实指导意义。面对当时社会的积贫积弱，宋神宗任用王安石为相，大举改革，其时亦召张载入朝欲重用。张载目睹贫富不均所造成的社会危机，认为固应"通其变使民不倦"，但这种"变"，应"运之无形"，而非"顿革"，并不完全赞成王安石的铁腕改革方式。如此造成了两位历史人物同主改革而未能同舟共济的历史遗憾，张载的宏伟抱负亦未得实现。

我们特别不应忽略的，当然是可以视为张载思想纲领的"四为"："为天地立心，为生民立命，为往圣继绝学，为万世开太平"，即现代哲学大家冯友兰先生所称"横渠四句"。2016年，习近平总书记在哲学社会科学工作座谈会上提及"横渠四句"。指出，自古以来，我国知识分子就有"为天地立心，为生民立命，为往圣继绝学，为万世开太平"的志向和传统。一切有理想、有抱负的哲学社会科学工作者都应该立时代之潮头、通古今之变化、发思想之先声，担负起历史赋予的光荣使命。《立心立命开太平——张载传》一书的出版，可谓顺应时运，正当其时。

海帆是我的老朋友，20世纪80年代起即活跃于文艺评论界，是一位成果丰硕的作家、文艺评论家、文化学者。新世纪以来，海帆于花甲之年，老骥伏枥，在五光十色的浮华世界中静心安神，淡泊名利，自甘寂寞，潜心于从中国几千年的历史文化长河中开掘题材，汲取灵感，以其丰厚的历史文化素养和现实生活积淀，青灯黄卷，奋笔创作，先后出版了长篇小说《颜真卿》《魂续史迁——班固传奇》，长篇历史文化名人传记《忠魂正气——颜真卿传》《忧魂悠悠——杜牧传》《兰台圆梦——班固传》，以及专著《于右任诗词集解》等作品。这部《立心立命开太平——张载传》，是他的又一传记文学新作。他的作品，既有历史价值、审美价值，也为现代读者提供了励志之鉴镜、生活之智慧。

  海帆先生的传记文学自有其鲜明特点。他曾在《忠魂正气——颜真卿传》一书的"后记"中写道："传记创作是还原传主其人生命历程、精神风貌的文学活动，既需学者治史的才能和谨严，也要有作家的审美思维和文采；文本则不但须符合历史真实，也应富有文学的可读性。难点不在于穿越历史，记述传主的生平事迹，而在于洞悉其精神、灵魂。因此，必须回溯于传主生活的时代，以认识其深邃幽微的心灵世界；又要回归于中国蓬勃崛起的当代，以理解其精神境界的崇高。"我认为，海帆的这部新著，既遵循了这一指导思想，又更倚重历史文化情韵的描绘。斐然的文采与翔实的史实相结合，以今观古与还原历史互为表里，加之丰富的文化风情展呈与典雅朴素的语言表达，使这部著作熔铸着张载先生幽远的家国情怀和深重的历史使命感，呈现了先贤崇高执着的道德追求和深广忧愤的内心世界。

2019 年 10 月 5 日，西安不散居

《研学·中国》（陕西篇）总序

　　研学旅行是由学校根据区域特色、学生年龄特点和各学科教学内容的实际需要，组织大家通过集体旅行、集中食宿的方式，走出校园，在现实生活、社会实践中拓展视野、增长见识、丰富阅历的一项活动。研学旅行与课堂教学相配合，可以加深学生对自然、社会、文化的认知与体验，增强学生的创新意识，强化学生的综合素养，提升学生的实践水平，促进学生的健康成长和全面发展。

　　研学旅行由古代的游学演变发展而来。早在春秋战国时期，我国已开游学之风。春秋末期，为撰写《春秋》，孔子"西观周室，论史记旧闻"（《史记·十二诸侯年表》），带领学生踏遍山川都邑，考察政风民情，宣传礼乐文化，尽量地去"多闻""多见""多识"。西汉司马迁撰《史记》，在广泛搜集文献资料的同时，漫游大江南北，着意挖掘流传在民间的那些生动而丰富的口传资料。他从京城长安南下，经江陵抵达汨罗江畔，凭吊屈原；又"浮沅湘，窥九嶷"，"上会稽，探禹穴"，考察了解虞舜、夏禹的事迹和传说；再游江北上，走访淮阴父老，搜集有关韩信史迹的传闻；然后"北涉汶、泗，讲业齐、鲁之都，观孔子之遗风"；最后"过梁、楚以归"长安。北魏郦道元注《水经》，长期跋山涉水，往返于长城以南和秦岭淮河以北的广大地区，目睹了许多河流山川和名胜古迹，所到之处，都亲自考察，"访渎搜渠"。

　　孔子、司马迁、郦道元等历史文化人物开创的游学之举，孕育形成了我国"读万卷书，行万里路"的教育理念和人文精神，对后世产生了深远影响。

千百年来，在我国教育发展史上，游学始终是一种重要的教育形式。

今天进入一个新的历史时期，伴随着我国教育工作的改革与发展，研学旅行作为一种特殊形式的综合实践活动，在传承、弘扬既往游学传统和精神的同时，又肩负了新的教育使命与担当。具体讲，研学旅行是贯彻《国家中长期教育改革规划和发展纲要》的重要举措，是培育和践行社会主义核心价值观的重要载体，是全面推进中小学素质教育的重要途径，是学校教育与校外教育相结合的重要组成部分。正是基于研学旅行的重要性，2016年12月19日，教育部等十一部门联合印发《关于推进中小学生研学旅行的意见》，明确提出将研学旅行纳入中小学教学计划。

近年来，从国家到地方，从教育行政部门到各中小学校，高度重视并积极探索开展研学旅行，在相关体制机制、形式内容、活动载体等方面都取得了明显成效。当然也有一些地区在推进研学旅行过程中，还存在思想认识不够到位、管理体制不够完善、责任机制不够落实、安全保障不够周全等问题，这都在一定程度上制约了研学旅行的开展。尤其是，从研学旅行作为校外课堂的角度来说，目前还普遍存在着有课程名目而无充实内容的问题，缺乏既能与校内课堂衔接，又能注重校外课堂延伸，促使学生加深认知、强化体验的"活教材""好读本"。这使得一些中小学生的研学旅行在很大程度上似同大众旅游，只是一般性地走走看看听听。有鉴于此，从事教育科研和实践的一些朋友萌发了撰写一套既切合研学实际又具有陕西地域特色的研学旅行教育实践读本的想法，从宏观与微观层面为中小学研学教育实践提供内容、信息和建议。

编委会研讨商定，本书的编写宗旨是：坚持以习近平新时代中国特色社会主义思想为指导，遵循"身教最为美，知行不可分"的教育理念，贯彻知与行、学与用、美与善、物质与精神相融合的思维路径，以培养学生的社会责任感、创新精神和实践能力。

撰写思路上，秉承"寓教于乐、寓教于行、寓教于思"的研学精神，严格落实小学阶段以乡土乡情为主、初中阶段以县情市情为主、高中阶段以省情国情为主的研学旅行实践教育活动要求。

内容选取上，结合中小学生认知能力与水平，紧扣陕西文化内涵与地域特色，围绕华夏寻根、丝路探源、革命印迹、秦岭文化、科技创新五大文化主题布设读本内容，以深化学生知识点，拓展学生知识面，提升学生认知力，强化学生体验感。

写作要求上，力求做到点面相融、雅俗相融、动静相融；做到丰富知识点、突出体验感、激发探究欲；力戒写成景点介绍书、一般教科书或专业学术书，以期使其成为务实、管用、对路的研学旅行的"活教材"、大众旅游的好帮手。

全书结构安排和具体撰写上，力求突出"三化"，即：

知识主题系统化。内容设计紧扣"五大"知识主题，同时与小学、初中、高中教材紧密结合。在整合、彰显陕西历史人文资源的基础上，根据研学教育实践特色进行课程化、体系化梳理，系统、全面展示陕西人情风物、文化特征。

难易程度差异化。分别落实小学、中学不同学段研学旅行目标，从知识点的难易程度、语言风格、活动建议等方面体现不同学段学生的身心特点和认知能力。

内容形式多样化。在构建主题研学知识体系的过程中，以陕西各类文化遗产为载体，通过故事叙事和图文组合，穿插人物档案、事件回放、典制溯源、名物疏解、思考练习、探究活动、研学日记、总结评价等模块，激励学生在读本的引导下，通过观察思考、探究实践、总结评价等多元化方式，建立起学习和生活之间的有机联系，强化研学旅行的教育实践体验。

按照以上设想和要求，经过各位作者半年多的努力，《研学·中国》（陕西篇）知识读本终于面世了，希望它能够为中小学生和家长朋友们以及广大旅游爱好者所喜爱，同时也期望着大家的热忱指教。

读本的出版，得到了西北大学出版社和西安市研学旅游中心的积极配合、鼎力支持，在此表示诚挚的感谢！

2020 年 7 月 15 日，西安

《老凤翔》醇香扑鼻

——序高有祥文化散文

我与有祥认识二十多年，过去多在广播电视节目研讨和评审场合见面。十年前，我受聘为一所大学的人文学院院长，很快便邀请他来主持新闻传播系的工作。我们相互支持，共同努力，将这个系办成了学校的重点学科。有祥有着近十年的记者和主持人经历，20世纪80年代调入陕西师范大学从事广播电视学专业的教学与研究。那时我们交谈的内容主要在新闻传播领域，较少涉及文学，竟然不知道他一直在写散文。前阵子他突然捧出了文化散文《老凤翔》，请我先睹并能作序，令我多少有点意外！

文化散文《老凤翔》共十五集，选题于他的家乡——历史文化名城凤翔，连续刊载在"动静传媒"微信公众号上，获得了十二万人（次）的阅读量，评价居高不下，文后留言评论竟有六万多字，几乎是半本书了。仅第一集，就有约四万阅读量和近百条评论。陕西广播电视台新闻频道在《长安夜书房》栏目配乐连播。凤翔县作家协会与知名微信公众平台合作，召开了"品读《老凤翔》，对话高教授"读者见面会，线上直播，线下互动，气氛很是热烈。集中写一个县的散文作品，在微信公众平台能获得如此高的阅读量和如此好的传播效果，不能不让我这样习惯于传统媒体的老人惊叹！

文化散文不是近一二十年才出现的散文类型，春秋战国时期的先秦散文，如《左传》和《战国策》，就算得上两千多年前文化散文的代表作。20世纪二三十年代，鲁迅、胡适、周作人、郁达夫、林语堂、冰心等名家，都写过探寻人与历史、人与社会、人与自然的，具有浓郁人文情怀的文化散文。当代一些自然和人文学科的学者，在专业研究之外，也写了一批此类散文。他们的文章融汇理性思考和个人情感，既关注历史文化，又贴近现实生活和大众需求，写来亲切自如却大气凝重。对物理学家杨振宁、东方学名家季羡林、翻译家金克木、哲学家张中行、文化学者余秋雨等人，均产生了很大影响。

表现"乡愁"的散文有时与文化散文交叠着存在。历史是时代的背景，文化渗透在乡愁之中。表达思念故乡的恋情和忧伤的散文，很多以"老xx"为题，一不小心就陷入了多愁善感或自恋情结。文化散文则用今人的视角，阐释历史长河中人类生存和个人命运的变迁，常常蒸腾出一种史诗质地，而显出雄健厚重来！

凤翔既有华夏雍州、先秦故都和苏轼初仕的悠久历史和灿烂文化，又有东北竞存中学、西府游击队等红色文化。这里还是工艺美术大县，六营泥塑和木版年画入选国家级非物质文化遗产，泥塑连年被国家邮政总局选为邮票主图。凤翔也多次入选陕西经济十强县。家乡深厚的文化底蕴对有祥的人生和写作有着重要影响。这恐怕是他离乡四十多年，却在耳顺之年写出这些专情于家乡的文字的原因吧。有祥虽不是"文学圈"中人，但对文学并不陌生，拿出如此厚重的系列散文，也在情理之中。

深刻开垦和挖掘我们脚下这片土地历史和文化的灿烂，是这本书的题旨。作者融历史文化叙事和反思批评于一体，给今天的凤翔人讲述凤翔的老故事，表现出历史沉浸和文化批评的价值倾向。他长期从事传媒教育，常常很自然地将调查研究做学问的方法，用到散文创作上，凡能亲眼见证的，总要深入现场。他不止一次地寻访西北圣经学院旧址、府城隍庙、凤凰泉、关中工具厂、雍水痕迹、行司巷、凤翔师范等地，实地寻访见证者和当事人，在亲见亲闻与历史资料的比对中，叙述自己的所感所悟，用强烈的在场感带动读者融入文章的情境之中，让我们好似来到了事件发生地，看到了前人的踪影，听到了历史的脚步声。

取材于地方历史题材的文化散文，和全面记录地方史的志书不同。虽然两者都追求客观与真实，但史志写作恪守客观性，是在史书规范体例中展开的；而文化散文则在还原历史原貌的基础上，追求文化情怀和历史反思，重视审美效果。以此，他总是选取自己熟悉的材料和可靠的内容，杜绝道听途说。有争论的问题，尽量将各方观点摆出来，以供读者参考。对真实性和客观性暂时不好把控的，宁可舍弃。对很多人写过的素材，则力戒同质化，从新视角上发现新的兴趣点。譬如西府小吃，他不写制作方法，不写饕餮之相，不写舌尖体验，不写味蕾感受，而是将笔墨集中到创造了凤翔美食的人身上，通过人的命运和世俗风情，让读者体会到社会历史的进步。正如作者在书中所说："经历过那个年代的人正在变老，但祖国还年轻，新凤翔正在砥砺前行！"

广征博引、现场考察、文学描绘，有祥为读者展示了凤翔山河风光和社会历史变迁。老凤翔以雍山雍水铭载史册，但许多人不知道雍水在哪里。作者探究了春秋时期秦国依仗雍山下雍水旁的"上上"土地，发展农业，强盛国力，从而跻身春秋五霸，迈开了挺进关中、觊觎中原的步子，还以田野考察为基础，进行科学严谨的分析，探索了雍水的起源和最后的枯竭。

秦国在雍州（凤翔）有三百多年的建都史，创造了光辉灿烂的秦雍文化。那么，凤翔方言与古代雅言有什么关系呢？今天的凤翔方言又是什么状态呢？作者从全国的语言版图和历史进程中，对此进行考察，做出了自己的回答。

现代生活正在进入历史，有祥没有忘记将镜头聚焦于凤翔近百年的发展变迁。他通过写关中工具厂的决策和建设过程，告诉读者宝鸡崛起、凤翔衰落的不为人知的往事；对自己的出生地行司巷近百年变化的描写，浓缩了凤翔的历史沧桑；对凤翔师范的百年贡献、历史意义和当下处境的描写，做了实事求是的评价。

作者追求将学术性隐含在故事中，力争把故事讲得饶有趣味。全书避免"掉书袋"，力戒华丽的或佶屈聱牙的辞藻。在写人写事中注意发挥细节的魅力，有时又能将幽默的情节暗藏在不动声色的从容叙述之中。

《老凤翔》由网络微信付梓雕版印行，打通了网民与读者的界限，这是一种网络空间与纸质书籍的互动交融。这方面，西京"动静传媒"微信公众号和陕西师范大学出版总社功不可没。

2019 年 10 月，西安不散居

以灵悟与勤奋换取诗行

——《站在秦岭之巅》序

井贵泉先生的自选诗集《站在秦岭之巅》收录了作者十多年来的诗作五百余首。这些诗歌散见于《人民日报》《陕西日报》《三秦都市报》等传统纸媒和"原乡书院""紫香槐下""秦闻"等新媒体平台。这次付梓出版，是诗人对自己创作的一个阶段性回眸，诗坛也因此添光溢彩。

诗无不达。眼中和心中有诗，则可随处与诗相遇。这部诗集分为"家国情怀""山高水长""游子乡愁""昨夜星辰""窗外拾零""大爱无疆"六个篇章，作者对家国亲友之爱、山河景象之恋、人生社会之思无不溢于言表，且相互交织，融于完整的诗情构思和诗歌形象之中。你能感觉到作者的观察是敏锐的，情感是细腻的，思考是智慧的。

诗以言志。集子里许多诗歌都鲜明地表现出作者感情的价值质地。吟一己之心智，抒时代之情志，是流贯于他诗作之中的情感追求。诗中既有年轻时的胸怀抱负，也有中年时的理思认知，更有知天命之后的通达恬淡。你感受到了一个有责任有觉悟的生命在奔涌，感觉到了对天地家国的亲善、依恋，对社会人生的深虑、承担。

诗重美言。诗人从来是语言新潜能、修辞新空间不息的探求者和淘金者。诗的思维和语言与别的文体不同，总是执着地追求罕见的陌生、间断、跳跃和张力。书中的诗作，常常由镜像的勾勒描绘，进入想象的驰骋回旋，再升华为意象的凝练寄寓。

作者的诗，以现代自由诗居多，理论上讲，不需要森严地讲究韵律和对仗，看重诗情和意蕴的自由流淌。作者十分注意诗意的蓬勃和句子的奔涌，同时又特别看重句子段落之间的对仗，着意于遣词造句的审美品格。他善于以意境为内核，在韵脚的缀连中层层推进。《站在秦岭之巅》这首诗，通过"梦回"，回顾秦地历史；通过"聆听"，追寻旷远的诗词歌曲；通过"怀抱"，拥抱八百里秦川文明；通过"放眼"，既歌吟当下时代的成就，又展望了未来美好生活的蓝图。

诗人对叠字的使用常常显出高妙来。《南海遐思》一首，以对串、片、绵、远等十六个字的叠用，刻画出来的物象柔软而富有弹性。活用问答也是作者的一个特点。问而答之是一种回答，问而不答也是一种回答。从诗的特性看，不答之答在含蓄和意境上则更胜一筹。《松问》就是典型的一例。

作者的一些重情之作值得倾情诵读。那组怀念母亲的诗，由点到面，由事到情，展现了母亲人生的艰辛和胸怀之宏博，展现了母与子亲情血脉全方位的融汇。纪念养父、兄长、大姐、二姐的诗歌，也将人生的苦难和悲情渲染得密云层叠，令人怆然涕零。作者是有功力的。

井贵泉先生长期在政府机关工作，诗歌创作是他的业余爱好。平时公务繁忙，只能谢绝各种俗务应酬，以勤劳换取写作的时间。他的诗多写于路上和晚上，机场、车站、候车的间隙，飞机、动车上的一日千里，都是创作的良机。他随身带一个软抄本，每有灵感，随即记录，刚掩上，又打开，旋又掩上，沉入新的思考。他常常夜半铺开稿纸，燃一支香烟端一杯白水，举头邀明月去共寻灵感，并与诗神觥筹对酌。为了一行诗、一个词、一个字，睡复起，起复睡，直到自己满意为止。他用灵悟与勤奋，积累了成千首诗稿，精缩在读者面前的这部诗集里。

此刻，让我们也在月色中打开书，进入那银光泻地的诗行。

2020 年 5 月 13 日，夜月中的不散居

周媛的《风起长安》

我先要在这里感谢一下西安晚报社、西安报业集团、陕西师范大学出版总社和周媛。刚刚刘社长说陕西师范大学出版总社用很大的精力在编我那个文集——"云儒文汇"，十好几卷，真感谢他们两三年来的认真和辛苦。

关于感谢西安晚报社，我得披露一个幕后消息：前几年我跑丝路万里行，第一年每天一文在晚报连载，那个责任编辑不是别人，就是周媛。所以我非常感谢报社和她。我还记得一个小插曲，有一天我的文章没有登出来，报社收到好多电话，包括我老伴也给周媛打电话，问车队在路上是不是出什么事了。周媛说：没有，没有！稿子就在这里，由于版面挤没有安排上去。她那一次一连六十多天，编发了我六十篇文章，十分感谢她。

关于周媛这本新书《风起长安》，我想说以下几点。

第一，周媛作为一位新闻与文学的两栖人，既懂得衔接，又懂得避让。这跟我有点像，我原来也在报社干过，后来跑到文艺界来了。

衔接，就是要在新闻跟文学中开一个通道，在完成报社任务的同时，进入文学的堂奥；避让，就是躲开一些不适合自己的东西，扬长避短。周媛躲开了小女人散文，她不写小情趣、小女人、小风景、杯水风波。因为记者职务决定了她要关注大社会、大民生。这是从文学的角度看。

从新闻的角度看，她又懂得，不仅要像记者那样关注事实，还要进一步关注感情，关注心理。所以能够躲开新闻工作者的一些弱点。记者写散文很容易掉到事实的陈述之中，写惯了新闻报道，容易忽略人的内心状态。周媛懂得避让，又懂得衔接。

中国美学里有个非常重要的概念就是"避让"。画国画一定要有空白,该空的地方要空,该躲的地方要躲,不能满纸山水,塞得满满的。有避让,气脉才通畅,文章才生动。

第二,周媛的散文写作很好地发挥了她两栖人的优势。

她选择题材是非常有时效性的,这是新闻工作者的优势。其实,中国古代文论早就强调"文章合为时而著",文章当然要反映时代精神。有大的时代背景,有小的背景。周媛的许多文章现在看起来好像时效性不那么强烈,但要是追溯到她发表的当时,肯定是有时效性的。这个时效性,归根到底就是与大时代的感应和同步,就是"文章合为时而著"。

周媛能坚守记者的写作风格和方法。记者跟作家不同的是:作家的心可以走到腿前面,他们可以躲在家里,搜索自己的内心世界,而写出天下事,写遍天下事,以自己丰满的内心世界去覆盖现实生活。但记者不同,他们总是把行走放在前面,先要腿到,同时心到。你脚步要走到,然后才有情的开掘,心的想象。周媛写秦岭七十二峪的作品,都是实地去考察体验,有次在山里还摔得骨折了。一定要到那个地方,看到那个情景,才能产生自己的感悟。这是记者写作方式的一个特点,这个特点使得她整个的行文落得比较实在,不那么空泛。

在文字表达上,她也发挥了记者之所长,质朴而又有表现力。海明威说他的文字像电报一样,不追求华丽,不过多的渲染、铺陈,把话说明白,说得能打动人就行。周媛有这么一点味道。

我觉得她其实是在探索一种风格,一种记者文学写作的风格。这个风格几十年前就有人总结过,而且展开过讨论,叫"报纸副刊的文学风格"。报纸副刊上的散文,比起纯文学书刊上的散文,有没有什么特点?大家知道,

《阿Q正传》就是在《申报》副刊发表的，开始发的时候，后面还没写完，是在发表过程中往下续写的。杜鹏程就是从新华社记者成为作家的；李若冰在作家协会当专业作家，以后又返回陕西日报社当编委。再远一点、大一点说，大家想一想，史家司马迁不也可以说是一个记者吗？现实翻过一页就是历史，行进中的历史就是新闻。在中国古代，文史不分家，司马迁写史是大记者，又用的是文学笔法，这又是大作家了。可以说，中国的这个传统在周媛身上，得到了很好的发挥。

第三，最后我想说的就是，陕西文学界和新闻界有一个共同的传统，就是重视培养作家、艺术家，尤以西安晚报社为甚。西安晚报有商子雍、吴克敬、高亚平、邢小俊、章学锋、周媛等很多作家，还有老一代评论家张静波。西安晚报社还有艺术家，像王西京、范崇岷。陈忠实最早得全国短篇奖的小说是在陕西日报的《秦岭》副刊发表的。在没有网络之前，报纸副刊是所有文学传播阵地读者面最广、传播面最广的，它能够深入到每一个村落、街巷，所以报纸这个阵地上产生的作家影响很大。这形成了陕西地界报纸副刊一个良好的传统。

现在《西安晚报》每个礼拜都有四个版的文学专版，一版小说，一版散文，一版诗歌，一版评论。这在全国的报纸中，特别是在纸媒不景气的状态下，很少见。这是西安晚报的勇气，也是它的特点。

《风起长安》——这个"风"，从描绘对象来说，既是长安的风光，山川风光，也是长安的风俗，民情风俗，更是长安风骨，长安精神。从创作主体作家来看，这个"风"，又是周媛这位女作家自身的风格、风采、风致。是不是这样呢？

2019年5月12日，于《风起长安》一书新书发布会上

马慧聪的诗与文事

先摘录马慧聪在《坦白书》一诗中的几句:"我守着我的世界／天圆地方""我所操心的事情／基本与我的生活无关""每隔一段时间／我都会……把另一个自己放出来／教训一下自己","我用结结巴巴／来代替百毒不侵"。

这是诗人的自嘲,也是他深入骨髓的自剖。的确,初识马慧聪便感到了他的三点特别之处。一是口吃,"结结巴巴",却又不停地发声,不停地说话,为了诗和与诗有关的种种事情,执着到"百毒不侵"。二是他写的诗很有哲理,有些深奥,似乎成天飞翔在形而上之上的宇空,但是他成天忙着要去办的事、跑的腿,却又十分百分的具体和琐碎,无不是形而下之下的俗事。三是在以高考为人生唯一坦途的当下,他竟然为了诗歌之梦,在中学便主动辞学,闯荡社会,选择了十分特别的另类人生。这个选择真是太诗意又太不诗意了。因为在取得些许写诗自由的同时,接踵而来的是残酷的生存围剿。更何况他还白手起家、自讨苦吃地担起了陕西青年文学协会的组织领导工作。协会越搞得风生水起,我越担心他从此写不出好诗来。

在忙碌的事务与纯粹的诗歌之间搏斗,构成了马慧聪人生和创作的内在冲突,其实冲突的双方又在一个"诗"字上携起了手。我知道,他不满足于只是真诚地写诗,更追寻真诚的诗意生存,是个爱诗若痴、大痴若诗的年轻人。这也许就是大智若愚?海德格尔不是说,只有一个上帝能救渡我们,那就是诗吗?诗与艺术不就是视自然有生命,通过让物化的世界说话、唱歌、起舞,来同物化做斗争吗?霍克海默不是也说,真正的艺术是人类对彼岸渴望最后的保存者吗?

待进入了他的诗歌世界，你立即会看到和生活中完全不同的另一个马慧聪。他由身不由己的奔忙者，涅槃为思想者、灵悟者，在性灵和哲思的天空孤独地行吟。本真的书写，直觉的意象；意外的联想，奇诡的呈现；以超象表达的具象，用艰涩表达的睿智，都在"结结巴巴"中不断给了我们审美惊喜。

他对于乡土、大地，对大地上生长的一切，有着来自生命本体的爱恋。他不仅在诗中让物"人化"，让物质世界生命化、心灵化，同时致力于让人"物化"，让诗人的生命"活"进大自然，将诗人的精神自我深植于树、花、虫、鱼。"草中有我，虫中有我/你的身体里也有我"——生命和诗情便这样双向植入、双向生长。

请看《稻草人》：

我浑身长满了野草/痛苦不堪。玻璃般的野草/我拔不下来

请看《蝴蝶兰》：

我知道一些凄美的东西/终究要融入泥土/又去在泥土里盛开

请看《两只鹦鹉》：

两只鹦鹉，依偎在安静的世界里/我一直期盼的鸟鸣没有到来/或许他们没有见过高竿的蓝/一出生就爱上了铁做的笼

物被拟人化了，有了人的感知；人又"拟物化"了，钻进物象之中成为物的精灵。

诗人把情怀种在土地中，而脑袋始终扬起，朝着地上的天空，朝着地外的宇宙。马慧聪有时心骛八荒，遥感星球，以诗美表达他恒久的思考。如果说他善于将地上之物"人化"，他对宇空的审美则倾心于追求"羽化"。唯有"羽化"，飞翔起来，才能倾吐他心中和宇宙相融汇的那个宏大世界。还别说，有时真的很到位。有的人爱写一花一木，一人一景；有的人爱写天空

大地，或者社会历史。有的人则将一花一木与宇宙生命融接起来，拓出一个硕大无比的情境，在"一花一世界"的禅境之中心驰神往。慧聪属于后者。

进入这个格局，也便进入了哲学。《浮生——地球篇》写得真好。诗人发现了"世界不是方，也不是圆／是悬浮。生命从不确定中繁衍而生，时光一粒一粒，逝于隧道之中"。他像屈原那样神游太空，看到在燃烧中枯竭的太阳，千疮百孔的大气层，以及星空深处漫无边际的黑洞。诗人变成了掏空地球的蚁群中的一员，而找不到了自我。当 "人与自然的斗争成为传说／而自然与人的战争／才刚刚上演"，诗人决定临阵倒戈，放生猫狗，敲碎花盆，砸开动物园，将被人类囚禁的生命移植回广阔的大地。……悲情的倾诉，深虑的思考和汪洋恣肆的呐喊，在诗行中鼓点般地敲出，常常无所形指却又无不意指。地法天，天法道，道法自然，而自然原本又正是自然而然地生存。

慧聪遥感着浮生于宇宙中的地球，将自己的生命植入到这个大天地之中，在诗人之灵和哲人之思的相互点燃中，妙不可言的句子便长风流云般在笔下出现。

在极度具象与极度抽象之间自由出入，对年轻的诗人谈何容易。慧聪尝试着，以自己从土地深处走出来的人生垫底，将浓郁的童年记忆和活跃的青春思考、生命追问融为一体。

牵牛花是他童年"鼓捣"出来的一朵朵彩色的梦，大白菜则是成年后家常的日子，"那年秋天／院子里长出一地大白菜／我的牵牛花／戛然而止"，在家常话语中深藏生命暗寓。而在《爱上垃圾》中，"果皮、纸、食品袋、玻璃等／混合在一起，如此熟悉／所有垃圾的原型／变得珍贵无比／我感觉我拎着一些／破旧的自己，日复一日／又年复一年"。这里，诗人通过意指作用，对能指和所指做了远距离的衔接。寓象是那样土得掉渣，而寓意却直指人生哲理的深处。

　　慧聪还会忙碌地奔波下去，更会清醒地、深虑地写下去，在人生的冲突中走自己的路。

2019 年 10 月 1 日，西安不散居

贺角的摄影

欣赏贺角先生的摄影作品，我感觉到了四点。

第一，贺角的摄影构图，已经有了由再现到表现的发展。就是不再是当下作为摄影主流的以再现生活为己任的写实主义，多少进入了表现主义的领域。

他的构图不纯是一种技巧，而是对所拍摄的生活内容作审美性和思辨性的选择与再造，实现对主题的凝聚和强调。他用构图产生美和意义，形成客观再现基础上的主观视角、主观画面；以主观的坐标剪裁，在客观的物象画面中，捕捉、抓取最有意义的要素剪裁、突出出来，强烈地传达出作者的意图。

第二，他作品的色彩也开始由再现客观物象，进入表现主义领域。他会用自己的文化与思考，选取并改造生活中的色彩，使之产生新的审美意味。这些美和意义可能不是现实生活和摄影底版所具有的，或是散落在原始画面中而不被关注的。他能将物象的世俗之美，提升为精神之美，在世俗图像中提炼出文化内涵来。这已是含纳着作者思考的、经过作者二度审美的图像。

第三，这中间还显露出作者在艺术摄影美学观上的一些突破。他不求传统美学看重的对称、完整、精致，反倒以局部的切割、倾斜的组接来强调自己要表现的东西，强调作者的主体追求。所以，视角、构图、剪裁、色彩都不只作为美的形式技巧，更被当作美的内容宣示出来。这是一种纪实和唯美相结合的新的摄影美学观。

第四，我认为贺角是有新探索的。在西部包括陕西摄影界，有歌颂性的现实主义，也有历史纪实性的现实主义这两种现行的艺术摄影观念和实践，从贺角先生这里，可以感觉到一种新的探索，开始进入了表现性的现实主义摄影观念和实践。他以纪实性摄影为基础，朝极具表现主义特点的领域提升，使作品成为客观物象和作者心象的双重传达，二者之间实现了较好的结合。摄影艺术的纪实之美提升到了唯美主义、唯思主义的层面。

这个新的趋势，由远离青春年已花甲的贺角先生做了这么好的呈示，特别有意义，它反映了艺术家和整个摄影界几代人艺术创造力的旺盛。

2020 年 3 月 19 日，西安丰庆公园

《碑林故事》序

西安作为中华文明的重要发祥地之一，所有生存体验，尤其是周、秦、汉、唐时期的社会实践经验，全都沉淀在了它巨大的城市肌体里，形成了丰富而深刻的城市记忆。承载这些记忆的既有城市街道、建筑文玩、民俗民艺等形态性的文化遗产，也有思维方式、精神志趣之类的神态性的文化遗产。正是这些屋、楼、塔、墙、风土人情和致思方式，汇就了西安这座城市独有的文化身份。

碑林地区历史上处于隋唐长安城的中心地带。杨坚灭北周，建立隋王朝，弃汉长安故城，在龙首原南坡另辟新址，建立新都大兴城。唐王朝建立后，仍以大兴城为首都，改名为长安城。起初为宫城、皇城和外郭城三进式的目字形布局，后又经数次损毁与修建，最终形成了如今西安的城市格局。碑林地区位于原皇城的中东部和靠近皇城南墙的外郭城一带，系隋唐时期的行政中心和达官显贵的官邸宅舍，地理位置至关重要。一千多年以来，此处驻足过的文臣武将无以计数，留下了大量的逸闻轶事和诗词华章。在后世的不断传唱中，逐渐形成了浓郁的皇城文化氛围，一颦一笑、一嗔一怒、一嗟一叹、一言一行，无不尽显皇城气息。

数百年的分裂和内战结束之后，唐朝在文化、经济、社会各方面对外大幅度开放，将黄帝时代奠定的"融汇－创造"这一民族文化心理结构推向极致。而面向世界、兼容并蓄的"盛唐之音"，由是成为"盛唐读本"和"中国声音"，传遍了各地，传遍了世界。那个时代中国人的心声和热情，想象和智慧，既沉淀在了构筑十三朝帝都的秦砖汉瓦上，也渗透在唐代诗人穿透日月的吟诵之中，成为一代代炎黄子孙心里燃烧着的"中国情结"。"长安一片月，万户捣衣声"，声声都是历史的回响。

《碑林故事》这本书，通过对西安历史文化中碑林部分的挖掘，以"那时""那些""那城"和"那样"四个部分，分别介绍了这个区域的历史沿革、文化传承、物质遗存和今日新风等内容，呈现了这个地区所富有的远古文明底蕴，以及现代文明的今天和未来。它在彰显这个区域的历史特征，构建强大、厚重的记忆系统的同时，也必将对碑林地区的今天乃至未来，发挥精神启示和文化引领的作用。

城市是个独特的生命体，它有自己的呼吸，也有自己的记忆。忽视一个地区的历史文化，整个城市将会伤感，市民也将淡漠了自己的历史认同和人生与感情归属。《碑林故事》给读者提供了一个深度打开碑林的机遇，能够促进阅读者在文化层面上更加广泛和深刻地了解这块宝地，也让碑林人自己能够找到文化和精神的支撑，自觉地为历史承担，为当下立意，为未来奉献。我想，这就是这本书的价值所在吧。

2018 年 3 月 12 日，西安

说给黄鹏：融智创新　做大文章

黄鹏在西安上大学时，曾经是我的学生。他从学校毕业后，回乡自主创业，办起了响当当文化传媒公司。在他的家乡商洛，他现在已经声名鹊起，很是"响当当"了。我为黄鹏勇于创业的拼搏精神感动。

他用在大学学到的知识，启动文化创意，从小额贷款五万元起步，慢慢地做大做强。习近平总书记说，"实干兴邦，空谈误国"，黄鹏给我突出的感觉，就是实干。在学校实实在在学知识，进入社会之后，实实在在将所学知识创造性地应用到实践中去。一个年轻人只要有正确的目标，有生命的动力和实干的精神，怎么能不一步一步走向成功呢？

我要感谢商洛。从我原来从事的省文联的工作这个角度，我感谢商洛。商洛一直是陕西文学艺术的排头兵，是文学之乡、戏剧之乡。商洛作家群、戏剧家群以他们的精品力作提升了陕西乃至整个中国文学艺术的水平和品位。我还要感谢商洛对于我曾经从事的教育工作的支持。作为黄鹏的老师，我要代表他感谢他的家乡。这块土地是那么肥沃，阳光是那么温暖。没有这块土地的滋养，也就没有黄鹏和万千回乡创业的学子今天的成就。黄鹏回乡创业为时不长，之所以能够成功，跟这块土地给予他的营养和支持是分不开的。是商洛给了大学刚毕业的黄鹏第一笔小额贷款，也是商洛在黄鹏做出一点成绩时就推举他为先进青年创业者。没有家乡的这种关爱和支持，一个年轻人是不能跑得这么快的。

黄鹏这个企业——响当当文化传媒公司，基本是采用"商洛资源＋文化创业+贷款融资"的模式做起来的。今后"响当当"要将项目提升为品牌，还得发挥"资源、创业、资本"这三个要素的良性融合。我期望有一天能够把"秦岭最美是商洛，商洛最靓响当当"这个品牌叫得响当当。

现在进入了体验经济的时代，文化产业如何以消费者作为市场主体，围绕消费者的文化体验、感情体验来构设和汰选公司的项目和品牌，很值得我们在实践中做创造性探索。我们要通过我们的文化产业，让消费者体验到时代生活实实在在的快乐和幸福。

当然还有别的模式。例如智能经济、影响力经济、娱乐经济都给我们搞文化产业带来了许多新的思路，创造了许多新的平台。我们要调动新手段、营造新平台，把创造的活力发挥得更充分，提升到更高层次，真正把以消费者为轴的理念落实到我们的企业行为中来。如此，"响当当"将前途无量。

2016年4月，商洛，根据讲话整理

文 海 拾 贝

（一）祝贺刘文西先生"心中为人民——百米长卷"画展

热烈祝贺黄土画派开宗立派艺术家刘文西先生"心中为人民——百米长卷"画展隆重开幕。

我与刘老相识五十年，是长达半个世纪的老朋友。因参与丝路万里行，正在欧洲考察，不能趋前祝贺和观摩学习，特驰电祝贺。时祝展览圆满成功！

文西先生是中国当代美术创作的一座高峰，是黄土画派开宗立派的艺术大师，是新中国革命美术事业的标志性人物，是西安美院的老院长和艺术灵魂，是人民艺术家，是黄土地老百姓的贴心人。

这次推出的百米长卷，是刘老一生艺术理念和艺术实践的全面而深刻的总结，是大师一生艺术成果的辉煌展示，也是中国当代美术创作的重要成果。必将在多彩的中国当代美术史上留下重要、极有光彩的一笔。

向文西先生学习，祝文西先生艺术长青，生命长青！

2017年10月10日，于保加利亚索非亚丝路文化论坛

（二）贺雷珍民艺术博物馆落成

珍民先生并转雷珍民书法艺术馆：

在江南老家滕王阁喜闻雷公书法艺术馆在三秦合阳落成，借春水长天、落霞孤鹜，送来老友的欣喜、老友的祝贺！

雷公以楷书传史，以行书惠世，以德行服人。雷公是我三十多年的老友，而我痴长几岁，算是他的兄长，但在为人处世、精神格局和书法艺术各个方面，从来以兄长视之，暗以雷公为蓝本，临习自己的人生之"帖"。

雷公书法艺术馆在家乡合阳落成，既能传诸书史，又能惠及乡梓，使中国书法文化像这块土地上的黄河一样，长流不息。

我正在赣南寻找先父遗迹，赶不上参加艺术馆的落成典礼，失去了一次集中领略雷公书法风采的良好机会。在洪都和赣江两岸行走，常有幸遇上八大山人、欧阳修、黄庭坚诸位先贤的墨迹，我便会想起三秦大地的书朋画友，想起雷公珍民先生的好笔墨。

特微贺函，以表敬佩之意。

肖云儒，2014年4月9日于南昌旅次

（三）央视名嘴王志书系封底点评

你觉得没有问题的地方，他发现话题；你觉得无须说话的时候，他开口追问。

穷追猛打的追问源于近乎痛苦的自省和掘地三尺的思考。这就是王志和王志这部书。

（四）祝贺程海先生书画藏品展览

程海老友：

真对不起，原说定来参加你的书画藏品展览、拍卖活动，因有一事实在安排不开必须去参加，只好以微信代发言，表示祝贺。

我一贯偏爱文人书画，也收藏了几幅"五四"以后作家们的书画、手稿。文人书画比之只书写唐诗宋词的当代书画作品，常常会让人感到多了几重审美内涵。它不但让你欣赏到书法结体、线条、水墨之美，还让你从作家自己的诗文中欣赏到文学之美、内容之美，更会在你面前整个打开作家的精神世界和情绪状态，让你感受到作家加书家的个性、人格、文化储备和艺术素养。

我们常说线条是书家的心电图，这心电图不应该只是诗文内容原作者的心电图，而应该是作者和书家合于一人的心电图。书法从本原意义上，不应该仅止于代言，代原作者言，而应该是"书家即作者"的二合一的创作主体的姿情倾诉。

这些，我从你的书作和藏品中都感受到了，多方面感受到了你这个人。有如在迟迟不去的春日中，与老友晤面，品茗畅谈，因而有了异样的满足、别一种满足。

谢谢你，祝贺你！

肖云儒，2019 年 5 月 8 日

（五）白燕升团队影集《贾·象》封底点评

《贾·象》当然完全不是假象，每一幅都是真切写实的真相，是中国戏曲走向现代化、传媒化的一段可贵的真相呈示。

白燕升先生是这段路上一位成果卓著的代表人物。我将他视为这条新路的铺路石。他策划主持而花开全国的那些精彩的电视戏曲赛事，正是引领这条新路的路标。

《贾·象》有双重的文献价值：既给白燕升团队的探索留下了纪实性影像，又为中国戏曲的现代化留下了珍贵文献。画册又有双重的审美价值：既有摄影艺术的炫光弄影和构图之美，又有戏曲艺术的意象程式和流派之美。

2018年6月，西安

（六）《大唐长安》点评

这本书会给你打开一个立体的唐朝、一个鲜活的长安。你可以在其中阅读，在其中流连，在其中居住，可以"一日看尽长安花"。

用这本书把大唐长安城带回自己家里、存在自己心里吧，愿天下人都有长长久久的快乐，安安宁宁的生活。

祝你"长安"！

2019年3月，西安

（七）祝贺赵熊书画篆刻展

诚挚祝贺赵熊书画篆刻展览开幕！

赵熊先生是我省有深厚学养，有文化素质，又有审美情趣的一位书画篆刻艺术家。他印、书、画、文四轮驱动，功夫既在艺之内，更在艺之外。

他以他的作品显示出一位书画篆刻艺术家需要有怎样的人生内涵，怎样的审美境界，才能不断创造，不断精进，不断升华，这是我对他感受最深的地方。

祝贺展览成功！

肖云儒，2019 年 5 月 17 日于绥德

（八）致李小锋

祝贺你创作并原唱的歌曲《我的家乡在陕西》录制发行！我因参加省政协会议不好请假，驰电致意！

作为一位秦腔著名演员，你不满足于演好自己的角色，而是在艺术道路上不断开辟新途径、新领域：上研究生，进修并讲授戏曲美学，开展秦腔的国际交流，推动中国戏曲与域外文化的交流……现在又在音乐创作和演唱上取得了新成果——作为一位艺术家，你有着永不熄灭的创新精神和进取精神，你的生命之火在一次又一次的燃烧中曝出耀目的光彩。这是艺术家最珍贵的资质。祝贺你！钦佩你！

"我的家乡在陕西"，道出了近四千万三秦儿女的心声。你这次创作致力于将人民的这种心声融入歌声，以大面积的传播。这太有意义了，这正是人民文艺的根本职责。

一块土地、一个时代要进入历史，进入民众久远的记忆，需要靠出色的实践，也需要靠出色的文化。一部史诗式的小说、一台万人空巷的戏、一幅经典的画、一首代代传唱的歌，都是让我们这块土地和我们这个时代在民族

记忆中永存的渠道。你已经迈出了可喜的一步，相信你一定会一步一步执着地走下去！

肖云儒，2017年1月15日，于省政协会议上

（九）点评画家石头娃

石头娃是一位学者型艺术家，又是一位艺术型的学者。他从多年的文物鉴定中汲取了深厚的中华美学传统和中国画的艺术精神，这使他的艺术创作有了宏大的历史文化基座，也使他的画作呈现出深厚的功力。他又以国画创作实践深化了自己对中华传统文化和美学精神的理解，激活了自己对古代文物生命感和艺术感的体验，而在三秦艺界别开其生面。

肖云儒，2019年5月25日

（十）王洁的《花开有声》

引发我关注的是，在教育扶贫这一生活领域，王洁既是多年的实践者，又是有才气的艺术创作者。她继承了柳青的传统，对在今天如何发扬这个传统，做出了自己的回答。

她将作家进入生活提升为一种对象化的实践，首先与助学扶贫事业建构成生活共同体，然后艺术地去表现它，又与所表现的对象结成精神、审美共同体。这使《花开有声》有了罕见的亲历性和真切感，艺术感染力也就从鲜活的生活气息中蒸腾而出。

这一点，对一位青年作家殊为可贵。

2020 年春夏之交

（十一）刘永辉《人生四十半部书》

他用五十万字将自己四十年经过的事，条条款款落到纸上，人生便清晰了起来，生命也便从书里站了起来。

这是一种很少见的写法：致力于给自己走过的路立明细账本，不求波澜起伏，少有描绘展开，只是质朴地记下一桩桩经历过的事。一个人生命中哪里会有那么多大事？他并不执意要写大事，时代本是由无数个人、无数小事汇成的，正是无数杂沓的脚印构成了历史的轨迹。从这些个人化的、毛边纸般的记叙中，我们依稀听出了时代的空谷足音。

民间书写的可贵，正在于这种个别性和原真性。它可能让我们刚刚走过的历史，变得更立体、更丰满、更亲切！

2020 年 2 月，西安

（十二）杜晓辉的作品

每位作家都有自己的优势，最大的优势便是脚下这片土地。我们先天地占有着它，但我们是否终其一生地去深垦它、发现它、感味它、思考它、表现它了呢？——这是杜晓辉写家乡的散文集提出的问题，他用自己的作品做了独具特色的回答。

2020 年夏

（十三）小老表陈卓

结识陈卓，源于乡情，相交多年，复知其人真诚勤奋。此次新书付梓，又更领略了其文思和文字的卓然追求。对小陈之卓，有了体会。

此书专写部队大学生活，学业事业、宏观微观、群体个人、专家学子，因其内容罕见，视角独特而被各大媒体争相发表。其间所镌刻的一所高校奋进一流的跋涉足迹，对大学建设一些规律的思考，皆对读者有启发。作者融汇了散文写作的鲜活生动和评论写作的哲理思考，出入自如，读来颇有兴味。

2019 年 9 月，西安

（十四）牛维维和他的《赋语星辰》

一位在校大学生，以四十余首辞赋，长卷一样展开了延安之美。延安的名城名镇、山川气象、风情俗艺，氤氲在辞赋的典雅之气中徐徐展开。

赋中有文有史，有景有情，有人有事，有辞赋格律之美，有对这块土地独特的审美表达；更有着青年诗人一颗滚烫的心，有着他对这块土地痴情的爱。

他的赋打开了延安，也让我们进入了年轻一代的内心世界。

2020 年春，西安

（十五）《秘境寻宝》

生平第一次读双胞胎兄弟合写的小说！作品中有少年人活跃的想象世界，有萌动的独特思考，也感受到了他俩在人物描写和小说结构上的努力实践。

  但最诱惑我读下去的还不是这些，而是别的创作中纯然没有的一种东西，这便是双胞胎天然的血统和气质感应以及各自独特的生命，是如何融进文学审美之中，成为浑然一体的文学生命的。这是一个创作生理学和小说美学的新问题，至今案例很少。一页一页读下去吧，定然会有新的发现。

2018 年 10 月，西安